新白話六法系列 008

刑法

增訂第8版

蘇銘翔・著

THE LAW

書泉出版社 印行

出版緣起

　　談到法律，會給您什麼樣的聯想？是厚厚一本《六法全書》，或是莊嚴肅穆的法庭？是「洛城法網」式的腦力激盪，或是「法外情」般的感人熱淚？是權利義務的準繩，或是善惡是非的分界？是公平正義、弱勢者的保障，或是知法玩法、強權者的工具？其實，法律儘管只是文字、條文的組合，卻是有法律學說思想作為基礎架構。法律的制定是人為的，法律的執行也是人為的，或許有人會因而認為法律是一種工具，但是卻忽略了：法律事實上是人心與現實的反映。

　　翻閱任何一本標題為《法學緒論》的著作，對於法律的概念、共同的法學原理原則及其應用，現行法律體系的概述，以及法學發展、法學思想的介紹……等等，一定會說明清楚。然而在我國，有多少人唸過《法學概論》？有識之士感歎：我國國民缺乏法治精神、守法觀念。問題就出在：法治教育的貧乏。試看九年國民義務教育的教材，在「生活與倫理」、「公民與道德」之中，又有多少是教導未來的主人翁們對於「法律」的瞭解與認識？除了大學法律系的培育以外，各級中學、專科與大學教育中，又有多少法律的課程？回想起自己的求學過程，或許您也會驚覺：關於法律的知識，似乎是從報章雜誌上得知的占大多數。另一方面，即使是與您生活上切身相關的「民法」、「刑法」等等，其中的權利是否也常因您所謂的

「不懂法律」而睡著了？

當您想多充實法律方面的知識時，可能會有些失望的。因為《六法全書》太厚重，而一般法律教科書又太艱深，大多數案例式法律常識介紹，又顯得割裂不夠完整……

有鑑於此，本公司特別邀請法律專業人士編寫「白話六法」叢書，針對常用的法律，作一完整的介紹。對於撰文我們要求：使用淺顯的白話文體解說條文，用字遣詞不能艱深難懂，除非必要，儘量避免使用法律專有名詞。對於內容我們強調：除了對法條作字面上的解釋外，還要進一步分析、解釋、闡述，對於法律專有名詞務必加以說明；不同法規或特別法的相關規定，必須特別標明；似是而非的概念或容易混淆的觀念，一定舉例闡明。縱使您沒有受過法律專業教育，也一定看得懂。

希望這一套叢書，對普及法律知識以及使社會大眾深入瞭解法律條文的意義與內容等方面都有貢獻。

羅 序

　　刑法與民眾生活習習相關，除得憑以懲罰犯人、抑制犯罪外，背後更寓有保障人權之意義。憲法第23條規定，人民之自由權利，除為防止妨礙他人自由，避免緊急危難，維持社會秩序或增進公共利益所必要者外，不得以法律限制之。刑法就其表面以觀，似乎係限制人民不得為何種行為，否則將遭致何等處罰，惟若仔細探究每項規定之立法目的，會發現均係在保障更多更大的個人、社會及國家法益。身為一個法治人權國家的國民，如欲學習如何保障權利並避免誤觸法網，實有必要對刑法多加認識。

　　蘇銘翔老師就讀臺灣大學法律研究所期間，曾任職於吾所主持的台英國際商務法律事務所，其除細心校對拙著《著作權法論》外，並協助處理「劉泰英控告亞洲週刊誹謗案」等重大刑案，代擬之訴狀，論述清楚、條理分明、說理嚴謹，且每有令人耳目一新之見解，足見其過人天資。

　　蘇老師取得臺灣大學法學碩士學位後，目前任教於淡江大學，他在教學之餘為求將嚴肅艱澀的刑法概念推廣給一般民眾瞭解，特秉其紮實法學素養，透過平易通順筆風著述此書，除就刑法條文及專有名詞進行解釋並舉例說明外，復針對重要刑法理論，如：法益保護原則、比例原則、罪刑法定主義及犯罪成立三階層理論等加以闡釋，使讀者得以輕鬆進入刑法殿堂，

習得法學知識理論，因此本書堪稱是一本兼具可讀性、周延性及知識性的法學入門書籍。

蘇老師的碩士論文係以宗教自由及宗教詐欺之研究為主題，於本書付梓之際，吾更盼其能精益求精，在學術領域更上層樓，秉持宗教家的精神，以出世之心行入世之事，發揮所學利益人群，吾將更感欣慰。

（本文作者為英國利物浦大學法學博士、台英國際商務法律事務所所長、交通大學科技法律研究所兼任副教授、前臺北地方法院檢察署主任檢察官）

羅明通

2008年11月

於台英國際商務法律事務所

|楊 序|

避免見樹不見林

如果你剛接觸法律，開始閱讀正統法律教科書，一開始一定會覺得有點痛苦。因為你將發現，法律人的文風獨特，不是一般人使用的通俗用語。有點古文的味道，但又雜夾白話文，不文不白，極不通順，讀來倍感吃力。

因此，如果你是要自修法律的人，我會建議，儘量去找文字比較通順的書來讀。因為閱讀一般的正統教科書，若是沒有去上課聽講，透過老師的講解，把課本中的外星文，轉化為一般人理解的概念，光靠自己理解，吸收程度是有限的。所以，既然要自修，我建議你們可以去找較為白話、用通俗文字撰寫的法律入門書來讀。

至於法律系的同學，雖然你們不是自修，但我還是會建議你們，也可以去找一些淺白的法律入門書來閱讀。因為，除了閱讀上較為通順外，另一個好處，則是可以避免見樹不見林的學習盲點。

剛開始讀法律系的同學，應該不難發現，法律系教授在上課時，往往很愛講授理論或理論的爭議，尤其是刑法總則這一科，講了甲說乙說，一堆抽象的概念，彼此糾纏、在腦袋中打結，越學越模糊。一個學期下來，理論越聽越不懂，而條文只

學了十幾條，其他的條文都沒教到。

　　但別忘了，未來真正出去工作，或參加考試，刑法的所有條文都會用到。或許你對某些條文的理論學習得很深入，但是刑法裡面其他條文到底在講什麼，卻毫無概念。這就是所謂見樹不見林的學習盲點。

　　如何解決這個問題呢？我通常都會建議學生，在學習一門課之前，可以先找一本簡單的法律入門書，自己先快速地瀏覽過一遍該法的基本知識。掌握了整個大概念、基本條文內容後，再跟著課堂老師的步伐，進入深奧的理論，這樣才能相輔相成。

　　蘇銘翔兄這本《白話刑法》，就是這樣的一本書。其定位是寫給一般人看的，用語淺白易懂，不像正統法律人寫的那麼僵化、八股、拗口。書中也不乏搭配一些有趣的例子，來解說抽象的刑法條文，幫助理解。

　　我自己的刑法學得不好，尤其是刑法總則這一科目，當年大一還被當過重修，造成我的刑法恐懼症。如果當年就有蘇銘翔這本小書，或許我現在會更瞭解刑法。因此，推薦你閱讀《白話刑法》這本書。

（本文作者為雲林科技大學科技法律研究所教授、雲林科技大學智慧財產權法研究中心主任、臺灣大學法學博士）

楊智傑
2008年11月
於真理大學法律系

八版序

此次改版修訂重點為：

一、民國111年2月18日總統令修正公布第87、98條條文，配合修訂相關內容。

二、民國112年2月8日總統令修正公布第10、91-1條條文；並增訂第319-1～319-6條條文及第二十八章之一章名，配合修訂相關內容。

三、民國112年5月31日總統令修正公布第303、339-4條條文；並增訂第302-1條條文，配合修訂相關內容。

四、民國112年12月27日總統令修正公布第185-3條條文，配合修訂相關內容。

筆者平日除致力於寫作、教學、演講之外，近年亦斜槓跨足大眾傳播及藝能界，期能將法學知識透過綜藝方式呈現在觀眾面前，讀者們如有興趣，可上網至YouTube或Podcast，搜尋關鍵字「蘇銘翔」或「蘇哥哥」，即可欣賞筆者在電視、電台、網路媒體上的演出。

蘇銘翔
2024年4月

自 序

筆者曾任教於國立嘉義大學、國立臺北護理健康大學、淡江大學、真理大學、德明財經科技大學、致理科技大學、台北城市科技大學等大專院校，講授法律課程達二十年，深切瞭解法學用語的艱澀難懂，足以使一般民眾望而生怯，阻礙法治教育的推廣普及，因此將法律「平民化」，使其更容易被讀者接受，一直是筆者努力的方向。

為了達成這個目標，筆者著有《生活法律刑不刑》，透過新聞案例引出問題，再進行法律解說。這樣的寫作方式尚受讀者歡迎，不過由於該書的體例及篇幅有限，使筆者不能全面地將所有刑法條文及理論進行完整說明，難免有失其周延之憾。《白話刑法》的出版，足以彌補前述缺失，本書一來運用較為平易通順的文字解釋刑法，使法律「平民化」；二來運用較為充足的篇幅，對於刑法及其重要理論進行完整闡述，因此本書已足以提供欲進一步研習刑法的讀者入門之用。

筆者的父親蘇德濱先生及母親楊玉秀女士原本出生於臺灣宜蘭鄉村，為了使子嗣能有較好的生活環境，當年不辭勞苦移居臺北，使筆者得以接受教育、長大成人。人活得越久，越覺得自身渺小，今後唯有持續秉著「散發光與熱，直至生命盡

頭」的信念，把愛、歡樂還有知識帶向人群，服務社會，以回
應父母養育栽培之恩及上帝蘊生造化之情。

蘇銘翔
2008年11月

凡 例

（一）本書之法規條例，依循下列方式輯印：

1. 法規條文，悉以總統府公報為準，以免坊間版本登載歧異之缺點。

2. 法條分項，如遇滿行結束時，則在該項末加「。」符號，以與另項區別。

（二）本書體例如下：

1. 導讀：針對該法之立法理由、立法沿革、立法準則等逐一說明，並就該法之內容作扼要簡介。

2. 條文要旨：置於條次右側，以（　）表示。

3. 解說：於條文之後，以淺近白話解釋條文意義及相關規定。

（三）參照之法規，以簡稱註明。條、項、款及判解之表示如下……

條：1、2、3……

項：Ⅰ、Ⅱ、Ⅲ……

款：①、②、③……

但書規定：但

前段：前、後段：後

司法院34年以前之解釋例：院……

司法院34年以後之解釋例：院解……

大法官會議解釋：釋……

最高法院判例：……台上……
行政法院判例：行……判……

目　錄
Contents

緒　論

一、刑法的核心思想：法益保護原則

　　南宋高宗年間（1140年），名將岳飛北伐，於郾城大敗金人，正圖一舉掃平金國，收復華北之時，宋高宗竟連下12道金牌召回岳飛。岳飛退兵時長嘆：「十年之功，毀於一旦！所得州郡，一朝全休！社稷江山，難以中興！乾坤世界，無由再復」，隨即於紹興11年（1142年）以「莫須有」（不須要有、或許有）之罪名被賜死於杭州。

　　一位戰功顯赫、為南宋收回失土的大將軍，為何會被國家以「莫須有」之罪名處死？其原因雖眾說紛云，但其中有一種較為可信的原因，就是宋高宗因為害怕岳飛迎接宋欽宗（宋高宗之兄）回朝後，威脅到自己的皇位，於是透過秦檜之手，以「莫須有」之罪名將其處死。

　　這樣的故事在現代看來，極度不可思議，收復華北失土，對全國人民而言，是一件多麼偉大的成就，但是在傳統中國，任何事情只要違背到君主的利益，就算它對全民有利，仍然可以不附理由地（莫須有）將其否決（如處死岳飛）。

　　孫中山先生對於傳統中國這種以君主利益為最終考量的政體深惡痛絕，於是先後創立興中會及同盟會，誓言「驅逐韃虜，恢復中華，創立民國，平均地權」，經過10次起義失敗，犧牲了無數革命烈士的鮮血與生命後，終於在清宣統3年（1911年10月10日）武昌起義中一舉推翻滿清，建立中國歷史

上第一個以人民利益為最終考量的政體──中華民國。

民國成立後對全國人民有什麼好處？最大的好處在於，現在是「民」國，而不是「帝」國了，也就是說民國不是為了一個皇帝的利益而存在，而是為了全國人民的利益而存在，因此民國的憲法第2條規定：「中華民國之主權屬於國民全體」，國民不再被皇帝所支配，而是搖身一變成為國家的主人。

國民成為國家的主人後，透過選舉制度設立政府組織（總統府、行政院、立法院、司法院、考試院、監察院），這些組織既是基於人民授權而產生，自應為人民而服務，致力保障人民自由權利。憲法第7條至第18條臚列出人民的各項基本權利，如：平等權、人身自由、居住遷徙自由、表現意見自由、秘密通訊自由、信仰宗教自由、集會結社自由、生存權、工作權、財產權、請願權、訴願權、訴訟權、選舉權、罷免權、創制權、複決權、應考試權、服公職權及接受國民義務教育權等，此外第22條更規定：「凡人民之其他自由及權利，不妨害社會秩序公共利益者，均受憲法之保障」，因此人民的一切自由權利，均應受到憲法及政府的保障。

在傳統中國，可以為了皇帝一人的利益，而剝奪人民的生命，但到了民國，由於國家主權屬於國民全體，因此能夠剝奪人民生命或自由權利的唯一理由，就是他的行為危害到其他國民的利益，而這事實上就是刑法的核心思想──法益保護原則。法益保護原則是基於憲法第23條的規定衍生而來，憲法第23條規定：「以上各條列舉之自由權利，除為防止妨礙他人自由、避免緊急危難、維持社會秩序，或增進公共利益所必要者外，不得以法律限制之」，政府只有在具備條文所列四項要件之一的情況下，才可以制定法律限制人民的自由權利。刑法的

處罰效果，是剝奪犯罪行為人的生命權（死刑）、人身自由權（無期徒刑、有期徒刑、拘役）及財產權（罰金），因此刑法就是憲法第23條裡所謂的限制人民自由權利的法律。基於憲法第23條，刑法中的所有處罰規定，其目的都應該是在保障其他國民的利益（即防止妨礙他人自由、避免緊急危難、維持社會秩序、增進公共利益等）；基於保護法益的目的，刑法才可以限制犯罪行為人的自由，這就是「法益保護原則」的意義。

因此岳飛如果是活在民國時期，當他率兵北伐，準備收復失土時，國家元首就不能以自身利益為考量（如元首之位可能被剝奪），逕以「莫須有」之罪名處死岳飛，因為依照憲法第22條及第23條的規定，岳飛的生命權是受到憲法保障的，只有當他的行為妨礙到他人自由、造成緊急危難、破壞社會秩序或減損公共利益時，國家才可以在必要範圍內，剝奪其生命權。

岳飛率兵北伐，收復失土，對全國人民而言，只會帶來利益，不會帶來損害，因此國家不會連下12道金牌命岳飛撤兵，也不會以「莫須有」之罪名處死岳飛，淪喪的失土將收復，偏安的國家將富強，人民的生活將更好，這是因為民國是以人民的利益為根本。革命烈士之所以拋頭顱、灑熱血，孫中山先生之所以棄醫從政、投入家產、推動革命推翻君主政體，都是基於此原因。

按照孫中山先生及憲法精神，人民是國家的主人翁（憲法第2條），在正常情況下，人民的一切自由權利，包括生命、身體、自由、財產等權利，均應受到保障（憲法第22條），只有當政府為了維護一個更大的利益時（如防止妨礙他人自由、避免緊急危難、維持社會秩序或增進公共利益時），才可以在必要範圍內，透過法律對人民自由權利加以限制（憲法第23

條）。

把這樣的思考邏輯帶入刑法，我們可以說：依據憲法第22條，一個人在正常情況下，本來就可以自由自在地做任何事情，除了吃飯、睡覺、工作、聊天等日常生活行為以外，殺人、放火、搶劫、偷竊等行為，本來也都是可以做的，因為這些都是人民原始的自由權利，本來均應受到保障。但是由於殺人、放火、搶劫、偷竊等行為，會侵害到其他人民的自由或利益，因此依據憲法第23條，國家才可以制定刑法，對行為人施以刑罰。

由此可知，國家只有在為了維護他人的法益時，才能透過刑法規定怎樣的行為構成犯罪（如：殺人者，構成殺人罪），及該犯罪處以如何的刑罰（如：犯殺人罪者，處死刑），再詳言之，法益保護原則的意義就是：刑法所規定的每一個犯罪及其刑罰（或保安處分），均須有其所欲保障的法益，如果沒有所欲保障的法益，刑法就不能規定該行為構成犯罪。

「法益保護原則」中的「法益」，指的是以法律手段加以保護的生活利益，或說是法律所承認的生活利益。如果以法益的持有人為誰來作區分標準的話，法益可分為國家法益（包括國家存立安全法益、國家執行職務公正性法益、國家權力作用法益、司法權正當行使法益）、社會法益（包括公共安全法益、公共信用法益、善良風俗法益）及個人法益（包括生命法益、身體健康法益、自由法益、名譽及信用法益、秘密法益、個別財產法益、整體財產法益），這正是我國刑法所採取的分類方式。

國家法益及社會法益，例如國家的存在或司法的功能等，必須能夠具體還原為個人法益，才值得保護。申言之，一個

國家利益或社會利益之所以會被承認為法益，是因為當該法益遭受侵害時，會間接的影響到每一個人的個人法益，例如當國家滅亡時，每一個人的生命、身體、自由、財產等法益將可能接著遭到破壞（即所謂：「沒有國，哪裡會有家」？「覆巢之下，焉有完卵」？），因此基於無數的個人法益可能接著遭到破壞的考量，刑法才會承認國家法益或社會法益有其保護的必要性。當我們在判斷一個國家法益或社會法益有沒有保護的必要時，應該要思考這個法益遭受侵害時，會不會連帶地使個人法益遭到破壞，如果不會，那麼這個國家法益或社會法益就沒有加以保護的必要。

二、法益保護原則的箝制：比例原則

基於法益保護原則，刑法的每一個刑罰規定，都必須有其所欲保護的法益。例如刑法第320條規定：「……竊盜罪，處五年以下有期徒刑、拘役或五十萬元以下罰金……」，其所欲保護的法益，是個人法益中的財產法益，亦即被害人的財產權，因此該條文有其存在的必要性。如果一個條文沒有所欲保障的法益，那等於是無端的限制了人民憲法第22條的自由權利，該條文應該被認為違反憲法而被宣告無效。

現在要討論的問題是，當一個條文在符合法益保護原則時，其刑罰手段究竟應該多輕或多重才是最適當的？若以法律的用語來說，就是這個刑罰規定是否符合比例原則？

以竊盜罪為例，刑法第320條規定，意圖自己或第三人不法之所有，而竊取他人之動產者，為竊盜罪，但是當一個人犯了竊盜罪時，究竟應該判他多重才是合理的呢？條文規定的刑期是五年以下有期徒刑、拘役或50萬元以下罰金，現在要思考

的是，刑法可不可以規定：「犯竊盜罪者，處死刑」？或是：「犯竊盜罪者，處六個月以下有期徒刑」？判斷的依據又在哪裏呢？

依據憲法第23條，政府可以為了防止妨礙他人自由、避免緊急危難、維持社會秩序或增進公共利益，在「必要」程度內，以法律限制之。這個「必要」，指的就是「比例原則」。比例原則的內涵，包括有效性原則（又稱適當性原則）、必要性原則及衡平性原則（又稱利益衡量原則），茲分述如下：

（一）有效性原則：指一個刑罰規定必須能有效地達到保護法益的目的。

（二）必要性原則：指該刑罰規定必須對行為人所造成的損害程度最少。

（三）衡平性原則：指該刑罰規定所保障的法益，必須大於其所犧牲的法益（對行為人所造成的損害）。

舉例來說，竊盜罪的處罰規定所欲保護的法益，是個人法益中的財產法益，因此刑罰的手段，必須能有效的達到保護財產法益的目的，才算是符合有效性原則。如果今天刑法規定竊盜罪只處六個月以下有期徒刑，小偷們可能覺得罰得太輕，仍然值得冒險一偷，那麼該規定就不足以嚇阻小偷們犯罪，也無法有效達到保護被害人財產法益的目的，而不符合有效性原則。由此可知，在決定一個刑罰規定要對犯罪行為人處以多重的處罰時，首須考量的是該刑罰規定是否已經達到足以嚇阻犯罪之目的，唯有如此，法益才能有效地獲得保障。

其次，我們要判斷的是，一個刑罰規定是否符合必要性原則，也就是是否對犯罪行為人所造成的損害是最少的。以竊盜罪為例，如果刑法規定犯竊盜罪者，處五年以下有期徒刑，

已足以達到嚇阻犯罪之目的，那麼刑法就不應該規定犯竊盜罪者，應處以死刑或十年以下有期徒刑。因為基於必要性原則，刑法必須選擇一個對犯罪行為人損害程度最少的手段，因此在這麼多足以有效保護法益的手段中，應該採取對犯竊盜罪者只處五年以下有期徒刑的手段。

最後，當一個刑罰規定符合有效性原則及必要性原則後，我們還要判斷它是不是符合衡平性原則。衡平性原則主要是在判斷一個刑罰規定究竟「經不經濟」，如果它所保障的法益大於所犧牲的法益，那麼就是經濟的；相反的，如果它所保障的法益小於所犧牲的法益，那麼就是不經濟的，該規定就會被認為不符合衡平性原則。以竊盜罪為例，該刑罰規定所保障的是不特定被害人的財產法益，所犧牲的是犯罪行為人「偷東西」的自由及最高五年的人身自由（五年以下有期徒刑），只有當前者的總價值（保護法益：眾多被害人的財產法益）大於後者的總價值（犧牲法益：行為人偷東西的自由及人身自由）時，這個刑罰規定才能被認為符合衡平性原則。

當一個刑罰規定同時符合有效性原則、必要性原則及衡平性原則時，該刑罰規定才會被認為符合比例原則。唯有此時，該刑罰規定才算是符合憲法第23條所謂：於「必要」程度內，對犯罪行為人的自由權利加以限制。否則，該刑罰規定將會因違背比例原則而被認為違反憲法，進而被宣告為無效。

為了保護全體國民的法益，刑法可以限制行為人的自由（法益保護原則），但是為了避免行為人的自由受到過度限制，刑法所採取的手段必須要在「必要」程度內為之（比例原則），所以我們可以這樣說：比例原則是法益保護原則運作上的重要箝制；法益保護原則保障的是全體國民的自由權利，比

例原則保障的是犯罪行為人的自由權利；只有當二者同時運作時，全體國民及犯罪行為人的自由權利才可以得到均衡且妥適的保障。

　　基於比例原則，有學者提出所謂「刑法的最後手段性」或「刑法的謙抑思想」，其立論基準點在於，刑法相較於其他法律，如民法、行政罰法等，是屬於犧牲犯罪行為人自由程度較重的法律，因此若採取其他法律手段已足以有效達到保護特定法益之目的時，那麼刑法就應該「謙抑」地退出，只有在不得已時，刑法才可以作為「最後手段」出現。

三、刑法的意義與功能

　　刑法是規定怎樣的行為會構成犯罪（法律要件），以及構成犯罪後應處以何種刑罰或保安處分（法律效果）的法律。換言之，當一個人犯罪時，便可以給予刑罰或保安處分。前者（犯罪）是原因，所以是法律要件，後者（刑罰或保安處分）是結果，所以是法律效果。整部刑法所規範的不會超出這些範圍。

　　刑法的功能如下：

（一）保護法益的功能

　　這是依據憲法的精神及規定而來，所有刑罰規定的背後，都是為了保護一個或數個法益，此即法益保護原則。

（二）抑制犯罪的功能

　　透過刑罰的威嚇，使犯罪行為人不敢犯罪，而這也同時達到了保護法益的目的。

（三）保障人權的功能

　　就被害人而言，透過刑罰的威嚇，使犯罪行為人不敢犯罪，固然是保障被害人之人權；就犯罪行為人而言，刑法將何種行為會構成犯罪，及犯罪後應處以如何的刑罰明定出來，也可使犯罪行為人不致遭受不可預期的過重刑罰，而保障人權。

（四）矯治犯人的功能

　　除了透過刑罰抑制犯罪、保護法益、保障人權外，刑法更透過保安處分之手段，對犯人進行再社會化之矯治，使其能改過向善，重新適應社會生活，避免再度犯罪。

四、刑法的性質與種類

　　刑法的性質如下：

（一）刑法是公法

　　刑法是規定國家對於犯罪行為人的刑罰權為何的法律，所以是規定國家與人民間上下權力服從關係的法律，性質上屬於公法，而與規定人民與人民間平等關係的法律，如民法、公司法、票據法、海商法、保險法等性質上屬於私法者有所不同。

（二）刑法是實體法

　　刑法是規定犯罪行為人是否構成犯罪及其刑罰為何的法律，所以是規定權利義務關係的法律，性質上屬於實體法，而與規定權利義務如何實行的法律，如民事訴訟法、刑事訴訟法之屬於程序法者有所不同。

（三）刑法是成文法、強行法、國內法

　　刑法是經立法院三讀通過及總統公布之法典，所以是成文法，而非不成文法。刑法不容許個人自由選擇是否加以遵守，

所以是強行法，而非任意法。刑法施行於我國領域內，所以是國內法，而非國際法。

刑法的種類如下：

（一）廣義刑法與狹義刑法

廣義刑法泛指一切規定犯罪與刑罰的法律，而狹義刑法則專指刑法法典，本書所謂的刑法係指狹義刑法。

（二）形式刑法與實質刑法

形式刑法指就法律的外形或名稱，即可知其為刑法，如刑法、陸海空軍刑法、貪污治罪條例等。實質刑法則指不具刑法的外形或名稱，但具有刑法內涵的刑罰規定，如商標法、專利法、著作權法、證券交易法、家庭暴力防治法中規定犯罪行為與刑罰的條文，則屬於實質刑法。本書所謂的刑法係指形式刑法。

（三）普通刑法與特別刑法

普通刑法指不分人、事、時、地，均可適用的刑法。特別刑法指針對特定人（如：陸海空軍刑法）、特定事（如：懲治走私條例、槍砲彈藥刀械管制條例）、特定時（如：非常時期農工商管理條例）或特定地（如：臺灣省內菸酒專賣暫行條例）的特殊需要而制定的刑法。基於「特別法優於普通法」原則，對於同一犯罪行為，若普通刑法或特別刑法均有刑罰規定時，應優先適用特別刑法。本書所謂的刑法係指普通刑法。

五、刑法的內容與架構

刑法的內容，係在規定怎樣的行為會構成犯罪（法律要件），以及構成犯罪後應處以何種刑罰或保安處分（法律效

果）。在架構編排上，刑法將各種犯罪行為及法律效果的共通部分，如：法例、刑事責任、未遂犯、共犯、刑、保安處分等，規定在總則，而將各種犯罪行為及法律效果的個別部分，如：侵害國家法益、侵害社會法益及侵害個人法益之犯罪，規定在分則。

刑法的架構如下：

編	章	條文	內容
一、總則	一　法例	§1至§11	犯罪論
	二　刑事責任	§12至§24	
	三　未遂犯	§25至§27	
	四　正犯與共犯	§28至§31	
	六　累犯	§47至§49	
	七　數罪併罰	§50至§55	
	五　刑	§32至§37-2	刑罰論
	五之二　易刑	§41至§44	
	八　刑之酌科與加減	§57至§73	
	九　緩刑	§74至§76	
	十　假釋	§77至§79-1	
	十一　時效	§80至§85	
	五之一　沒收	§38至§40-2	保安處分論
	十二　保安處分	§86至§99	
二、分則	一至十	§100至§172	侵害國家法益之犯罪
	十一至十五、十六之一至二十一	§173至§220、§230至§270	侵害社會法益之犯罪
	十六、二十二至三十六	§221至§229-1、§271至§363	侵害個人法益之犯罪

　　刑法總則第一章至第四章、第六章、第七章的內容，係在說明怎樣的行為會構成犯罪，這在刑法學上稱為「犯罪論」；第五章、第五章之二、第八章至第十一章，係在說明一個行為構成犯罪後，應該如何施以刑罰，在刑法學上稱為「刑罰論」；第五章之一、第十二章，係在說明一個行為構成犯罪後，應該如何對犯罪行為人施以保安處分，在刑法學上稱為「保安處分論」。

　　刑法分則的第一章至第十章，係在說明哪些行為會構成侵害國家法益之犯罪（包括侵害國家存立安全之犯罪、侵害國家執行職務公正性之犯罪、侵害國家權力作用之犯罪、妨害司法權正當行使之犯罪）及其刑罰為何；第十一章至第十五章、第十六章之一至第二十一章，係在說明哪些行為會構成侵害社會法益之犯罪（包括侵害公共安全之犯罪、侵害公共信用之犯罪、侵害善良風俗之犯罪）及其刑罰為何；第十六章及第二十二章至第三十六章，係在說明哪些行為會構成侵害個人法益之犯罪（包括侵害生命法益之犯罪、侵害身體健康法益之犯罪、侵害自由法益之犯罪、侵害名譽及信用之犯罪、侵害秘密之犯罪、侵害個別財產利益之犯罪、侵害整體財產利益之犯罪）及其刑罰為何。

六、刑法的修正沿革

　　法律為了因應時代的變動與社會生活之需要，經常必須進行修正，刑法也不例外。自民國24年1月1日國民政府制定公布刑法全文357條至今，共歷經50次修正，茲將歷次修正沿革條列如下：

（一）民國37年11月7日總統令修正公布第5條條文。

（二）民國43年7月21日總統令修正公布第77條條文。

（三）民國43年10月23日總統令修正公布第160條第1項條文。

（四）民國58年12月26日總統令修正公布第235條條文。

（五）民國81年5月16日總統令修正公布第100條條文。

（六）民國83年1月28日總統令修正公布第77～79條條文；並增訂第79-1條條文。

（七）民國86年10月8日總統令修正公布第220、315、323、352條條文；並增訂第318-1、318-2、339-1～339-3條條文。

（八）民國86年11月26日總統令修正公布第77、79、79-1條條文。

（九）民國88年2月3日總統令修正公布第340、343條條文。

（十）民國88年4月21日總統令修正公布第10、77、221、222、224～236、240、241、243、298、300、319、332、334、348條條文及第16章章名；增訂第91-1、185-1～185-4、186-1、187-1～187-3、189-1、189-2、190-1、191-1、224-1、226-1、227-1、229-1、231-1、296-1、315-1～315-3條條文及第16章之一；並刪除第223條條文。

（十一）民國90年1月10日總統令修正公布第41條條文。

（十二）民國90年6月20日總統令修正公布第204、205條條文；並增訂第201-1條條文。

（十三）民國90年11月7日總統令修正公布第131條條文。

（十四）民國91年1月30日總統令修正公布第328、330～332、347、348條條文；並增訂第334-1、348-1條條文。

（十五）民國92年6月25日總統令修正公布第323、352條條

文；並增訂第三十六章章名、358～363條條文。

（十六）民國94年2月2日總統令修正公布第 1～3、5、10、
11、15、16、19、25～27、第四章章名、28～31、
33～38、40～42、46、47、49、51、55、57～59、
61～65、67、68、74～80、83～90、91-1、93、96、
98、99、157、182、220、222、225、229-1、231、
231-1、296-1、297、315-1、315-2、316、341、343
條條文；增訂第40-1、75-1條條文；並刪除第56、
81、94、97、267、322、327、331、340、345、350
條條文。

（十七）民國95年5月17日總統令修正公布第333、334條條
文。

（十八）民國96年1月24日總統令修正公布第146條條文。

（十九）民國97年1月2日總統令修正公布第185條之3條文。

（二十）民國98年1月21日總統令修正公布第41條條文。

（二一）民國98年6月10日總統令修正公布第42、44、74～
75-1條條文；並增訂第42-1條條文。

（二二）民國98年12月30日總統令修正公布第41、42-1條條文。

（二三）民國99年1月27日總統令修正公布第295條條文；並增
訂第294-1條條文。

（二四）民國100年1月26日總統令修正公布第 321條條文。

（二五）民國100年11月30日總統令修正公布第 185-3條條文。

（二六）民國101年12月5日總統令修正公布第286條條文。

（二七）民國102年1月23日總統令修正公布第50條條文。

（二八）民國102年6月11日總統令修正公布第185-3、185-4條
條文。

（二九）民國103年1月15日總統令修正公布第315-1條條文。

（三十）民國103年6月18日總統令修正公布第251、285、339～339-3、341～344、347、349條條文；並增訂第339-4、344-1條條文。

（三一）民國104年12月30日總統令修正公布第2、11、36、38、40、51、74、84條條文；增訂第37-1、37-2、38-1～38-3、40-2條條文及第五章之一、第五章之二章名；並刪除第34、39、40-1、45、46條條文。

（三二）民國105年6月22日總統令修正公布第38-3條條文。

（三三）民國105年11月30日總統令修正公布第5條條文。

（三四）民國107年5月23日總統令修正公布第121、122、131、143條條文。

（三五）民國107年6月13日總統令修正公布第190-1條條文。

（三六）民國108年5月10日總統令修正公布第113條條文；並增訂第115-1條條文。

（三七）民國108年5月29日總統令修正公布第10、61、80、98、139、183、184、189、272、274～279、281～284、286、287、315-2、320、321條條文；並刪除第91、285條條文。

（三八）民國108年6月19日總統令修正公布第185-3條條文。

（三九）民國108年12月25日總統令修正公布第108、110、117、118、127、129、132、133、135～137、140、141、144、147、148、149、150、153、154、158～160、163、164、165、171、173～175、177～181、185、185-2、186、186-1、187-2、188、189-1、190、191、192～194、195～199、201～204、206～

208、212、214、215、233〜235、240、241、243、
246、252〜255、256〜260、262、263、266、268、
269、288、290、292、293、298、300、302、304〜
307、309、310、312、313、315、317〜318-1、
328、335〜337、346、352、354〜356、358〜360、
362條條文。

（四十）民國108年12月31日總統令修正公布第83、85條條
　　　文。

（四一）民國109年1月15日總統令修正公布第149、150條條
　　　文。

（四二）民國109年1月15日總統令修正公布第251、313條條
　　　文。

（四三）民國110年1月20日總統令修正公布第135、136條條
　　　文。

（四四）民國110年1月20日總統令修正公布第240、241條條
　　　文。

（四五）民國110年5月28日總統令修正公布第185-4條條文。

（四六）民國110年6月9日總統令修正公布第222條條文。

（四七）民國110年6月16日總統令修正公布第245條條文；並
　　　刪除第239條條文。

（四八）民國111年1月12日總統令修正公布第78、79、140、
　　　141、266條條文。

（四九）民國111年1月28日總統令修正公布第185-3條條文。

（五十）民國111年2月18日總統令修正公布第87、98條條文。

（五一）民國112年2月8日總統令修正公布第10、91-1條條
　　　文；並增訂第319-1〜319-6條條文及第二十八章之一

　　章名。

（五二）民國112年5月31日總統令修正公布第303、339-4條條
　　　　文；並增訂第302-1條條文。

（五三）民國112年12月27日總統令修正公布第185-3條條文。

七、犯罪成立要件的三階層理論

　　刑法總則的犯罪論，主要是在討論怎樣的行為會成立犯
罪，關於此，刑法學上有所謂犯罪成立要件的三階層理論。

　　犯罪成立要件的三階層理論認為，刑法認定的犯罪，必須
是一個同時符合構成要件該當性、違法性及有責任（罪責）的
行為。準此，犯罪的一般成立要件有三，且缺一不可：

（一）構成要件該當性

　　包括客觀構成要件該當性與主觀構成要件該當性，前者是
指行為人客觀上的行為符合刑法分則所規定的客觀構成要件，
後者是指行為人主觀上的犯意（故意或過失）符合刑法分則所
規定的主觀構成要件。例如小偷故意把別人的鑽石偷拿到自己
口袋裡的行為，在客觀上符合刑法第320條：「……竊取他人
之動產……」的客觀構成要件，在主觀上也符合該條文：「意
圖為自己或第三人不法之所有」及具備偷竊故意的主觀構成要
件，此時小偷的故意偷竊行為，就具備了竊盜罪的構成要件該
當性。又如司機於開車時不小心撞傷路人的行為，在客觀上符
合刑法第284條：「……傷害人……」的客觀構成要件，在主
觀上也符合該條文：「因過失……」的主觀構成要件，此時司
機不小心撞傷路人的行為，就具備了過失傷害罪的構成要件該
當性。

（二）違法性

當一個行為符合刑法分則所規定的構成要件時，原則上均會被推定為具有違法性，只有在例外具正當理由的情況，如：具備「依法令之行為」、「依命令之行為」、「業務上之正當行為」、「正當防衛行為」或「緊急避難行為」等阻卻違法事由時，才可以認為該行為具有正當理由而阻卻其違法性。例如一個人打傷小偷的行為，雖然具備了傷害罪的構成要件該當性，而被推定為具違法性，但是因為他之所以打傷小偷，是為了防衛自己的鑽石不要被偷走，因此他可以主張自己係在進行保護自身財產權的正當防衛行為，具有打傷小偷的正當理由，因此不具備傷害罪的違法性，刑法學上稱此種情形為「阻卻違法」。

（三）有責性（罪責）

如果行為人在行為時有能力選擇合法行為、放棄不法行為，但卻仍選擇不法行為去做，那麼行為人就具備了有責任（罪責）。要判斷一個人有沒有能力選擇合法行為去做（即有無「期待可能性」），可以從責任能力（年齡、精神狀態、生理障礙）、責任條件（故意、過失）或不法意識等來綜合判斷。例如小偷偷鑽石的行為，雖具備竊盜罪的構成要件該當性及違法性，但是因為該小偷未滿14歲，無責任能力，因此刑法不能期待該小偷有為合法行為的可能性，從而該小偷不具備罪責，其行為不會構成犯罪，只能對其進行保安處分。

此外在刑法學上，有學者將前述構成要件該當性與違法性合併成不法構成要件該當性，並加上有責性（罪責）後，成為所謂犯罪成立要件的二階層理論。不過由於二階層理論與三階層理論於具體適用時，只有在誤想正當防衛、誤想緊急避難等少數情況下才會產生差異，故不擬於本書加以詳述。

第一編

總 則

第一章

法　例

第1條（罪刑法定主義）

行為之處罰，以行為時之法律有明文規定者為限。拘束人身自由之保安處分，亦同。

解說

在傳統中國，國家可以任意地以「莫須有」（不須要有）之罪名處死人民，對人權毫無保障。民國成立後，為了實現主權在民及保障人權的建國精神，使人民預見哪些行為是犯法的，並於事前加以避免，憲法第23條規定，當政府基於保護全體國民法益的目的，而去限制犯罪行為人的自由時，應該要在必要程度內，透過法律為之。這就是刑法第1條「罪刑法定主義」產生的基礎。

所謂罪刑法定主義是說，何種行為會構成犯罪（法律要件）以及該犯罪應給予何種處罰或保安處分（法律效果），均須以法律明確加以規定，如果法律沒有明文規定，就不會構成犯罪，也不能對行為人施以刑罰或拘束人身自由的保安處分。

罪刑法定主義原本僅適用於犯罪與刑罰，不及於保安處分，但是刑法在民國94年的修正中，將拘束人身自由的保安處分也加入罪刑法定主義適用的範圍。其原因在於，此種保安處

分（如第90條的強制工作），係以剝奪受處分人的人身自由為其內容，在性質上，帶有濃厚的自由刑色彩，已與刑罰相當，因此亦應有罪刑法定主義的適用，以維人權。

罪刑法定主義是刑法的重要基本原則，其目的是為了保障人權，使人民可以預知何種行為會構成犯罪，並在事前加以避免。基於罪刑法定主義，可以衍生出以下四種原則：

一、罪刑明確原則

刑法關於犯罪構成要件的用語，應盡可能明確，避免模稜兩可，以使人民易於瞭解，得以事前避免觸法。另外，刑法關於刑罰及拘束人身自由保安處分的規定，種類上必須確定，而且法定刑之高低度間差距不可過大，並不得使用未設上限與下限之絕對不定期刑。

二、習慣法禁止原則

民事事件，法律無明文規定者，可以援引習慣法作為法源依據，但是由於習慣法並未經過立法程序，並非成文化的法典，因此其具體內容往往不夠明確。刑事案件，由於會剝奪犯罪行為人的生命權或人身自由權，事涉重大，因此如果刑法沒有明文規定，即不得援引具體內容不夠確定的習慣法作為處罰行為人的依據，以維人權。

三、類推適用禁止原則

民事事件，針對法律未規定的事項，可以類推適用性質相近的法條加以處理。但是在刑事案件，為使行為人得事前預見犯罪與刑罰的範圍並加以避免，因此針對刑法未規定的犯罪，不可以類推適用性質相近的法條而加以處罰，其目的也是維護行為人的權利。

四、溯及既往禁止原則

溯及既往禁止原則是說，為了讓行為人能夠在行為時預見其行為是否會構成犯罪並加以避免，因此刑法只能處罰法律條文公布生效以後的行為，而不能追溯處罰至法律公布生效以前的行為。換言之，溯及既往禁止原則就是禁止刑法在事後惡化行為人原本已經合法的行為，而使行為人遭受到不可預測的處罰或不利益。

溯及既往禁止原則也有其例外，若行為人於行為後法律有所變更，但是該法律是變更成對行為人更有利的情況，那麼該法律就可以例外地溯及既往適用於行為人（刑法第2條第1項但書）。例如刑法第100條於修正前會處罰「和平內亂」行為，但是民國81年刑法第100條修正成只處罰「暴動內亂」行為，在該條文修正後，因為對於行為人較為有利，所以該修正條文可以例外地溯及既往適用於行為人，使其成為無罪。

此外，非拘束人身自由的保安處分，由於並非罪刑法定主義的適用對象，所以非拘束人身自由的保安處分的條文，如果於行為後有所變更，仍可依變更修正後的規定（即裁判時的法律），溯及既往地適用於受處分人（刑法第2條第2項）。

第2條（從舊從輕主義）

行為後法律有變更者，適用行為時之法律。但行為後之法律有利於行為人者，適用最有利於行為人之法律。

沒收、非拘束人身自由之保安處分適用裁判時之法律。

處罰或保安處分之裁判確定後，未執行或執行未完畢，而法律有變更，不處罰其行為或不施以保安處分者，免其刑或保安處分之執行。

解說

　　刑法第2條第1項本文規定：「行為後法律有變更者，適用行為時之法律」。這是因為基於罪刑法定主義，行為的處罰，以行為時的法律有明文規定者為限，因此當行為後法律有變更時，變更的法律，即不得溯及既往地適用於變更前的行為（溯及既往禁止原則），仍應適用行為時的法律。

　　刑法第2條第1項但書規定：「但行為後之法律有利於行為人者，適用最有利於行為人之法律」。如前所述，這是屬於刑法溯及既往禁止原則的例外，因為若變更後的法律，相較於變更前的法律，更有利於行為人，則適用變更後的法律，就不會有不當侵害行為人人權之虞，所以第2條第1項但書規定此時可以例外地適用變更後（即最有利於行為人）的法律。

　　刑法第2條第2項規定：「沒收、非拘束人身自由之保安處分適用裁判時之法律」，這也是刑法溯及既往禁止原則的例外，因為拘束人身自由的保安處分，性質上類似剝奪行為人人身自由的刑罰，所以為了保障人權，才有罪刑法定主義及溯及既往禁止原則的適用。然而非拘束人身自由的保安處分，並不具備刑罰的性質，其目的係以刑罰以外的教育、矯正、醫療等方法，使犯罪行為人或有犯罪可能性的人再社會化，避免日後犯罪，而沒收性質上與非拘束人身自由之保安處分相同，係以剝奪受刑人財產權為手段，以達社會保安、防範危害於未然為目的，因此沒收、非拘束人身自由的保安處分並無適用罪刑法定主義及溯及既往禁止原則的必要。換言之，沒收、非拘束人身自由的保安處分可以適用行為後變更的法律，也就是「裁判時」的法律。

　　刑法第2條第3項規定：「處罰或保安處分之裁判確定後，

未執行或執行未完畢，而法律有變更，不處罰其行為或不施以保安處分者，免其刑或保安處分之執行」，係依據第2條第1項但書及第2項之規定而產生。申言之，當變更後的法律較有利於行為人或係沒收、非拘束人身自由的保安處分時，可以例外地適用變更後的法律，而當變更後的法律不處罰其行為或不施以保安處分時，原先經裁判確定而未執行或執行未完畢的刑或保安處分，自應免其執行。例如民國81年修正後的刑法第100條已不處罰「和平內亂」之行為，因此原本因本罪關在牢中之受刑人應立即釋放，通緝者也應立即撤銷通緝。

第3條（屬地主義）
本法於在中華民國領域內犯罪者，適用之。在中華民國領域外之中華民國船艦或航空器內犯罪者，以在中華民國領域內犯罪論。

解說

關於刑法適用地域的範圍，刑法採屬地主義為原則。所謂屬地主義，是說國家對於所有在其管轄領域範圍內發生的犯罪，不論行為人及被害人的國籍為何，均可適用該國刑法對行為人施以刑罰或保安處分。我國刑法採屬地主義，因此刑法第3條前段規定：「本法於在中華民國領域內犯罪者，適用之」。

此外，關於刑法適用地域的範圍，刑法兼採國旗主義。所謂國旗主義，是說依據國際公法，於懸掛一國國旗的船舶或在該國籍航空器內犯罪者，不論其行為是發生於國內、國外或公

海領域，該國家的刑法均可加以適用。刑法第3條後段規定：
「在中華民國領域外之中華民國船艦或航空器內犯罪者，以在
中華民國領域內犯罪論」，所採取的就是國旗主義。

第4條（隔地犯）
犯罪之行為或結果，有一在中華民國領域內者，為在中華民
國領域內犯罪。

解說

　　所謂隔地犯，是說行為人的犯罪行為地與犯罪結果地不相
同。例如身處國外的詐騙集團分子，透過國際越洋電話詐騙國
內被害人的財產，其犯罪行為地是在國外，犯罪結果地則是在
國內。為了使刑法的適用領域不致受到限制，並充分保障被害
人的權益，刑法第4條規定：「犯罪之行為或結果，有一在中
華民國領域內者，為在中華民國領域內犯罪」。

第5條（保護主義、世界主義）
本法於凡在中華民國領域外犯下列各罪者，適用之：
一、內亂罪。
二、外患罪。
三、第一百三十五條、第一百三十六條及第一百三十八條之
　　妨害公務罪。
四、第一百八十五條之一及第一百八十五條之二之公共危險
　　罪。

五、偽造貨幣罪。

六、第二百零一條至第二百零二條之偽造有價證券罪。

七、第二百十一條、第二百十四條、第二百十八條及第
　　二百十六條行使第二百十一條、第二百十三條、第
　　二百十四條文書之偽造文書罪。

八、毒品罪。但施用毒品及持有毒品、種子、施用毒品器具
　　罪，不在此限。

九、第二百九十六條及第二百九十六條之一之妨害自由罪。

十、第三百三十三條及第三百三十四條之海盜罪。

十一、第三百三十九條之四之加重詐欺罪。

解說

關於刑法適用地域的範圍，立法例上除了有屬地主義、國旗主義外，尚有保護主義及世界主義。

所謂保護主義，是指行為人雖然係在本國領域之外犯罪，但是因為侵害到本國人民的重大法益，因此亦得適用本國刑法加以處罰。刑法第5條第1款至第7款、第11款之犯罪，包括內亂罪、外患罪、第135條、第136條及第138條之妨害公務罪、第185條之1及第185條之2之公共危險罪、偽造貨幣罪、第201條至第202條之偽造有價證券罪、第210條、第214條、第218條及第216條行使第210條、第213條、第214條文書之偽造文書罪等，均屬此種侵害本國人民重大法益之犯罪，因此刑法第5條規定這些犯罪就算是在我國領域外觸犯，仍有我國刑法的適用。

所謂世界主義，是指基於各國共同利益的保護，無論行為人的國籍屬於何國、犯罪地在何國或是何國人民的法益受到侵

害，世界各國都可以適用自己國家的刑法對行為人加以處罰。刑法第5條第8款至第11款的犯罪，包括毒品罪（但施用毒品及持有毒品、種子、施用毒品器具罪，不在此限）、第296條及第296條之1之妨害自由罪、第333條及第334條之海盜罪、第339條之4之加重詐欺罪等，均採用世界主義。換言之，行為人就算在我國領域外觸犯這些罪名，均仍有我國刑法的適用，我國司法機關均得對行為人加以追訴、處罰。

第6條（屬人主義—公務員屬人主義）
本法於中華民國公務員在中華民國領域外犯左列各罪者，適用之：
一、第一百二十一條至第一百二十三條、第一百二十五條、
　　第一百二十六條、第一百二十九條、第一百三十一條、
　　第一百三十二條及第一百三十四條之瀆職罪。
二、第一百六十三條之脫逃罪。
三、第二百十三條之偽造文書罪。
四、第三百三十六條第一項之侵占罪。

解說

　　關於刑法適用地域的範圍，立法例上除了有前述屬地主義、國旗主義、保護主義、世界主義外，尚有屬人主義。

　　所謂屬人主義，是指本國刑法對於本國國民在國外犯罪者，仍可適用。刑法第6條規定，我國公務員於我國領域外犯第121條至第123條、第125條、第126條、第129條、第131條、第132條及第134條之瀆職罪、第163條之脫逃罪、第213條之偽

造文書罪、第336條第1項之侵占罪時，均有我國刑法的適用，其所採取的就是屬人主義。

第7條（屬人主義——一般國民屬人主義）
本法於中華民國人民在中華民國領域外犯前二條以外之罪，而其最輕本刑為三年以上有期徒刑者，適用之。但依犯罪地之法律不罰者，不在此限。

解說

屬人主義除了有前述第6條的公務員屬人主義外，尚有第7條的一般國民屬人主義。

刑法第7條規定，我國國民在我國領域外，觸犯第5條及第6條以外的犯罪，且該犯罪又為最輕本刑三年以上有期徒刑的重罪時，仍有我國刑法的適用。例如我國國民在我國領域外犯重婚罪，因重婚罪的法定刑為五年以下有期徒刑，最輕本刑為二個月有期徒刑，並未達到三年以上有期徒刑，所以即無我國刑法的適用。

此外，若依犯罪地的法律，該行為不構成犯罪者，此時則不得依我國刑法加以處罰，以取得我國與僑居地間法律價值觀念的衡平，避免二國法律間之矛盾衝突。

第8條（保護主義）
前條之規定，於在中華民國領域外對於中華民國人民犯罪之外國人，準用之。

解說

　　刑法第8條，所採取的是保護主義。依本條規定，若外國人於我國領域外，對於我國人民犯第5條及第6條以外的犯罪，而該犯罪為最輕本刑三年以上有期徒刑的重罪時，若犯罪地的法律也處罰該犯罪，則此時仍有我國刑法的適用。

第9條（外國裁判之效力）

同一行為雖經外國確定裁判，仍得依本法處斷。但在外國已受刑之全部或一部執行者，得免其刑之全部或一部之執行。

解說

　　一個行為如果在外國被認定為是犯罪，並經外國裁判確定後，是否仍得依我國刑法加以處斷？關於此，刑法學上認為，外國裁判若從我國的立場來看，只能算是一種「事實狀態」而已，並不具備法律效力，因此刑法第9條本文規定：「同一行為雖經外國確定裁判，仍得依本法處斷」。換言之，犯罪行為人就算已經接受外國法院的確定裁判，但不論其有罪、無罪，回到我國領域時，政府還是有權力對犯罪行為人重新加以審判、處罰。

　　惟若犯罪行為人已經在外國接受有罪判決並執行刑罰完畢，回到國內後，若仍須就同一犯罪行為重覆接受刑罰，對其亦有未公，因此刑法第9條但書規定：「但在外國已受刑之全部或一部執行者，得免其刑之全部或一部之執行」，至於是否免其刑之執行及免執行之比例範圍為何，則仍由我國法官自由裁量。

　　此外，臺灣地區與大陸地區人民關係條例第75條規定：「在大陸地區或在大陸船艦、航空器內犯罪，雖在大陸地區曾受處罰，仍得依法處斷。但得免其刑之全部或一部之執行」，其立法方式與刑法第9條相似，此乃因就刑法而言，大陸地區與外國的法律地位是相近的，因此處理此問題的方式也是相同的。

第10條（刑法之用語）

稱以上、以下、以內者，俱連本數或本刑計算。

稱公務員者，謂下列人員：

一、依法令服務於國家、地方自治團體所屬機關而具有法定職務權限，以及其他依法令從事於公共事務，而具有法定職務權限者。

二、受國家、地方自治團體所屬機關依法委託，從事與委託機關權限有關之公共事務者。

稱公文書者，謂公務員職務上製作之文書。

稱重傷者，謂下列傷害：

一、毀敗或嚴重減損一目或二目之視能。

二、毀敗或嚴重減損一耳或二耳之聽能。

三、毀敗或嚴重減損語能、味能或嗅能。

四、毀敗或嚴重減損一肢以上之機能。

五、毀敗或嚴重減損生殖之機能。

六、其他於身體或健康，有重大不治或難治之傷害。

稱性交者，謂非基於正當目的所為之下列性侵入行為：

一、以性器進入他人之性器、肛門或口腔，或使之接合之行

為。
二、以性器以外之其他身體部位或器物進入他人之性器、肛
門，或使之接合之行為。

稱電磁紀錄者，謂以電子、磁性、光學或其他相類之方式所製成，而供電腦處理之紀錄。

稱凌虐者，謂以強暴、脅迫或其他違反人道之方法，對他人施以凌辱虐待行為。

稱性影像者，謂內容有下列各款之一之影像或電磁紀錄：
一、第五項第一款或第二款之行為。
二、性器或客觀上足以引起性慾或羞恥之身體隱私部位。
三、以身體或器物接觸前款部位，而客觀上足以引起性慾或
羞恥之行為。
四、其他與性相關而客觀上足以引起性慾或羞恥之行為。

解說

　　刑法第10條第1項規定：「稱以上、以下、以內者，俱連本數或本刑計算」，它的意思是說，當條文出現「以上」、「以下」或「以內」時，都是包含本數或本刑在內。例如：「三年以上十年以下有期徒刑」，就是指最短的刑期為三年，最長的刑期為十年。至於條文中若出現「未滿」，則不包含本數或本刑在內。例如：「未滿14歲」，就是不包含14歲；「二月未滿」，最長的期間就是五十九天，而不包含六十天（以一個月三十天計算）。

　　刑法第10條第2項規定：「稱公務員者，謂下列人員：
一、依法令服務於國家、地方自治團體所屬機關而具有法定職

務權限，以及其他依法令從事於公共事務，而具有法定職務權限者。二、受國家、地方自治團體所屬機關依法委託，從事與委託機關權限有關之公共事務者」，這是刑法上公務員的定義。因此，刑法上的公務員有三種：

一、身分公務員

指第10條第2項第1款前段所謂的「依法令服務於國家、地方自治團體所屬機關而具有法定職務權限者」。此種公務員是依公務人員任用法、聘用人員聘用條例或行政院暨所屬機關約僱人員雇用辦法等法令，而服務於國家、地方自治團體所屬機關的人員，因其具有法定身分，所以又稱作「身分公務員」。但如果其無法定職務權限，例如臺北市政府依民法僱用的保全人員、清潔人員或工友等，則不能認為是刑法上的公務員。

二、授權公務員

指第10條第2項第1款後段所謂的「其他依法令從事於公共事務，而具有法定職務權限者」。此種公務員並未服務於國家或地方自治團體所屬機關，是依法令授權而從事公共事務（指涉及公權力行使的事務），因此稱作「授權公務員」。例如依水利法及農田水利會組織通則而設置的農田水利會會長及專任職員、依律師法設置的律師懲戒委員會委員或是依政府採購法於各公立學校、公營事業辦理採購人員等均屬之。

三、受託公務員

指第10條第2項第2款所謂「受國家、地方自治團體所屬機關依法委託，從事與委託機關權限有關之公共事務者」。因為受委託人於受委託之範圍內，可以行使委託機關的公權力，此

與公務員已無分別，因此受委託人屬於刑法上的公務員。由於此種公務員是受政府機關之委託，因此稱作「受託公務員」。

刑法第10條第3項規定：「稱公文書者，謂公務員職務上製作之文書」，這是刑法上公文書的定義。公文書除了必須是公務員製作的以外，還必須是基於職權而製作，例如各政府機關的公文、公告等，均屬公文書。但公務員若製作與其職務無關的文書，例如：請假單、謀職推薦信等，則不屬於公文書。此外，公務員代表國家機關與私人間訂立的私法上契約，或是依法令明文須依特定格式製作，而重要方式未齊全時，亦不屬於公文書。文書若非屬公文書，就是屬於私文書。

刑法第10條第4項規定：「稱重傷者，謂下列傷害：一、毀敗或嚴重減損一目或二目之視能。二、毀敗或嚴重減損一耳或二耳之聽能。三、毀敗或嚴重減損語能、味能或嗅能。四、毀敗或嚴重減損一肢以上之機能。五、毀敗或嚴重減損生殖之機能。六、其他於身體或健康，有重大不治或難治之傷害」，這是刑法上重傷的定義。其中第1款至第5款所謂的「毀敗」，是指各該器官的生理機能已達「完全且永遠喪失效能」的程度，而「嚴重減損」則是指雖未達「毀敗」的程度，但是其生理機能已達「喪失絕大部分效能」的程度。其中第6款所謂的「重大不治或難治」，是指傷害重大，且達於不能治療或難以治療的程度。例如使人得到AIDS或癌症，均屬於此種重大不治或難治的傷害。

刑法第10條第5項規定：「稱性交者，謂非基於正當目的所為之下列性侵入行為：一、以性器進入他人之性器、肛門或口腔，或使之接合之行為。二、以性器以外之其他身體部位或器物進入他人之性器、肛門，或使之接合之行為」。這是刑

法上性交的定義。其中第1款前段所謂「以性器進入他人之性器、肛門或口腔」，主要是指男性行為人對他人所為的性行為而言，第1款後段所謂「使之接合」（使自己的性器與他人的性器、肛門或口腔接合），主要則是指女性行為人對男性所為的性行為而言（因女性行為人無法以性器「進入」男性的性器、肛門或口腔）。至於第2款前段所謂「以性器以外之其他身體部位或器物進入他人之性器、肛門」，是指以手指、舌頭或情趣用品等進入他人性器或肛門的行為，而第2款後段所謂「使之接合」（使自己性器以外之其他身體部位或器物與他人之性器、肛門接合），則包括男性或女性行為人使自己的口腔與其他男性的性器接合的行為（即幫人「口交」的行為）。本條文的用語，雖然略嫌露骨直接，但是卻使刑法上性交的範圍足以涵蓋所有犯罪型態，對被害人而言不失為一種保障。

　　刑法第10條第6項規定：「稱電磁紀錄者，謂以電子、磁性、光學或其他相類之方式所製成，而供電腦處理之紀錄」，這是刑法上電磁紀錄的定義。電磁紀錄的定義原本規定於刑法分則第十五章偽造文書印文罪章的第220條第3項中，但是因為此概念除被適用於該罪章外，亦會被適用於第十三章偽造有價證券罪章、第二十八章妨害秘密罪章、刑事訴訟法、陸海空軍刑法及軍事審判法，因此民國94年修法將電磁紀錄的定義移至刑法總則第10條，使其能依第11條的規定適用於其他法律。另所謂「其他相類之方式」，是指與電子、磁性、光學等方式一樣，不能透過人的感覺器官與知覺去直接辨識，而須透過電腦才有辦法加以處理應用的方式而言。

　　刑法第10條第7項規定：「稱凌虐者，謂以強暴、脅迫或其他違反人道之方法，對他人施以凌辱虐待行為」，這是刑法

上凌虐的定義。刑法第126條第1項、第222條第1項第5款及第286條均有以凌虐作為構成要件,依社會通念,凌虐係指凌辱虐待等非人道待遇,不論積極性的行為,如時予毆打,食不使飽;或消極性的行為,如病不使醫、傷不使療等行為均包括在內。如果行為人對被害人施以強暴、脅迫,或以強暴、脅迫以外,其他違反人道的積極作為或消極不作為,不論採肢體或語言等方式、次數、頻率,不計時間的長短或持續,對他人施加身體或精神上的凌辱虐待行為,造成被害人身體上或精神上苦痛的程度,即屬凌虐行為。

刑法第10條第8項規定:「稱性影像者,謂內容有下列各款之一之影像或電磁紀錄:一、第五項第一款或第二款之行為。二、性器或客觀上足以引起性慾或羞恥之身體隱私部位。三、以身體或器物接觸前款部位,而客觀上足以引起性慾或羞恥之行為。四、其他與性相關而客觀上足以引起性慾或羞恥之行為。」其中第1款指「性交」行為。第2款「客觀上足以引起性慾或羞恥之身體隱私部位」,指該身體隱私部位,依一般通常社會觀念足以引起性慾或羞恥,例如:臀部、肛門等。第3款「以身體或器物接觸前款部位」,例如:以親吻、撫摸或以器物接觸第2款部位。第4款「其他與性相關而客觀上足以引起性慾或羞恥之行為」,例如:影像內容係對性器或身體隱私部位以打馬賽克等方式遮掩、迴避,或因攝錄角度未能呈現,但客觀上已足以引起性慾或羞恥之行為。

以上是刑法中的特別用語及其定義。此外,當刑法條文的用語不夠明確,而必須解釋其意義時,則可運用以下的解釋方法加以解釋:

一、文義解釋

又稱作「文理解釋」，這是最基本的解釋法條的方法。也就是直接依照法條文字上所顯示的意義來進行解釋。

二、體系解釋

又稱作「系統解釋」，是指就法條在整個法律中的地位，以及法條與其他法條的體系關係來解釋法條的意義。例如刑法第271條殺人罪中的「人」的起始點，必須考慮到刑法第274條生母殺嬰罪及墮胎罪章的規定。

三、歷史解釋

指從法律制定的過程或法律史的演變來解釋法條的意義。例如在探討刑法第19條是否適用於原因自由行為時，可參考「暫行新刑律」、舊刑法、刑法修正要旨說明等，而看出我國向來均以處罰原因自由行為為原則。

四、目的解釋

指透過瞭解法條保護的法益為何，得知該法條的目的所在，並依此目的來解釋法條的意義。例如刑法第135條妨害公務罪是要保護國家權力作用的法益，因此該條文中所謂「依法執行職務」，必須限於行使國家公權力的職務，因為唯有當所妨害的公務是行使國家公權力的職務時，才會侵害到國家權力作用的法益。

五、合憲性解釋

指法條的解釋方式若有許多種，應該選擇將該法條解釋成與憲法的規定或精神相符的意義。例如刑法第109條第1項的國防秘密應該限於合法的國防秘密，若為違法的國防秘密，應不

在保護之列，以符合憲法保障言論自由人權的精神。

六、擴張解釋

指以理論與邏輯推理法則擴充法條的意義。例如「他人」原本應該是指自己以外的自然人，但是刑法第174條的「他人」，應該包括自然人與法人（如財團法人或公司）。

七、限制解釋

指以理論與邏輯推理法則限制縮小法條的意義。例如「法律」原本應該是指所有法律在內，但是刑法第2條的「法律」，只限於有關刑罰的法律。

八、當然解釋

指條文的解釋必然如此。例如刑法第347條擄人勒贖罪的被擄人必須是自然人，而不可能是法人。

九、反面解釋

指條文未規定的事項，應視為有意缺漏，使其效果與明文規定者不同。例如刑法第18條規定未滿14歲人的行為不罰，那麼年滿14歲人的行為，依反面解釋，其效果就是必須處罰。

十、立法解釋、司法解釋、學說解釋

立法解釋指立法機關透過制定法律，來對法條用語加以定義，例如立法院透過制定刑法第10條來對公務員、重傷害、性交等刑法用語加以定義。司法解釋指司法機關透過大法官解釋、最高法院判例或決議，對法條用語加以定義。立法解釋與司法解釋均具有法律上的效力，因此又稱為「有權解釋」。相對於此，學者、專家們的「學說解釋」，只具有參考的價值，

除非該解釋方式被有權解釋加以採納，否則原則上僅具有參考的價值。

第11條（刑法總則的適用範圍）
本法總則於其他法律有刑罰、保安處分或沒收之規定者，亦適用之。但其他法律有特別規定者，不在此限。

解說

　　刑法總則是所有刑罰法規的基本規定，因此其他法律如果有刑罰、保安處分或沒收之規定時（即特別刑法），原則上仍須適用刑法總則。但是若其他法律有特別規定時，如：陸海空軍刑法有其特別的總則規定、舊貪污治罪條例第18條有排除假釋適用的規定、兵役法第26條有放寬褫奪公權宣告條件的規定等，則須優先適用其他法律的規定，排除刑法總則的適用。

第二章
刑事責任

第12條（故意、過失）

行為非出於故意或過失者，不罰。

過失行為之處罰，以有特別規定者，為限。

解說

　　如果行為人對於自己的行為，並非基於故意而為，也並非基於過失而為，那麼行為人根本就不該為自己的行為負責。所以刑法第12條第1項規定：「行為非出於故意或過失者，不罰」。

　　刑法分則規定了許多種類的犯罪，原則上其所處罰的都是基於故意的行為（即所謂「故意犯」）。例如刑法第271條第1項規定：「殺人者，處死刑、無期徒刑或十年以上有期徒刑」，條文中雖然沒有寫明殺人行為是基於故意或過失，但是其所指的就是故意殺人行為。

　　過失行為雖然也可以對其加以處罰，但是因為行為人是出於「無心之過」，其惡性較為輕微，因此刑法第12條第2項規定：「對於過失行為之處罰，以有特別規定者，為限」，這就是所謂的「過失犯」。過失行為之所以會被特別規定成犯罪，通常是因為該行為所侵害的法益甚為重大，因此刑法才藉

此規定要求行為人提高注意力去預防損害結果的發生。例如生命權是一個重大的法益，因此為了要求所有人提高注意力避免侵害他人的生命，刑法第276條才會規定因過失致人於死者會構成犯罪。而財產權是一個相對地較不重要的法益，因此刑法第320條竊盜罪只處罰故意偷竊的行為，至於過失偷竊的行為（如誤將別人的課本當成自己的拿走）則不加以處罰。

　　過失行為相較於故意行為，是惡性較小的行為，因此針對侵害同一種法益的犯罪，過失犯的處罰通常較故意犯為輕，例如刑法第271條的故意殺人罪，法定刑是死刑、無期徒刑或十年以上有期徒刑，但是刑法第276條的過失致死罪，法定刑則是二年以下有期徒刑、拘役或2,000元以下罰金。由此亦可看出，在客觀上雖然侵害的都是生命法益，但是因為行為人主觀犯意的不同，在量刑上就會有極大的差別。

第13條（直接故意、間接故意）
行為人對於構成犯罪之事實，明知並有意使其發生者，為故意。
行為人對於構成犯罪之事實，預見其發生而其發生並不違背其本意者，以故意論。

解說

　　行為人基於故意所為的犯罪行為，會成立故意犯，通常法定刑亦較重。但是故意的定義與範圍為何呢？依據刑法第13條，故意包括直接故意與間接故意二種。

　　刑法第13條第1項規定：「行為人對於構成犯罪之事實，

明知並有意使其發生者，為故意」，這在刑法學上稱為直接故意，簡單的說就是行為人對於犯罪事實的發生，除了在心中有所認識（明知）以外，而且決意（有意）透過自己的行為促使該事實發生。例如行為人明知拿刀刺向被害人的心臟會造成其死亡的事實，此時仍決定拿刀刺下去，那麼行為人主觀上就具備了殺人罪的直接故意。

刑法第13條第2項規定：「行為人對於構成犯罪之事實，預見其發生而其發生並不違背其本意者，以故意論」，這在刑法學上稱為間接故意或未必故意，簡單的說就是行為人對於犯罪的事實，在心中已經預先知道其可能會發生，而且就算發生了，也與行為人本來的想法不相違背。例如行為人在馬路上開車，發現自己的仇人也在過馬路，如果車子不稍減速而一直開下去，可能會撞死仇人，而且行為人覺得就算真的撞死了仇人，也沒什麼不好的，此時行為人主觀上就具備了殺人罪的間接故意。

要補充說明的是，在犯罪成立要件的三階層理論中，故意具有所謂的「雙重機能」，也就是在判斷行為人的行為是否具備主觀構成要件該當性時，必須判斷行為人對於犯罪事實的發生是否具有故意，此外在判斷行為人就該行為是否具有有責性（罪責）時，也必須判斷行為人對於犯罪事實的發生是否具有故意。換言之，故意在主觀構成要件該當性及有責性的判斷上，均必須加以考量，而通常情形下，當行為人具備主觀構成要件該當性的故意時，亦推定其具有故意罪責。

> **第14條**（無認識過失、有認識過失）
> 行為人雖非故意。但按其情節應注意，並能注意，而不注意者，為過失。
> 行為人對於構成犯罪之事實，雖預見其能發生而確信其不發生者，以過失論。

解說

　　基於故意的行為會構成刑事責任，基於過失的行為也會構成刑事責任。那麼過失的定義與範圍為何呢？刑法第14條將過失分成無認識過失與有認識過失。

　　刑法第14條第1項規定：「行為人雖非故意。但按其情節應注意，並能注意，而不注意者，為過失」，這在刑法學上稱為無認識過失，簡單的說就是行為人對於犯罪事實的發生毫不知情（所以是「無認識」），但是負有注意義務，且能夠注意而不加以注意，最後導致該事實真的發生了。例如駕駛人在開車時與旁座的乘客聊天，完全沒有注意到前面有路人穿越馬路，而依交通規則駕駛人本應注意車前路況，且一般人均有能力注意，但是駕駛人卻因聊天而沒有盡到此注意義務，導致路人被車子撞傷，此時駕駛人主觀上即具有傷害罪的無認識過失。

　　刑法第14條第2項規定：「行為人對於構成犯罪之事實，雖預見其能發生而確信其不發生者，以過失論」，刑法學上稱為「有認識過失」，簡單的說就是行為人對於犯罪的事實，在心中已經預先知道其可能會發生（所以是「有認識」），但是因為低估危險程度或高估自己的能力，而確信該事實不會發生，但是最後該事實卻還是發生了。例如駕駛人在開車時，發

現前方有路人穿越馬路，心中預先知道若車子不減速可能會撞傷路人，但是此時又因為覺得路人應該會自行閃躲車子，且認為自己技術很好應該可以避開路人，因此確信自己即使不減速也不會撞傷路人，結果路人與自己的車子剛好同時均往右側車道閃躲，導致路人當場被撞傷，此時駕駛人主觀上就具備了傷害罪的有認識過失。

無認識過失與有認識過失的共同點在於，二者均具備以下二個要素：

一、客觀預見可能性

指一般理智而謹慎之人若與行為人處於同一環境下，對於犯罪事實之發生具有預先知道的可能性。

二、客觀注意義務之違反

指行為人違反了一般理智而謹慎之人所應盡的注意義務。

無認識過失與有認識過失的差別則在於，前者行為人對犯罪事實之發生毫不知情（完全無認識），而後者行為人對犯罪事實之發生已經預先知情（有認識）。

要補充說明的是，在犯罪成立要件的三階層理論中，在判斷過失行為人（過失犯）的行為是否具備主觀構成要件該當性時，必須判斷行為人對於犯罪事實的發生是否具有過失，此外在判斷行為人就該行為是否具有有責性（罪責）時，也必須判斷行為人對於犯罪事實的發生是否具有過失。換言之，與故意的情形類似，過失在主觀構成要件該當性及有責性的判斷上，均必須加以考量。

但是在判斷行為人是否具有主觀構成要件該當性的過失時，重點要放在考量該行為是否具有前述的「客觀預見可能

性」以及行為人是否有違反「客觀注意義務」，而在判斷過失行為人就其行為是否具有有責性（罪責）時，則是要考量行為人是否具有「主觀預見可能性」（指依行為人的能力，在該具體情況下，對於犯罪事實之發生有沒有預見可能性）及是否違反「主觀注意義務」（指行為人違反行為人於該具體情況下所應盡的注意義務）。

第15條（不作為犯）
對於犯罪結果之發生，法律上有防止之義務，能防止而不防止者，與因積極行為發生結果者同。
因自己行為致有發生犯罪結果之危險者，負防止其發生之義務。

解說

　　刑法的犯罪，以其犯罪的行為是採作為或不作為當標準，可以分成作為犯與不作為犯。所謂作為犯，就是行為人以積極的作為促使犯罪結果的發生；而不作為犯，就是行為人以消極的不作為容任犯罪結果的發生。例如拿刀殺人，是積極的作為殺人，會構成殺人罪的作為犯；而有照顧病人責任的醫生，於看到病人大量失血時見死不救，則是消極的不作為殺人，會構成殺人罪的不作為犯。

　　一個人如果只是單純地在一旁不作為或見死不救，為什麼必須承擔殺人的刑責呢？這是因為這個人對於病人的死亡，本來在法律上就先負有一個防止其發生的義務，而且能夠防止而不防止，刑法才讓他承擔不作為殺人的刑責。因此刑法第15條

第1項規定：「對於犯罪結果之發生，法律上有防止之義務，能防止而不防止者，與因積極行為發生結果者同」。

所以一個人如果要成為不作為犯，首先必須這個人對於犯罪結果之發生，法律上有防止的義務，刑法第15條第2項規定：「因自己行為致有發生犯罪結果之危險者，負防止其發生之義務」，其中「因自己行為致有發生犯罪結果之危險者」指的就是行為人必須具有「保證人地位」。保證人地位，意指行為人對於犯罪結果的防止，負有保證責任，當行為人違反此保證責任時，其消極的不作為才會被視為與積極作為相同。

至於行為人在什麼情況下會具有保證人地位呢？刑法學上認為，行為人可以因法令、契約、密切的共同生活關係、事實上的承擔義務、危險共同體、危險前行為、危險源的監督、場所的管理者等因素，而具有保證人地位。茲分別說明如下：

一、法令

例如：依民法第1084條，父母對於未成年子女有保護及教養的權利義務，因此若父母消極的不提供未成年子女食物充飢，導致其死亡，會構成不作為殺人罪。

二、契約

例如：父母僱用保母照顧未成年子女，保母依僱傭契約對於未成年子女即負有保護義務，若違反契約不提供子女應得的照顧，導致其死亡，保母會構成不作為殺人罪。

三、密切的共同生活關係

例如：同居的情侶間，雖然不具備親屬關係，但是彼此互相居於保證人地位，對於彼此的生命、身體、健康、財產法

益，若消極的不予以保護，致其發生損害，均會視情況構成不作為犯。

四、事實上的承擔義務

指就算彼此沒有契約關係，只要在事實上自願承擔義務，即具有保證人地位。例如：某甲自願抱著無行走能力的嬰兒下樓梯，當開始抱著嬰兒時，某甲就具有保證人地位了，若抱到一半，某甲臨時有事而把嬰兒放在階梯間，令其自行爬下樓梯，導致其不甚摔落受傷，某甲將承擔不作為傷害罪的刑責。

五、危險共同體

為達特定目的而組成的互助團體，如登山隊隊員間，亦相互具有保證人地位，如果在發生山難時，見死不救，也會構成不作為殺人罪。

六、危險前行為

危險前行為指的是刑法第15條第2項：「因自己行為致有發生犯罪結果之危險者，負防止其發生之義務」的情形，例如馬戲團的馴獸師放出在牢籠裡的獅子，會產生獅子咬傷觀眾的危險性，因此馴獸師就具有保證人地位，必須防止觀眾受傷的結果發生，否則將會構成不作為傷害罪。

七、危險源的監督

指監督危險源的人，對於該危險源所可能造成的侵害，具有保證人地位。例如負責監督具攻擊性精神病患的人，對於其對他人可能造成的傷害，即負防止其發生的義務。

八、場所的管理者

指場所管理人對於場所中可能發生的法益侵害，具有保證人地位。例如酒店老闆坐視顧客彼此鬥毆，而不報警或制止，對於顧客所受的傷害，必須負不作為傷害罪的刑責。

要補充說明的是，刑法第15條的不作為犯，是屬於不純正的不作為犯，此和純正的不作為犯概念有些許不同。不純正的不作為犯，其犯罪構成要件的實現，除了可以透過不作為的方式來實現外（此時為不作為犯），也可以透過作為的方式來實現（此時為作為犯），刑法分則中多數的犯罪，均屬於此種不純正不作為犯；但是純正的不作為犯，只能以不作為的方式來實現犯罪構成要件，不可能用作為的方式來實現，例如刑法第149條的公然聚眾不遵令解散罪、第294條第1項的違背義務遺棄罪、第306條第2項的不法滯留住居罪，都必須以不作為的方式（不解散、不救護、不離去）來實現其犯罪構成要件，所以均屬於純正不作為犯。

第16條（違法性錯誤）

除有正當理由而無法避免者外，不得因不知法律而免除刑事責任。但按其情節，得減輕其刑。

解說

諺語有謂：「不知者無罪」，意思是說對於不知法律而犯法者，不應該處罰。但是刑法基於法益保護原則，對於行為人處罰的理由，是奠基於對被害人法益的保障，因此不論行為人是否知道刑法對某種行為有處罰的規定，只要行為人在客觀上

做了法律所禁止的行為，均應該接受處罰，不得因不知法律而免除刑事責任。

只有在某些情況，行為人是基於正當理由而無法避免地相信自己的行為為法律所允許時，就應該例外地不對其加以處罰。例如：行為人已經查詢了法院相關實務見解及法令函釋，相信某種行為不會被法律所處罰並加以實行，但是最後該實務見解及法令函釋，卻不被承審法院所接受，此時就屬於行為人具有正當理由而無法避免地相信自己的行為為法律所允許的情況，不應該處罰。

如果行為人是有正當理由而誤信自己的行為為法律所允許，但依其具體情節尚可以避免時，例如：行為人具律師資格，知道某些實務見解及法令函釋已不符時宜，應該不會被法院所接受；或是行為人基於不正當的理由而誤信自己的行為為法律所允許，例如：行為人是新進公務員，發現許多同事都在謊報加班費，於是認為這樣的行為應該為法律所允許。此等情形均不得主張免除刑事責任，但是依刑法第16條但書的規定，按其情節，仍得減輕其刑。

要補充說明的是，刑法第16條的規定在刑法學上稱之為「違法性錯誤」，意指行為人對於刑法規範發生錯誤認知，誤以為一個原應受到處罰的行為為法律所不罰（即欠缺「不法意識」）。此外，在犯罪成立要件的三階層理論中，違法性錯誤是屬於有責任（罪責）層面要討論的問題。

第17條（加重結果犯）
因犯罪致發生一定之結果，而有加重其刑之規定者，如行為

人不能預見其發生時，不適用之。

解說

刑法第17條前段所謂：「因犯罪致發生一定之結果，而有加重其刑之規定者」，在刑法學上稱之為「加重結果犯」。例如刑法第277條第1項規定：「傷害人之身體或健康者，處五年以下有期徒刑、拘役或五十萬元以下罰金」，這是屬於傷害罪的基本規定；而同條第2項規定：「犯前項之罪，因而致人於死者，處無期徒刑或七年以上有期徒刑；致重傷者，處三年以上十年以下有期徒刑」，則是屬於傷害罪的加重結果犯之規定。

刑法之所以會有加重結果犯規定的存在，是為了使刑罰的程度與犯罪造成的法益侵害結果相當。例如：某甲在天橋上毆打某乙，某乙因受傷失去平衡而摔落地面死亡，假設刑法沒有第277條第2項傷害罪的加重結果犯規定之存在，某甲只會成立第277條第1項的普通傷害罪（處五年以下有期徒刑、拘役或50萬元以下罰金）以及第276條的過失致死罪（處五年以下有期徒刑、拘役或50萬元以下罰金），依刑法第55條本文的規定：「一行為而觸犯數罪名者，從一重處斷」，因此某甲只須接受普通傷害罪三年以下有期徒刑的處罰。

但是我們若仔細想想，某乙之所以會死亡，是基於某甲的傷害行為所致，今天某乙受傷了，某甲只處以三年以下有期徒刑，某乙死亡了，某甲還是處以三年以下有期徒刑。前者是侵害身體健康權，後者是侵害生命權，但是法定刑卻完全一樣，此對被害人的法益保障顯失公允。因此刑法第277條第2項創設傷害罪的加重結果犯之規定（傷害致死罪），使傷害致人於死者，處無期徒刑或七年以上有期徒刑，致重傷者，處三年以上

十年以下有期徒刑，以使刑罰與基本的普通傷害罪刑罰產生差異，加強保護被害人法益。

　　加重結果犯的規定，一般而言都會分成「基本行為」及「加重結果」。例如：第277條的傷害罪，基本行為是「傷害人之身體或健康」，而加重結果則是「因而致人於死」或「致重傷」。刑法學上認為，加重結果犯的行為人對於基本行為部分，必須是基於故意而為，對於加重結果部分，則必須具備過失。例如：在前例中，某甲在天橋上毆打某乙的行為（基本行為），即是基於故意而為，某乙受傷後失去平衡摔落地面死亡部分（加重結果），某甲對該結果之發生，屬於應注意、能注意而不注意，具有過失。如果某甲對結果的發生也是基於故意，那麼某甲應就加重結果部分負擔故意刑責，也就是故意殺人罪的刑責（處死刑、無期徒刑或十年以上有期徒刑）；而若某甲對結果的發生無故意也無過失，就屬於刑法第17條後段所謂的「如行為人不能預見其發生時，不適用之」的情形。詳言之，就是如果行為人對於加重結果的發生，沒有預見的可能性，也就是連過失都不具備，某甲即不須對加重結果部分負擔刑責（傷害致死罪），僅須就基本行為部分負擔刑責（普通傷害罪）。

　　要補充說明的是，在刑法學上認為，加重結果犯的要件如下：

一、必須有法律明文規定

　　加重結果犯的明文規定，指的通常是法條中出現「因而致」等詞。例如：傷害罪的加重結果犯，就是規定「因而致死」或「因而致重傷」。

二、必須有基本行為的存在

如果沒有基本行為而只有加重結果，應視情況就加重結果部分分別成立故意犯或過失犯，而不能成立加重結果犯。

三、基本行為與加重結果間必須有因果關係

刑法學上的因果關係，指的是相當因果關係，意指：如果有A原因，在通常情況下就會產生B結果。例如某甲在天橋上毆打某乙，某乙不待其他外來偶然因素的介入，原本就很可能失去平衡摔落地面死亡，則某甲的傷害行為與某乙的死亡結果間即具有因果關係。

四、行為人對加重結果必須有預見可能性（過失）

這就是前面所說的，行為人對基本行為部分必須有故意，而對於加重結果部分則必須有預見可能性，也就是有過失，否則，即不適用加重結果犯的規定。

五、行為人對加重結果須非基於故意

如果行為人是基於故意促使加重結果發生，應該就此部分成立故意犯，而非加重結果犯。

第18條（責任能力─年齡）

未滿十四歲人之行為，不罰。

十四歲以上未滿十八歲人之行為，得減輕其刑。

滿八十歲人之行為，得減輕其刑。

解說

在犯罪成立的三階層理論中，於第三階層要考慮的是行為人是不是具備有責性（罪責），而考量罪責時，首須判斷的就是行為人是否具有責任能力。刑法學上將責任能力分成三種，分別說明如下：

一、無責任能力

行為人若無責任能力，即不具罪責，其行為完全不罰。例如：第18條第1項規定：「未滿十四歲人之行為，不罰」、第19條第1項規定：「行為時因精神障礙或其他心智缺陷，致不能辨識其行為違法或欠缺依其辨識而行為之能力者，不罰」等，均屬此種情形。

二、限制責任能力

行為人若具限制責任能力，則具罪責，其行為仍須處罰，不過得視情況減輕其刑。例如：第18條第2項規定：「十四歲以上未滿十八歲人之行為，得減輕其刑」、同條第3項規定：「滿八十歲人之行為，得減輕其刑」、第19條第2項規定：「行為時因前項之原因，致其辨識行為違法或依其辨識而行為之能力，顯著減低者，得減輕其刑」、第20條規定：「瘖啞人之行為，得減輕其刑」等，均屬此種情形。

三、完全責任能力

行為人若具完全責任能力，則具罪責，其行為必須處罰，而且不得減輕其刑。只要行為人並非無責任能力或限制責任能力，即具有完全責任能力。

刑法第18條第1項規定：「未滿十四歲人之行為，不

罰」，是基於考量未滿14歲人的心智發展尚未成熟，並無辨別合法或不合法的「辨識能力」，也無依其辨識選擇為合法行為、不為不合法行為的「控制能力」，所以刑法認為其無責任能力，不具罪責，不須處罰。

第18條第2項規定：「十四歲以上未滿十八歲人之行為，得減輕其刑」，也是基於前述的考量，惟14歲以上未滿18歲之人其心智發展較未滿14歲之人稍微成熟一點，因此刑法不認為其完全不具有責任能力，而仍具有限制責任能力，因此仍有罪責，不能完全不罰，只得減輕其刑。

另第18條第3項規定：「滿八十歲人之行為，得減輕其刑」，則是基於考量年滿80歲的人心智開始衰退，且年事已高，不堪重刑，因此認為其僅具限制責任能力，惟仍有罪責，不能完全不罰，只能減輕其刑。

要補充說明的是，刑法上的年齡計算法，係採「實歲」計算，而不採「虛歲」計算。換言之，必須自出生後滿一年，始認為1歲，與民間習慣中將剛出生即視為1歲者有所不同。例如：民國80年1月1日出生的某甲，於97年12月1日犯罪，由於犯罪時他的實歲為17歲又十一個月，所以屬於具備限制責任能力，而非完全責任能力。

第19條（責任能力—精神狀態）
行為時因精神障礙或其他心智缺陷，致不能辨識其行為違法或欠缺依其辨識而行為之能力者，不罰。
行為時因前項之原因，致其辨識行為違法或依其辨識而行為之能力，顯著減低者，得減輕其刑。

前二項規定，於因故意或過失自行招致者，不適用之。

解說

　　判斷行為人是否有責任能力之標準，其一是年齡，其二則是精神狀態。關於行為人的精神狀態，刑法第19條第1項規定：「行為時因精神障礙或其他心智缺陷，致不能辨識其行為違法或欠缺依其辨識而行為之能力者，不罰」，意指行為人若因精神障礙或心智缺陷（如：重度智障），致完全喪失辨識其行為是否合法的「辨識能力」以及依該辨識結果而選擇合法行為的「控制能力」時，即認為其無責任能力，不須處罰。

　　若行為人雖然因精神障礙或心智缺陷導致辨識能力及控制能力顯著減低，但是卻未完全喪失時，如：某甲有被害妄想症，雖然知道殺害某乙是犯法的，但是因為幻想某乙將加害於他，於是先下手為強，此時因某甲的辨識能力尚未完全喪失（因為他還知道殺害某乙會犯法），所以某甲的行為仍須處罰，只是得視情況減輕其刑。

　　第19條第3項規定：「前二項規定，於因故意或過失自行招致者，不適用之」，刑法學上稱之為「原因自由行為」。所謂「原因自由行為」是指行為人於「原因行為」時處於具完全責任能力的自由狀態，但是為了想規避法律的處罰，而基於故意或過失使自己陷入精神障礙或心智缺陷之狀態，並實現犯罪行為。例如：某甲明知自己醉後容易失控毆打人，於是邀某乙出來飲酒，並故意讓自己喝醉，醉後因某甲失去辨識能力及控制能力，於是開始向某乙揮拳，造成某乙受傷。此例中某甲於酒醉打人時，雖係屬於無責任能力狀態，但是由於其原因行為（喝醉酒的行為）係基於自由意志所為，因此依第19條第3

項，某甲不得主張減免刑責，而仍應依故意傷害罪之刑責予以
處罰。

第20條（責任能力—瘖啞）
瘖啞人之行為，得減輕其刑。

解說

與前述理由類似，瘖啞人由於既聾且啞，受教育的機會與
能力較一般正常人為差，且因其表達不便，與社會互動機會較
少，生活常識較易缺乏，凡此均容易導致其辨識能力及控制能
力較一般人為弱，因此刑法第20條規定：「瘖啞人之行為，得
減輕其刑」。

第21條（阻卻違法事由—依法令及命令之行為）
依法令之行為，不罰。
依所屬上級公務員命令之職務上行為，不罰。但明知命令違
法者，不在此限。

解說

刑法第21條至第24條的規定，刑法學上稱其為「阻卻違法
事由」。我們知道依據犯罪成立要件的三階層理論，一個行為
如果會成立犯罪，必須具備構成要件該當性、違法性及有責性
（罪責）。當一個人的行為符合了刑法分則條文所規定的犯罪
構成要件時，就具備了構成要件該當性，而當一個行為具備構

成要件該當性後，原則上即推定其有違法性，除非此時行為人能證明自己的行為具有「阻卻違法事由」，即具有正當理由，否則其行為將被認定具備違法性。以下將依序說明第21條至第24條的阻卻違法事由。

第21條第1項規定：「依法令之行為，不罰」，意指行為人若是基於法令的規定，才做出一些刑法分則所禁止的行為，就應該認定其行為不具備違法性。例如：懷胎的婦女依據優生保健法第9條第1項的規定施行人工流產的行為，雖然符合刑法第288條：「懷胎婦女服藥或以他法墮胎」，而具備構成要件該當性，但是因為其墮胎行為是基於法令規定（優生保健法第9條）而為，所以可以阻卻違法，而使該行為不具備違法性，而不構成犯罪。

第21條所謂的「法令」，實務上較常見的有：

一、優生保健法第9條（人工流產）

懷孕婦女經診斷或證明有下列情事之一者，得依其自願，施行人工流產：

（一）本人或其配偶患有礙優生之遺傳性、傳染性疾病或精神疾病者。

（二）本人或其配偶之四親等以內之血親患有礙優生之遺傳性疾病者。

（三）有醫學上理由，足以認定懷孕或分娩有招致生命危險或危害身體或精神健康者。

（四）有醫學上理由，足以認定胎兒有畸型發育之虞者。

（五）因被強制性交、誘姦或與依法不得結婚者相姦而受孕者。

（六）因懷孕或生產將影響其心理健康或家庭生活者。

　　未婚之未成年人或受監護或輔助宣告之人，依前項規定施行人工流產，應得法定代理人或輔助人之同意。有配偶者，依前項第6款規定施行人工流產，應得配偶之同意。但配偶生死不明或無意識或精神錯亂者，不在此限。

　　第1項所定人工流產情事之認定，中央主管機關於必要時，得提經優生保健諮詢委員會研擬後，訂定標準公告之。

二、民法第151條（自助行為）

　　為保護自己權利，對於他人之自由或財產施以拘束、押收或毀損者，不負損害賠償之責。但以不及受法院或其他有關機關援助，並非於其時為之，則請求權不得實行或其實行顯有困難者為限。

三、民法第1085條（父母的懲戒權）

　　父母得於必要範圍內懲戒其子女。

四、刑事訴訟法第88條（現行犯之逮捕）

　　現行犯，不問何人得逕行逮捕之。

　　犯罪在實施中或實施後即時發覺者，為現行犯。

　　有下列情形之一者，以現行犯論：

（一）被追呼為犯罪人者。

（二）因持有兇器、贓物或其他物件、或於身體、衣服等處露有犯罪痕跡，顯可疑為犯罪人者。

　　此外，第21條第2項規定：「依所屬上級公務員命令之職務上行為，不罰」，這是另一個阻卻違法事由。刑法學上認為行為人如果要引用此規定阻卻違法，必須具備以下要件：

一、行為人必須具有公務員身分。

二、該命令必須具有拘束力。一個命令如要具有拘束力，必須
　　具備以下要件：

（一）發布命令的人必須是行為人的上級公務員。

（二）該命令必須具備法定程式。

（三）該命令的內容必須是屬於上級公務員監督權範圍內的事
　　　項，且必須是下級公務員本身職務範圍內應執行的事
　　　項。

三、行為人的行為不得逾越該命令的範圍。

四、行為人須基於行使職務的意思而行為。

五、行為人必須非明知該命令為違法。

第22條（阻卻違法事由—業務上之正當行為）
業務上之正當行為，不罰。

解說

　　行為人的行為雖然符合刑法分則的規定，但若是屬於業務
上的正當行為時，也可以阻卻違法。例如：醫生為病人開刀，
當刀子劃破病人肚子時，雖然符合刑法第277條傷害罪的構成
要件，不過因為醫生的行為是屬於醫療業務上的正當行為，所
以可以阻卻違法，不須處罰。

　　刑法學上認為，行為人若要主張自己的行為屬於業務上的
正當行為，必須具備以下要件：

一、業務行為須為法律所容許

所謂法律容許，是指該業務並未違反刑法上的禁止規範或明顯違背公序良俗。

二、行為須在業務範圍內

例如：牙科醫師為難產的婦人剖腹生產，即為超過牙醫師的業務範圍。

三、行為須正當且必要

例如：中醫師要為病人把脈時，要求病人必須全身赤裸，即屬不正當且不必要。

四、行為須經相對人承諾

例如：醫師要為病人開刀前，必須經過病人的同意，才可以為其施行手術。而在病人昏迷的情況，則至少必須經過病人家屬的同意，才可以為其施行手術。

第23條（阻卻違法事由—正當防衛行為）
對於現在不法之侵害，而出於防衛自己或他人權利之行為，不罰。但防衛行為過當者，得減輕或免除其刑。

解說

這個阻卻違法事由在刑法學上稱為「正當防衛」。所謂正當防衛，是指行為人對於一個現在不法的侵害，而出於防衛自己權利或他人權利的行為。在概念上行為人是立於「正」的地位，相對人是立於「不正」的地位，這和刑法第24條的「緊急

避難」，行為人是立於「正」的地位，相對人也是立於「正」的地位者，有所不同。

例如：某甲持刀欲強取某乙的錢包，某乙立刻施展武術擊傷某甲，某甲乃倉惶逃亡。本例中某乙的行為雖傷害某甲，具備刑法第277條傷害罪的構成要件，但是因某乙的行為是出於防衛自己權利所為，因此可以阻卻違法，不須處罰。此外，某乙由於是為了維護自己的財產權，所以是立於「正」的地位，而某甲欲持刀強取某乙的錢包，則是立於「不正」的地位，以「正」的地位對抗「不正」的地位，就是正當防衛。

又例如：鐵達尼號撞到冰山沈沒後，大海上只剩下一艘救生船，船上唯一的空位卻堆放著某甲的行李，在水中即將溺斃的某乙為了爬上救生船，於是不顧某甲反對，強將某甲的行李丟入水中。本例中某乙丟棄某甲行李的行為，具備刑法第354條毀損罪的構成要件，但是因某乙是為了避免自己生命的緊急危難才採取這種不得已的行為，所以某乙可以主張阻卻違法，不須處罰。此外，鐵達尼號撞上冰山，沈入水中，造成緊急危難，並非某甲或某乙的過錯造成，某乙希望維持自己的生命權，是立於「正」的地位，某甲希望維持自己的財產權，也是立於「正」的地位，所以某乙將某甲的行李丟入水中的行為，是以一個「正」的地位對抗另一個「正」的地位，這就是緊急避難。

關於正當防衛，刑法第23條本文規定：「對於現在不法之侵害，而出於防衛自己或他人權利之行為，不罰」，刑法學上認為行為人若要主張正當防衛阻卻違法，必須具備以下要件：

一、必須有侵害行為的存在

侵害行為必須是出於人為，若是單純來自動物、自然界或不可抗力，則不可主張正當防衛。

二、侵害行為必須不法

侵害的行為必須違法，如此防衛行為人才是以「正」的地位對抗「不正」的地位。

三、侵害行為必須是現在

指侵害行為已經開始或即將開始，且尚未結束。例如：某甲已經將刀舉起，馬上就要砍向某乙，此時某乙可主張正當防衛，先行出拳擊傷某甲。惟若某甲已將某乙砍傷後離去，某乙因心有未甘而從後追上，痛擊某甲，此時因某甲的侵害行為已經結束，不屬於「現在」的侵害，因此某乙不得主張正當防衛。

四、防衛行為必須對加害人為之

正當防衛是以「正」的地位對抗「不正」的地位，所以防衛行為只能對加害人為之，若對第三人為之，只能主張緊急避難而非正當防衛。

五、防衛行為必須是防衛自己或他人權利的行為

防衛行為可以是防衛自己權利的行為，也可以是防衛他人權利的行為。

六、防衛行為必須符合比例原則

比例原則包括有效性原則（適當性原則）、必要性原則及衡平性原則（利益衡量原則）。有效性原則意指防衛行為人的

防衛行為必須能有效的達到保護自己或他人權利之目的，必要性原則意指防衛行為所採取的手段必須是對加害人造成損害最少的手段，衡平性原則在這裡意指防衛行為所保護的利益價值並未過度低於所犧牲的利益價值。

例如：某甲想要搶奪某乙身上的10塊錢，某乙乃持槍朝某甲射擊，造成某甲死亡，此時某乙的行為即不符合比例原則中的衡平性原則，因為某乙所保障的10塊錢財產利益過度低於某甲所犧牲的生命利益。當防衛行為不符合比例原則時，即屬於「防衛過當」的情況。第23條但書規定：「但防衛行為過當者，得減輕或免除其刑」，因此防衛過當的行為人某乙仍會成立犯罪，只是在量刑上得減輕或免除其刑而已。

七、防衛行為人必須基於防衛自己或他人權利的意思

防衛行為人在主觀上必須是基於防衛自己或他人權利的意思而採取該防衛行為。例如：某甲原本即欲殺害某乙，當持槍朝某乙射擊後，發現某乙剛剛也正欲朝某甲射擊，但是因某乙先行中彈，某甲得以免遭射擊。本例中某甲射殺某乙的行為，雖然在客觀上防衛了自己的權利，避免遭受射擊，但是因為主觀上是基於殺害某乙的意思，並非基於防衛自己權利的意思而為，因此某甲仍不得主張正當防衛。

第24條（阻卻違法事由—緊急避難行為）
因避免自己或他人生命、身體、自由、財產之緊急危難而出於不得已之行為，不罰。但避難行為過當者，得減輕或免除其刑。

前項關於避免自己危難之規定，於公務上或業務上有特別義務者，不適用之。

解說

這個阻卻違法事由，在刑法學上稱為「緊急避難」。緊急避難與正當防衛的主要差別，是前者係以「正」的地位對抗「正」的地位，而後者是以「正」的地位對抗「不正」的地位。此外，在刑法學上，緊急避難的要件如下：

一、必須有危難的存在

正當防衛的侵害行為，必須是違法的，而緊急避難的危難，則不須考慮其是否違法。無論是人為造成的危難，或是基於動物、自然界、不可抗力所造成的危難，均屬之。

二、危難須緊急

意指危難須具有「現在性」，也就是危難必須已開始或即將開始且尚未結束，此與正當防衛的侵害行為必須是「現在」者，意義相同。

三、避難行為可以對任何人為之

正當防衛行為必須對加害人為之，緊急避難行為則無此限制，可以對任何人為之。

四、避難行為必須是避免自己或他人生命、身體、自由、財產的危難

避難行為可以是避免自己危難的行為，也可以是避免他人危難的行為。但緊急避難所保護的權利，僅限於生命、身體、

自由、財產這四種，而與正當防衛所保護的範圍涵蓋所有權利者不同。

五、避難行為必須符合比例原則

與正當防衛同，緊急避難行為也必須符合有效性原則、必要性原則及衡平性原則。此外，由於緊急避難係以「正」的地位去對抗另一個「正」的地位，與正當防衛係以「正」的地位對抗「不正」的地位者有所不同，因此在比例原則的要求上，也會比正當防衛更加嚴格。

申言之，刑法第24條規定，避難行為必須是「出於不得已」的行為，意指在必要性原則的適用上，避難行為除了要選擇損害相對人最少的方法為之以外，而且還必須是最後唯一不得已的方法。此外在衡平性原則的適用上，避難行為所保護的利益價值，必須高於或等於被犧牲的利益價值，如果低於被犧牲的利益，即會被認為係避難過當（仍須處罰，但得減輕或免除其刑）。相較於此，正當防衛所保護的利益價值就算稍微低於被犧牲的利益價值，仍不會被認為是防衛過當，只有在保護的利益價值「過度低於」被犧牲的利益價值時，即所謂的「絕對失衡」的情況，才會被認為是防衛過當。

刑法之所以會有這種差別待遇，是因為緊急避難所犧牲的是一個「正」的權利，也就是危難的發生並不是由被犧牲人所造成的，因此避難行為人若欲侵害被犧牲人的權利，避難行為所保護的利益必須高於或等於被犧牲的利益，這樣在法律評價上才會被認為是合理、經濟的。而正當防衛所犧牲的是一個「不正」的權利，也就是侵害行為本來就是由被犧牲人（加害人）所造成的，因此防衛行為人若欲侵害被犧牲人（加害人）

的權利，只要防衛行為所保護的利益並未過度低於所犧牲的利益，即可阻卻違法。

六、避難行為人必須基於避免緊急危難的意思

如果避難行為人在主觀上沒有想要避免緊急危難，例如：某甲因為想偷竊某乙家裡的財產，而破壞某乙的窗戶，結果剛好使即將瓦斯中毒的某乙得以獲得新鮮空氣。本例中，由於某甲破壞窗戶的行為並不是基於避免某乙生命緊急危難的意思，所以不得主張阻卻違法。

七、避難行為人必須未負有特別義務

刑法第24條第2項規定：「前項關於避免自己危難之規定，於公務上或業務上有特別義務者，不適用之」，例如：當鐵達尼號即將沈沒時，船長有義務讓乘客先行坐上救生船離開，如果當時只剩下一個座位，船長不能主張緊急避難而與乘客搶奪座位。

條文中所謂公務上的特別義務，主要指：警察、軍人、消防隊員等的特別義務；業務上的特別義務，則主要指：船長、司機、救生員、醫師、護士等的特別義務。

刑法第21條至第24條所列舉的阻卻違法事由在刑法學上統稱為法規阻卻違法事由，意指這些是法規所明文規定的阻卻違法事由，相對於此，尚有所謂超法規阻卻違法事由，意指雖然法規沒有明文規定，但是卻為刑法學說所承認，得據以主張阻卻違法。刑法學上承認的超法規阻卻違法事由主要有以下幾種：

一、得被害人承諾的行為

例如：某甲要求某乙毆傷他，以便某甲隔天向公司請病假。此時某乙毆傷某甲的行為，就可以主張得到被害人承諾，阻卻違法。不過對於一些比較重大的法益侵害，例如：生命法益、重傷程度的身體法益，刑法則明文禁止被害人有承諾的權限。換言之，如果某乙是應某甲要求而殺害某甲或使之受重傷，某乙仍會觸犯加工自殺罪或加工重傷害罪，不得阻卻違法。

二、欠缺可罰違法性的行為

欠欲可罰的違法性，意指基於刑法的謙抑思想（最後手段性），如果一個行為侵害的法益程度甚微，即無運用刑法加以處罰的必要。例如：某甲撿到一張衛生紙並加以侵占的行為，雖然符合侵占遺失物罪的構成要件，但是因為一張衛生紙所值無幾，並無運用刑法加以處罰的必要，此時某甲可以主張其行為欠缺可罰（值得處罰）的違法性，阻卻違法。

三、容許風險行為

社會上有許多具有正當性但也有危險性的活動，如球賽、開車、拳擊賽等行為，往往容易造成傷害，此時無論是故意或過失，只要所造成的是可容許的風險，便可以阻卻違法。例如：棒球比賽中的投手因為控球不穩投出觸身球，導致打者受傷，投手的行為本應成立業務過失傷害罪，但是因為打者於上場打擊前就知道棒球比賽很容易造成此種風險，因此投手可以主張容許風險行為，阻卻違法。

四、義務衝突

如果對於行為人而言，有數個互不相容的義務存在，當履行其中一個義務，就無法履行其他義務時，行為人對於無法履行義務所造成的損害，可主張義務衝突而阻卻違法。例如：父親某甲對未成年子女某乙、某丙本有保護及照顧的義務，有一天某乙、某丙同時落水，某甲只能救起其中一人，此時不論救起的是某乙或某丙，對於未被救起的人，某甲均可主張義務衝突而阻卻違法。

第三章

未遂犯

> **第25條**（普通未遂犯）
> 已著手於犯罪行為之實行而不遂者，為未遂犯。
> 未遂犯之處罰，以有特別規定者為限，並得按既遂犯之刑減
> 輕之。

解說

一個故意犯罪行為，通常依序會有以下幾種行為階段：

一、決意

指在行為人心中產生想要犯罪的決意，例如：某甲心中決意殺害某乙。由於單純的犯罪決意並未造成任何法益侵害，所以刑法不加以處罰。

二、陰謀

指二個以上的行為人互相表示犯罪決意並進行謀議，例如：某甲和某乙謀議搶銀行。陰謀行為由於並未採取行動，所以原則上不處罰，只有在對於侵害重大國家法益的犯罪行為進行陰謀時，例如：第101條的內亂罪、第103條至第107條、第109條、第111條的外患罪等，刑法才會例外地處罰其陰謀犯。

此外，並非所有犯罪行為都會經過陰謀這個階段，例如：行為人有犯罪決意後，沒有和任何人謀議，而自己一人實行犯罪，即不會有陰謀階段。

三、預備

　　預備行為是指著手實行犯罪前的準備行為或是使犯罪實行更加便利的行為，例如：預先準備供犯罪時使用的工具、進行犯罪計畫並安排分工、前往犯罪現場探勘、等待或尾隨被害人、預先準備不在場證明、預先準備逃亡路線、預先準備銷贓管道或藏贓地點等。

　　預備行為並未開始實行刑法分則規定的犯罪構成要件，也並未對法益造成直接侵害，所以刑法原則上不加以處罰。只有在該犯罪行為所侵害的是較為重大的法益時，如：第100條、第101條的內亂罪、第103條至第107條、第109條、第111條的外患罪、第173條、第185條之1的公共危險罪、第271條、第272條的殺人罪、第328條的強盜罪、第347條的擄人勒贖罪等，刑法才會例外地處罰其預備犯。

四、著手實行

　　指行為人開始著手於刑法分則所規定的犯罪構成要件之實行。例如：某甲意圖殺害某乙，當某甲持槍瞄準某乙，並扣下板機時，就是開始著手實行。著手實行後，若發生犯罪結果，則屬於既遂犯，若沒有發生犯罪結果，或是犯罪的客觀構成要件沒有完全實現，則屬於刑法第25條「已著手於犯罪行為之實行而不遂」的未遂犯。

　　刑法分則所處罰的原則上都是既遂犯，只有當一個犯罪行為所侵害的是較為重大的法益時，才會有處罰未遂犯的規定。

刑法第25條第2項前段規定：「未遂犯之處罰，以有特別規定者為限」，即為此意。而且由於未遂犯並未發生犯罪結果，實際上並未造成法益侵害，因此刑法第25條第2項後段規定，未遂犯的處罰「得按既遂犯之刑減輕之」，以符合罪刑相當原則。

五、行為完成

指犯罪構成要件的行為全部實現。有些犯罪類型，行為完成就會成立既遂犯，不須要有結果發生，刑法學上稱之為舉動犯或行為犯，例如：第309條的公然侮辱罪等。

六、結果發生

指發生犯罪的結果。大部分的犯罪類型，均須有犯罪結果的發生才會成立既遂犯，否則只會成立未遂犯。

第26條（不能未遂犯）
行為不能發生犯罪之結果，又無危險者，不罰。

解說

刑法第26條規定：「行為不能發生犯罪之結果，又無危險者，不罰」，這在刑法學上稱為不能未遂犯，意指行為人的行為在客觀上不可能發生犯罪結果，而且又沒有造成任何危險性。例如：某甲想要殺害某乙，但是由於醫學常識缺乏，以為維他命C可以致人於死，於是每天在某乙的水壺中偷放一顆維他命C。由於某甲的行為在客觀上不可能使乙死亡，而且也沒有造成任何危險，所以刑法不加以處罰。

相對於此，刑法第25條的普通未遂犯，行為人有著手實行犯罪行為，雖因意外障礙而沒有發生犯罪結果，並未造成法益侵害，但是其行為卻已經造成了危險，如果刑法不對其加以處罰，行為人可能日後再採取同樣的犯罪行為，屆時是否會發生犯罪結果，並造成法益侵害，就不得而知了。因此基於預防日後法益可能被侵害的考量，刑法對於有造成風險的普通未遂犯會加以處罰，而對於未造成風險的不能未遂犯則不加以處罰。

第27條（中止犯）
已著手於犯罪行為之實行，而因己意中止或防止其結果之發生者，減輕或免除其刑。結果之不發生，非防止行為所致，而行為人已盡力為防止行為者，亦同。
前項規定，於正犯或共犯中之一人或數人，因己意防止犯罪結果之發生，或結果之不發生，非防止行為所致，而行為人已盡力為防止行為者，亦適用之。

解說

刑法第27條第1項前段規定：「已著手於犯罪行為之實行，而因己意中止或防止其結果之發生者，減輕或免除其刑」，這在刑法學上稱為中止犯。例如：某甲原欲至某乙家中偷取財產，潛入某乙家中後，發現其擺設簡陋，非常清貧，於是便停止偷竊行為。中止犯之所以可以減輕或免除其刑，是基於鼓勵犯罪行為人即時悔改，以避免法益侵害結果的發生。由於犯罪行為人在客觀上沒有造成法益侵害，因此中止犯的處罰係按既遂犯之刑減輕或免除之。

中止犯與普通未遂犯同，行為人均已著手於犯罪行為的實行，只是中止犯是因己意中止，也就是自願性的中止，而普通未遂犯則是因外力障礙而中止，並非基於自願而中止。因此中止犯的處罰是「必」減輕或免除其刑，普通未遂犯則是「得」減輕其刑。

刑法第27條第1項後段規定：「結果之不發生，非防止行為所致，而行為人已盡力為防止行為者，亦同」，例如：某甲欲縱火燒燬某乙的房子，後來發現屋內有人，於是開始滅火，但是因火勢太大，難以撲滅，此時突然下起大雨，將火勢熄滅，雖然火勢是因大雨而熄滅，並非某甲的滅火行為所致，但是由於某甲已盡力為滅火行為，因此依第27條第1項後段，某甲仍可適用中止犯減輕或免除其刑的規定。

刑法第27條第2項規定：「前項規定，於正犯或共犯中之一人或數人，因己意防止犯罪結果之發生，或結果之不發生，非防止行為所致，而行為人已盡力為防止行為者，亦適用之」，例如：某甲、某乙陰謀共同殺害某丙，二人持刀砍殺某丙後，某甲揚長而去，而某乙心生不忍，遂將某丙送至醫院急救，使某丙脫離險境。由於某乙係因己意防止犯罪結果的發生，所以屬於殺人罪的中止犯，而某甲由於並未盡力防止某丙死亡結果的發生，因此某甲仍屬於殺人罪的普通未遂犯。

第四章

正犯與共犯

第28條（共同正犯）

二人以上共同實行犯罪之行為者，皆為正犯。

解說

　　刑法第28條規定：「二人以上共同實行犯罪之行為者，皆為正犯」，這在刑法學上稱為共同正犯。要成立共同正犯，必須正犯之間有「共同行為的決意」且「共同實行犯罪行為」，例如：某甲、某乙、某丙共同計畫搶劫銀行，並且決意彼此分工合作，這就是共同行為的決意，行動時某甲持槍命銀行行員將鈔票放入袋中，某乙持槍制伏現場民眾及警衛，某丙在門外開車接應，這就是共同實行犯罪行為，由於某甲、某乙、某丙有共同行為的決意且共同實行犯罪行為，因此屬於強盜罪的共同正犯。

　　此外，刑法學上有所謂「共謀共同正犯」，例如：某甲、某乙、某丙共同計畫搶劫銀行，但是因某丙體型過重，因此議定只由某甲、某乙出面實行搶劫行動，依大法官釋字第109號解釋：「……以自己共同犯罪之意思，事先同謀，而由其中一部分人實施犯罪之行為者」，亦為共同正犯，因此事先同謀且有共同行為決意的某丙，雖然沒有實際進行犯罪行為，亦屬於共同正犯。

第29條（教唆犯）

教唆他人使之實行犯罪行為者，為教唆犯。

教唆犯之處罰，依其所教唆之罪處罰之。

解說

　　刑法第29條第1項規定：「教唆他人使之實行犯罪行為者，為教唆犯」，要成立刑法上的教唆犯，必須具備以下要件：

一、教唆人必須有教唆故意。

二、教唆人必須有教唆行為：教唆行為，是指使一個原無犯罪意思的人產生犯意的行為。

三、被教唆人必須基於故意而實行犯罪行為。

四、被教唆人的故意犯罪行為必須與教唆人的教唆行為有因果關係：也就是被教唆人是因教唆人的教唆才會實行犯罪。

　　例如：某甲與某乙本有深仇大恨，但是某甲因事業有成，且有家人要照顧，因此乃出錢聘請殺手某丙殺害某乙。由於某丙原本並無殺人犯意，是因為某甲的故意教唆行為，才使其產生犯意殺害某乙，因此某甲成立殺人罪的教唆犯。

　　教唆犯除了造成被害人法益的侵害外，也使被教唆人觸犯法律，因此刑法第29條第2項規定：「教唆犯之處罰，依其所教唆之罪處罰之」。於前例中，某甲係殺人罪的教唆犯，因此某甲的行為應依殺人罪處罰。

> **第30條**（幫助犯）
> 幫助他人實行犯罪行為者，為幫助犯。雖他人不知幫助之情者，亦同。
> 幫助犯之處罰，得按正犯之刑減輕之。

解說

刑法第30條第1項前段規定：「幫助他人實行犯罪行為者，為幫助犯」，例如：某甲想要殺害某乙，某丙見狀立即提供某甲一把槍枝，此時某丙即成為殺人罪的幫助犯。又如：某甲想要行竊，某乙在門外為其把風，某乙也會成立竊盜罪的幫助犯。刑法學上要成立幫助犯必須具備以下要件：

一、幫助人必須有幫助故意

幫助故意指幫助人須有幫助他人犯罪的意思。如果幫助人是基於共同犯罪的意思（共同行為的決意），而非基於幫助他人犯罪的意思，就會成立共同正犯而非幫助犯。

二、幫助人必須有幫助行為

幫助行為指幫助人對於被幫助人（正犯）施以物質或精神上的支持，使其易於實行犯罪。幫助行為必須是刑法分則規定的犯罪構成要件外的行為，否則幫助人即成為共同正犯而非幫助犯。

三、被幫助人必須基於故意而實行犯罪行為

刑法第30條第1項後段規定：「雖他人不知幫助之情者，亦同」，例如：某甲想要持槍射殺某乙，於是在某乙公司外埋伏，但是等了許久，某乙都沒有下班，此時某乙的同事某丙發

現某甲在外埋伏意圖射殺某乙，因某丙與某乙早有嫌隙在先，於是某丙對某乙謊稱某乙家中發生火災，請某乙立刻回家，某乙聽信後即刻離開辦公室，於是被某甲射殺。此例中雖然某甲不知道某丙將某乙騙出公司的幫助行為，但是某丙仍然會成立殺人罪的幫助犯。

幫助犯的幫助行為，只是使被幫助人的犯罪行為易於實現，惡性較低，因此刑法第30條第2項規定：「幫助犯之處罰，得按正犯之刑減輕之」。

第31條（共犯與身分犯）
因身分或其他特定關係成立之罪，其共同實行、教唆或幫助者，雖無特定關係，仍以正犯或共犯論。但得減輕其刑。
因身分或其他特定關係致刑有重輕或免除者，其無特定關係之人，科以通常之刑。

解說

刑法第31條第1項規定：「因身分或其他特定關係成立之罪，其共同實行、教唆或幫助者，雖無特定關係，仍以正犯或共犯論。但得減輕其刑」，這在刑法學上稱為「純正身分犯」。例如：刑法第120條瀆職罪規定：「公務員不盡其應盡之責，而委棄守地者，處死刑、無期徒刑或十年以上有期徒刑」，本犯罪的行為人必須具公務員身分，如果某甲是鎮守某地的公務員，某乙是一般百姓，而某乙教唆具公務員身分的某甲委棄守地，某甲成立瀆職罪的正犯，某乙則成立瀆職罪的教唆犯，不過依刑法第31條第1項規定某乙因不具公務員身分，

所以得按瀆職罪減輕其刑。（若無此規定存在，依刑法第29條第2項規定，教唆犯應依所教唆之罪處罰之，不得減輕其刑）

　　刑法第31條第2項規定：「因身分或其他特定關係致刑有重輕或免除者，其無特定關係之人，科以通常之刑」，這在刑法學上稱為「不純正身分犯」，例如：某甲教唆某乙去殺死某乙的父親某丙，由於某丙是某乙的直系血親尊親屬，所以某乙成立刑法第272條的殺害直系血親尊親屬罪，處死刑或無期徒刑，而因某甲與某丙不具親屬關係，所以某甲是依刑法第271條普通殺人罪的教唆犯規定來處罰，即處死刑、無期徒刑或十年以上有期徒刑。

第五章
刑

第32條（刑罰的種類）
刑分為主刑及從刑。

解說

　　刑法是規定怎樣的行為會構成犯罪（法律要件），以及構成犯罪後應處以何種刑罰或保安處分（法律效果）的法律。換言之，當一個人犯罪時，便可以給予刑罰或保安處分。前者（犯罪）是原因，所以是法律要件，後者（刑罰或保安處分）是結果，所以是法律效果。

　　刑罰的目的，包含報應、威嚇與教化，法官從事刑罰裁量時，應兼顧此三大刑罰目的。而刑罰的種類則包括主刑與從刑，主刑是指可以獨立科處的刑罰，從刑則是指附隨於主刑而科處的刑罰。

第33條（主刑的種類）
主刑之種類如下：
一、死刑。
二、無期徒刑。

三、有期徒刑：二月以上十五年以下。但遇有加減時，得減
　　至二月未滿，或加至二十年。
四、拘役：一日以上，六十日未滿。但遇有加重時，得加至
　　一百二十日。
五、罰金：新臺幣一千元以上，以百元計算之。

解說

　　主刑是指可以獨立科處的刑罰，其種類依刑法第33條的規
定，共有五種：

一、死刑

　　死刑是剝奪犯罪行為人生命權的刑罰，非無必要，不宜宣
告，現代先進國家已開始廢除死刑。

二、無期徒刑

　　無期徒刑是長期剝奪行為人身體自由權（人身自由）的刑
罰。不過由於有假釋制度的存在，因此無期徒刑不代表受刑人
即永遠無法離開監獄。

三、有期徒刑

　　有期徒刑是次長期剝奪行為人身體自由權（人身自由）的
刑罰。其期限為二個月以上十五年以下，但如果遇到得依規定
加減其刑的情況時，則最少得減至二月未滿，最多得加至二十
年。

四、拘役

　　拘役是短期剝奪行為人身體自由權（人身自由）的刑罰。
其期限為一日以上，六十日未滿，但如果遇到得依規定加重其

刑的情況時，最多得加至一百二十日。

五、罰金

　　罰金是剝奪行為人財產權的刑罰。罰金的範圍為新臺幣1,000元以上，而且最小單位應以新臺幣100元計算，例如：法院如果認為對被告某甲科處罰金新臺幣1,500元太少，想要調高，至少應以新臺幣100元為單位，即調高至新臺幣1,600元。

　　另刑法施行法第1條之1規定：「中華民國九十四年一月七日刑法修正施行後，刑法分則編所定罰金之貨幣單位為新臺幣。九十四年一月七日刑法修正時，刑法分則編未修正之條文定有罰金者，自九十四年一月七日刑法修正施行後，就其所定數額提高為三十倍。但七十二年六月二十六日至九十四年一月七日新增或修正之條文，就其所定數額提高為三倍」。因此刑法分則中針對各種犯罪類型所規定的罰金數額，均應以新臺幣為單位，而且依各該條文修正日期之不同，應分別提高其數額為30倍或3倍。

第34條（刪除）

第35條（主刑輕重之標準）

主刑之重輕，依第三十三條規定之次序定之。

同種之刑，以最高度之較長或較多者為重。最高度相等者，以最低度之較長或較多者為重。

刑之重輕，以最重主刑為準，依前二項標準定之。最重主刑

相同者，參酌下列各款標準定其輕重：
一、有選科主刑者與無選科主刑者，以無選科主刑者為重。
二、有併科主刑者與無併科主刑者，以有併科主刑者為重。
三、次重主刑同為選科刑或併科刑者，以次重主刑為準，依
　　前二項標準定之。

解說

　　刑法第35條第1項規定：「主刑之重輕，依第33條規定之次序定之」，意即死刑最重，無期徒刑次之，有期徒刑再次之，拘役又次之，罰金最輕。

　　刑法第35條第2項規定：「同種之刑，以最高度之較長或較多者為重。最高度相等者，以最低度之較長或較多者為重」，例如：五年以上十二年以下有期徒刑及三年以上十年以下有期徒刑，因為前者最高度為十二年，後者最高度僅為十年，因此以前者為重。又如：五年以下有期徒刑及六月以上五年以下有期徒刑，二者最高度相等，此時前者最低度為二個月（有期徒刑最少為二個月），後者最低度為六個月，因此以後者為重。

　　刑法第35條第3項前段規定：「刑之重輕，以最重主刑為準，依前二項標準定之」，例如：A罪處無期徒刑、十年以上有期徒刑，B罪處死刑、無期徒刑、十年以上有期徒刑，因為前者最重主刑是無期徒刑，後者最重主刑是死刑，因此以後者為重。

　　刑法第35條第3項後段規定：「最重主刑相同者，參酌下列各款標準定其輕重：一、有選科主刑者與無選科主刑者，以無選科主刑者為重。二、有併科主刑者與無併科主刑者，以

有併科主刑者為重。三、次重主刑同為選科刑或併科刑者，以次重主刑為準，依前二項標準定之」。第1款的情況，例如：A罪處死刑或無期徒刑，B罪處死刑，二者的最重主刑相同，此時因前者有選科主刑，後者無選科主刑，因此以後者為重。第2款的情況，例如：A罪處拘役併科罰金，B罪處拘役，二者的最重主刑相同，此時因前者有併科主刑，後者無併科主刑，因此以前者為重。第3款的情況，例如：A罪處無期徒刑或十年以上有期徒刑，B罪處無期徒刑或七年以上有期徒刑，二者最重本刑相同，次重主刑同為選科主刑，此時即以次重主刑為準，來比較輕重，而前者的次重主刑最高度為十年，後者的次重主刑最高度為七年，因此以前者為重。

第36條（褫奪公權的內容）
從刑為褫奪公權。
褫奪公權者，褫奪下列資格：
一、為公務員之資格。
二、為公職候選人之資格。

解說

　　從刑是指附隨於主刑而科處的刑罰，如不宣告主刑，則不能獨立宣告從刑。從刑唯一種類為褫奪公權。

　　褫奪公權，包括褫奪受刑人為公務員的資格及為公職候選人的資格，而且於剝奪其權利後，受刑人的納稅及服兵役義務均仍不免除。

第37條（褫奪公權的宣告）

宣告死刑或無期徒刑者，宣告褫奪公權終身。

宣告一年以上有期徒刑，依犯罪之性質認為有褫奪公權之必要者，宣告一年以上十年以下褫奪公權。

褫奪公權，於裁判時併宣告之。

褫奪公權之宣告，自裁判確定時發生效力。

依第二項宣告褫奪公權者，其期間自主刑執行完畢或赦免之日起算。但同時宣告緩刑者，其期間自裁判確定時起算之。

解說

褫奪公權以其期間分類，有終身褫奪及有期褫奪二種。刑法第37條第1項規定：「宣告死刑或無期徒刑者，宣告褫奪公權終身」，此即終身褫奪。刑法第37條第2項規定：「宣告一年以上有期徒刑，依犯罪之性質認為有褫奪公權之必要者，宣告一年以上十年以下褫奪公權」，此即定期褫奪。

褫奪公權的宣告，依刑法第37條第3項規定，應於裁判時與主刑同時宣告。

褫奪公權宣告的效力，在終身褫奪，依刑法第37條第4項規定：「褫奪公權之宣告，自裁判確定時發生效力」；而在定期褫奪，則依刑法第37條第5項規定：「其期間自主刑執行完畢或赦免之日起算」，也就是自主刑執行完畢或赦免之日開始生效。但是若於宣告主刑時同時宣告緩刑，則定期褫奪的期間依刑法第37條第5項但書的規定，仍自裁判確定時開始起算。

第37條之1（刑期計算）
刑期自裁判確定之日起算。
裁判雖經確定，其尚未受拘禁之日數，不算入刑期內。

解說

　　刑期，即徒刑或拘役的期間，應自裁判確定之日起算。例如：一個案件於96年7月1日宣示判決，於7月11日判決確定，若判決宣告的是徒刑或拘役，刑期則應自判決確定之日（7月11日）起算。惟若判決確定之日，被告尚未開始接受拘禁，則刑期應該自被告實際開始接受拘禁之日起算。

第37條之2（羈押日數之折抵刑期）
裁判確定前羈押之日數，以一日抵有期徒刑或拘役一日，或第四十二條第六項裁判所定之罰金額數。
羈押之日數，無前項刑罰可抵，如經宣告拘束人身自由之保安處分者，得以一日抵保安處分一日。

解說

　　依據刑事訴訟法第101條及第101條之1的規定，當被告經法官訊問後，認為其犯罪嫌疑重大，且有：一、逃亡或有事實足認為有逃亡之虞；二、有事實足認有湮滅、偽造、變造證據或勾串共犯、證人之虞；三、所犯為死刑、無期徒刑或最輕本刑為五年以上有期徒刑之罪；四、有事實足認有反覆實施同一犯罪之虞等四種情事之一，且非予羈押，顯難進行追訴、審

判、執行刑罰或預防犯罪時，得予以羈押。

　　羈押與徒刑或拘役相同，都是在拘束被告的人身自由，因此刑法第46條規定，裁判確定前羈押的日數，可以以一日折抵有期徒刑、拘役、易科罰金或拘束人身自由保安處分的日數。

第五章之一
沒　收

解說

　　沒收係以剝奪受刑人財產權為手段，以達社會保安、防範危害於未然為目的之保安處分。依刑法第38條，沒收的範圍為違禁物、供犯罪所用、犯罪預備之物、犯罪所生之物及犯罪所得。

　　所謂違禁物，指法令禁止製造、販賣、運輸、持有或行使的物品，例如：毒品、槍械、走私品、偽鈔等。由於違禁物違反法令，對社會安全造成危險性，因此不論是否屬於犯罪行為人，一概沒收之。

　　所謂供犯罪所用或犯罪預備之物，例如：殺人時使用的槍械、子彈，或是準備供犯罪使用的汽車、食物等均屬之。所謂因犯罪所生之物，例如：偽造貨幣後產生的偽幣。

　　供犯罪所用、犯罪預備之物或因犯罪所生之物，以屬於犯罪行為人者為限，始得沒收。另前揭物品，如果屬於犯罪行為人以外的自然人、法人或非法人團體，而該自然人、法人或非法人團體是在無正當理由的情況下提供或取得前揭物品，則亦得沒收之。但若有特別規定時，例如：刑法第349條第2項規定因贓物變得之財物，以贓物論；第200條、第205條、第209條、第219條、第235條第3項、第265條、第266條第4項、第315條之3均規定「不論屬於犯人與否，沒收之」等，均依該特別規定。

　　前述沒收情形，如果於全部或一部不能沒收或不宜執行沒收時，則改追徵其價額。例如：甲竊得10萬元，但已全數花完，無從沒收，則改追徵等值的10萬元；又如：乙竊取一隻大象，因無地方適合存放，則改追徵大象的市價。

第38條之1（犯罪所得之沒收）
犯罪所得，屬於犯罪行為人者，沒收之。但有特別規定者，依其規定。
犯罪行為人以外之自然人、法人或非法人團體，因下列情形之一取得犯罪所得者，亦同：
一、明知他人違法行為而取得。
二、因他人違法行為而無償或以顯不相當之對價取得。

三、犯罪行為人為他人實行違法行為，他人因而取得。

前二項之沒收，於全部或一部不能沒收或不宜執行沒收時，追徵其價額。

第一項及第二項之犯罪所得，包括違法行為所得、其變得之物或財產上利益及其孳息。

犯罪所得已實際合法發還被害人者，不予宣告沒收或追徵。

解說

　　所謂犯罪所得，包括違法行為所得、其變得之物或財產上利益及其孳息。例如：搶劫銀行後取得的贓款、偷竊取得的鑽石轉賣的現金、偷竊所得存放在銀行而生的利息等均屬之。

　　犯罪所得，如果屬於犯罪行為人，沒收之。但如果有特別規定，則依該特別規定。關於特別規定，請參閱第38條解說。

　　犯罪行為人以外的自然人、法人或非法人團體，如果因下列情形之一而取得犯罪所得，亦沒收之：

一、明知該犯罪所得是因他人的違法行為而取得。例如：甲明知乙偷竊取得10萬元，而仍收受之，則甲收受的10萬元沒收之。

二、因他人的違法行為而無償（沒有對價）或以顯然不相當的對價取得。例如：甲搶劫乙10萬元，在雙方爭奪過程中，遺落1萬元在地上，被丙取得，則丙取得的1萬元沒收之。

三、犯罪行為人為他人實行違法行為，他人因而取得。例如：甲受乙之命偷竊10萬元，再將10萬元交由乙取得，則乙取得的10萬元沒收之。

　　前述沒收情形，如果於全部或一部不能沒收或不宜執行沒收時，則改追徵其價額。例如：甲竊得10萬元，但已全數花

完，無從沒收，則改追徵等值的10萬元；又如：乙竊取一隻大象，因無地方適合存放，則改追徵大象的市價。

犯罪所得如果已實際合法發還被害人，因為犯罪行為人或其他自然人、法人、非法人團體已不再持有犯罪所得或享有其利益，所以不再對其宣告沒收或追徵價額。

第38條之2（犯罪所得及追徵之範圍與價額以估算認定）
前條犯罪所得及追徵之範圍與價額，認定顯有困難時，得以估算認定之。第三十八條之追徵，亦同。
宣告前二條之沒收或追徵，有過苛之虞、欠缺刑法上之重要性、犯罪所得價值低微，或為維持受宣告人生活條件之必要者，得不宣告或酌減之。

解說

第38條的犯罪所得及追徵以及第38條之1的追徵，如果其範圍與價額在認定上顯有困難時，得由法院衡量一切狀況，依經驗法則大概估算以認定之。

宣告第38條、第38條之1的沒收或追徵，有過度嚴苛的可能性、欠缺刑法上的重要性、犯罪所得價值低微，或為維持受宣告人生活條件的必要時，法院得不宣告沒收、追徵，或酌減沒收、追徵的範圍、價額。

第38條之3（沒收裁判確定時移轉為國家所有）

第三十八條之物及第三十八條之一之犯罪所得之所有權或其他權利，於沒收裁判確定時移轉為國家所有。

前項情形，第三人對沒收標的之權利或因犯罪而得行使之債權均不受影響。

第一項之沒收裁判，於確定前，具有禁止處分之效力。

解說

　　第38條之物（違禁物、供犯罪所用、犯罪預備之物、犯罪所生之物）及第38條之1之犯罪所得，其所有權或其他權利，於法院宣告沒收裁判確定時，移轉為國家所有。但是第三人對沒收標的的權利，或因犯罪而得行使之債權，並不會受影響。前者例如：甲偷竊取得汽車，並以該汽車設定動產擔保抵押權給乙，以向乙借貸100萬元，後法院宣告沒收該汽車，則乙存在於該汽車的動產擔保抵押權仍然存在。後者例如：甲偷竊乙所有之汽車，開了十年後，被法院宣告沒收，此時乙對於甲依民法第184條得主張之侵權行為損害賠償請求權，仍得行使，不受影響。

　　法院宣告沒收裁判尚未確定前（仍得上訴救濟），該物所有權雖然尚未移轉於國家，但是此時仍發生禁止處分的效力，亦即該物所有權人不得於此時再將該物移轉所有權或設定物權給他人。

第39條（刪除）

第40條（沒收宣告與單獨沒收）

沒收，除有特別規定者外，於裁判時併宣告之。

違禁物或專科沒收之物得單獨宣告沒收。

第三十八條第二項、第三項之物、第三十八條之一第一項、第二項之犯罪所得，因事實上或法律上原因未能追訴犯罪行為人之犯罪或判決有罪者，得單獨宣告沒收。

解說

關於法院宣告沒收的時間，刑法第40條第1項規定：「沒收，除有特別規定者外，於裁判時併宣告之」。

刑法第40條第2項規定：「違禁物或專科沒收之物得單獨宣告沒收」，刑法學上稱為獨立沒收，意指犯罪不成立或是找不到犯罪行為人是誰時，仍得單獨宣告的沒收。相對於此，刑法第39條所謂的專科沒收，則是指犯罪已成立，也知道犯罪行為人是誰，但是因為依法律規定（例如：防衛過當、避難過當、中止犯等）而免除其刑時，所科處的沒收。

供犯罪所用、犯罪預備之物、犯罪所生之物及犯罪所得，如果因事實上或法律上原因未能追訴犯罪行為人之犯罪或判決有罪，仍得單獨宣告沒收。例如：神秘客甲偷竊取得鑽石，於旅館休息時，突遭警察來擒，蒙面逃跑時不慎遺落鑽石，此時因不知神秘客甲究係何人，事實上未能追訴其犯罪，但仍得就鑽石單獨宣告沒收。

第40條之1（刪除）

第40條之2（宣告多數沒收者一併執行）
宣告多數沒收者，併執行之。
沒收，除違禁物及有特別規定者外，逾第八十條規定之時效期間，不得為之。
沒收標的在中華民國領域外，而逾前項之時效完成後五年者，亦同。
沒收之宣告，自裁判確定之日起，逾十年未開始或繼續執行者，不得執行。

解說

　　針對同一犯罪行為人，宣告多數沒收時，合併執行之。例如：甲偷竊取得一鑽石，搶奪取得一手機，法院將竊盜罪、搶奪罪分案審理，分別宣告二個沒收，此時應合併執行，將鑽石、手機一併沒收。

　　除了違禁物及特別規定外，沒收須在第80條所定的追訴權時效期間內為之。

　　如果應沒收的標的物在我國領域外，則沒收須在第80條所定的追訴權時效完成後五年內為之。

　　自法院裁判確定之日起算，超過十年未開始或繼續執行沒收者，則不得再執行該沒收。

|第五章之二|
易　刑

第41條（易科罰金）

犯最重本刑為五年以下有期徒刑以下之刑之罪，而受六月以下有期徒刑或拘役之宣告者，得以新臺幣一千元、二千元或三千元折算一日，易科罰金。但易科罰金，難收矯正之效或難以維持法秩序者，不在此限。

依前項規定得易科罰金而未聲請易科罰金者，得以提供社會勞動六小時折算一日，易服社會勞動。

受六月以下有期徒刑或拘役之宣告，不符第一項易科罰金之規定者，得依前項折算規定，易服社會勞動。

前二項之規定，因身心健康之關係，執行顯有困難者，或易服社會勞動，難收矯正之效或難以維持法秩序者，不適用之。

第二項及第三項之易服社會勞動履行期間，不得逾一年。

無正當理由不履行社會勞動，情節重大，或履行期間屆滿仍未履行完畢者，於第二項之情形應執行原宣告刑或易科罰金；於第三項之情形應執行原宣告刑。

已繳納之罰金或已履行之社會勞動時數依所定之標準折算日數，未滿一日者，以一日論。

第一項至第四項及第七項之規定，於數罪併罰之數罪均得易

科罰金或易服社會勞動，其應執行之刑逾六月者，亦適用之。

數罪併罰應執行之刑易服社會勞動者，其履行期間不得逾三年。但其應執行之刑未逾六月者，履行期間不得逾一年。

數罪併罰應執行之刑易服社會勞動有第六項之情形者，應執行所定之執行刑，於數罪均得易科罰金者，另得易科罰金。

解說

　　刑法設立易科罰金制度，係為了避免短期自由刑所造成的弊病。因為一個人如果因為輕微的犯罪，而必須入獄服刑，可能造成其學業中斷、工作中斷、自暴自棄、被社會排擠或於獄中結交不良分子、習得更多犯罪惡性等，日後反而容易成為再犯行為人。

　　有鑑於此，刑法第41條第1項本文規定：「犯最重本刑為五年以下有期徒刑以下之刑之罪，而受六月以下有期徒刑或拘役之宣告者，得以新臺幣一千元、二千元或三千元折算一日，易科罰金」，以使觸犯輕微犯罪，受短期自由刑宣告的犯罪行為人，得改以繳納罰金的方式取代入獄，除了有助於避免短期自由刑的弊病外，事實上也可藉此減輕監獄管理的壓力，並充實國庫。

　　不過若犯罪行為人改繳納罰金而不入獄，確實難收矯正之效或難以維持法律秩序時，刑法第41條第1項但書則明定不得宣告易科罰金。例如：某甲家財萬貫，卻有偷竊之癮，若被逮捕後以新臺幣3,000元折算一日易科罰金，對其而言根本無法達到嚇阻矯治之效，此時法院即不得宣告易科罰金。

　　刑法第41條第2項規定，犯罪行為人如果觸犯最重本刑為

五年以下有期徒刑以下之刑之罪，而受到六月以下有期徒刑或拘役之宣告時，本屬於刑法第41條第1項所定得聲請易科罰金之情形，但若未聲請易科罰金時，例如：犯罪行為人因經濟狀態不好，而未聲請易科罰金，則得以提供社會勞動6小時折算一日的方式，改服社會勞動。所謂社會勞動，指至政府機關、學校、社區及公益團體，進行環保清潔、居家照護、弱勢關懷、社區巡守、產業勞動、文書處理、交通安全維護、社區景觀維持或其他無酬並符合公共利益的勞動或服務。

　刑法第41條第3項規定，犯罪行為人如果受到六月以下有期徒刑或拘役之宣告，但是因所觸犯之罪並非最重本刑為五年以下有期徒刑以下之刑之罪，而不符合刑法第41條第1項得易科罰金之規定時，仍得依刑法第41條第2項折算規定，亦即以提供社會勞動6小時折算一日的方式，改服社會勞動。

　刑法第41條第4項規定，原依刑法第41條第2項、第3項得易服社會勞動的犯罪行為人，如果因為自己的身體或心理健康狀態不良，導致執行社會勞動顯然有困難，或改服社會勞動而不入獄，難以收到矯正成效或難以維持法律秩序時，仍應執行原法院宣告之刑（指有期徒刑或拘役）。

　刑法第41條第5項規定，前述易服社會勞動的履行期間，最長不得超過一年。

　刑法第41條第6項規定，犯罪行為人如果無正當理由而不履行社會勞動且情節重大，或是履行期間屆滿而仍未履行社會勞動完畢時，在刑法第41條第2項的情形，應執行原法院宣告之刑（有期徒刑或拘役）或是易科罰金；在刑法第41條第3項的情形，則應執行原法院宣告之刑（有期徒刑或拘役）。

　刑法第41條第7項規定，已繳納的罰金或已履行的社會勞

動時數依所定的標準折算日數，折算後未滿一日的部分，仍以一日論。例如：法院判決以服社會勞動6小時折算一日，若犯罪行為人實際服社會勞動之時數為7小時，仍可折算二日。

　　依據大法官會議第662號解釋文意旨，刑法第41條第8項規定，在數罪併罰的情形，如果數罪原本各得易科罰金或易服社會勞動，那麼即便法院依刑法第51條定數罪併罰應執行之刑超過六月有期徒刑，亦仍得適用刑法第41條第1項至第4項及第7項關於易科罰金及易服社會勞動之規定（若法院定應執行之刑未超過六月，當然亦得適用）。

　　刑法第41條第9項規定，數罪併罰應執行之刑如果易服社會勞動，則社會勞動的履行期間最長不得超過三年。但若法院定數罪併罰應執行之刑未超過六月有期徒刑，則易服社會勞動的履行期間最長不得超過一年。

　　刑法第41條第10項規定，數罪併罰應執行之刑易服社會勞動如有本條第6項的情形時，亦即受刑人有「無正當理由不履行社會勞動，情節重大」或「履行期間屆滿仍未履行完畢」的情形時，則應執行原本法院所定應執行之刑。如果數罪併罰的數罪本均符合易科罰金之規定，則法院原本所定應執行之刑得另為易科罰金，並不因受刑人易服社會勞動有本條第6項情形而受影響。

第42條（易服勞役）

罰金應於裁判確定後二個月內完納。期滿而不完納者，強制執行。其無力完納者，易服勞役。但依其經濟或信用狀況，不能於二個月內完納者，得許期滿後一年內分期繳納。遲延

一期不繳或未繳足者，其餘未完納之罰金，強制執行或易服勞役。

依前項規定應強制執行者，如已查明確無財產可供執行時，得逕予易服勞役。

易服勞役以新臺幣一千元、二千元或三千元折算一日。但勞役期限不得逾一年。

依第五十一條第七款所定之金額，其易服勞役之折算標準不同者，從勞役期限較長者定之。

罰金總額折算逾一年之日數者，以罰金總額與一年之日數比例折算。依前項所定之期限，亦同。

科罰金之裁判，應依前三項之規定，載明折算一日之額數。

易服勞役不滿一日之零數，不算。

易服勞役期內納罰金者，以所納之數，依裁判所定之標準折算，扣除勞役之日期。

解說

在科處罰金的犯罪中，為了促使受刑人從速繳納罰金，刑法第42條第1項規定：「罰金應於裁判確定後二個月內完納。期滿而不完納者，強制執行。其無力完納者，易服勞役」。此外，考量經濟狀況不佳的受刑人可能無法一次繳納罰金，刑法第42條第1項但書規定：「但依其經濟或信用狀況，不能於二個月內完納者，得許期滿後一年內分期繳納」。而為促使分期付款的受刑人按期繳納罰金，刑法第42條第1項後段規定：「遲延一期不繳或未繳足者，其餘未完納之罰金，強制執行或易服勞役」。

而若犯罪行為人確實已無財產可供執行，則可免去強制執

行程序之煩，直接易服勞役以求迅速。準此，刑法第42條第2項規定：「依前項規定應強制執行者，如已查明確無財產可供執行時，得逕予易服勞役」。

罰金易服勞役，其計算方式為以新臺幣1,000元、2,000元或3,000元折算一日，但勞役期限最長不得逾一年（刑法第42條第3項）。

另於數罪併罰的情況，若二罪分別處以不同的罰金，且有不同的易服勞役折算標準，此時應依勞役期限較長者為準（刑法第42條第4項）。例如：某甲觸犯某罪處罰金6萬元，如易服勞役得以2,000元折算一日，另一罪處罰金3萬元，如易服勞役以3,000元折算一日，由於前者的勞役期限為6萬元除以2,000元即三十日，後者的勞役期間為3萬元除以3,000元即十日，前者勞役期限較後者為長，故易服勞役折算標準應採取前者的以2,000元折算一日。

如折算一年勞役後，仍有餘額未抵足，則依刑法第42條第5項的規定，以罰金總額與一年之日數比例折算。例如：科處罰金219萬元，若以3,000元折算一日，易服勞役一年（365天）後，只能折抵3,000元乘以365天合計109萬5,000元，尚不足罰金總額219萬元，此時即應以219萬元與一年的日數即365天比例折算，也就是以服勞役一天折抵6,000元計算（因219萬除以365天，等於每天6,000元）。

如依刑法第42條第4項所定折算標準折算一年勞役後，仍有餘額未抵足，也應依刑法第42條第5項規定，以罰金總額與一年之日數比例折算。例如：某甲觸犯A罪處罰金129萬元，如易服勞役得以2,000元折算一日，犯B罪處罰金90萬元，如易服勞役以3,000元折算一日，由於前者的勞役期限為129萬元除

以2,000元即645日，後者的勞役期間為90萬元除以3,000元即300日，前者勞役期限較後者為長，故依刑法第42條第4項規定，易服勞役折算標準應採取前者的以2,000元折算一日。此時法院依刑法第51條第7款數罪併罰的規定，定某甲應執行的罰金為219萬元，原本甲須服勞役1095天（219萬元除以2,000元等於1095），但依刑法第42條第5項，罰金折算一年（365天）勞役後，如仍有餘額未抵足，應以罰金總額與一年之日數比例折算，所以折算標準應修正為以6,000元折算一日（219萬元除以365天等於每天6,000元）。

　　為使勞役折算罰金的額數明確，刑法第42條第6項規定：「科罰金之裁判，應依前三項之規定，載明折算一日之額數」，此外易服勞役應以一日為最小單位，如果服勞役不滿一日，該日即不算入服勞役的日數（刑法第42條第7項）。另受刑人若服勞役至一半，經濟情況改善，欲繳納罰金，則可依刑法第42條第8項規定：「以所納之數，依裁判所定之標準折算，扣除勞役之日期」。

第42條之1（罰金易服勞役之再易服社會勞動）
罰金易服勞役，除有下列情形之一者外，得以提供社會勞動六小時折算一日，易服社會勞動：
一、易服勞役期間逾一年。
二、入監執行逾六月有期徒刑或併執行之罰金。
三、因身心健康之關係，執行社會勞動顯有困難。
前項社會勞動之履行期間不得逾二年。
無正當理由不履行社會勞動，情節重大，或履行期間屆滿仍

未履行完畢者，執行勞役。

社會勞動已履行之時數折算勞役日數，未滿一日者，以一日論。

社會勞動履行期間內繳納罰金者，以所納之數，依裁判所定罰金易服勞役之標準折算，扣除社會勞動之日數。

依第三項執行勞役，於勞役期內納罰金者，以所納之數，依裁判所定罰金易服勞役之標準折算，扣除社會勞動與勞役之日數。

解說

　　受刑人易服勞役，必須進入監獄或在監獄監控下執行，如此即有造成短期自由刑弊病之可能性（請參閱本書第41條的說明），而若受刑人易服社會勞動，則可以在政府機關、學校、社區及公益團體等處為之，不須進入監獄，故可免去短期自由刑可能造成的弊病。基於此種考量，刑法第42條之1第1項規定，依第42條規定將罰金易服勞役時，得改以提供社會勞動六小時折算一日的方式，將勞役再易為服社會勞動。然而在某些情況下，包括：一、易服勞役期間超過一年；二、對於必須入監執行超過六月有期徒刑者，而併科或併執行之罰金；及三、因犯罪行為人身體或心理健康狀況不良的關係，致執行社會勞動顯然有困難時，則均不得再易服社會勞動。（刑法第42條之1第1項）

　　依第42條之1第1項規定易服社會勞動的履行期間，不得超過二年。（刑法第42條之1第2項）

　　易服社會勞動後，犯罪行為人如果無正當理由而不履行社會勞動且情節重大，或是履行期間屆滿仍未將社會勞動履行完

畢，則應執行勞役。（刑法第42條之1第3項）

　　易服社會勞動後，已履行之時數折算勞役日數，如果未滿一日，仍以一日論。例如：犯罪行為人履行社會勞動7小時，則可折算勞役日數二日。（刑法第42條之1第4項）

　　如果犯罪行為人於社會勞動履行期間內繳納罰金，則應以其所繳納之數額，依法院裁判中所定罰金易服勞役之標準折算後，再扣除社會勞動的日數。例如：某甲原被法院判處罰金3萬元，並得以服勞役一日折算罰金3,000元，則某甲應服勞役日數應為10日；其後某甲再依刑法第42條之1第1項規定易服社會勞動，並於社會勞動履行期間內繳納罰金1萬5,000元，則1萬5,000元依「服勞役一日折算罰金3,000元」之標準折算後，計可扣除5日勞役，扣除後某甲只須服5日勞役，亦即社會勞動30小時（5日乘以6小時，等於30小時）。（刑法第42條之1第5項）

　　犯罪行為人因刑法第42條之1第3項規定，亦即無正當理由而不履行社會勞動且情節重大，或是履行期間屆滿仍未將社會勞動履行完畢，而執行勞役時，若於執行勞役期間內繳納罰金，則應以其所繳納的數額，依法院裁判中所定罰金易服勞役的標準折算後，再扣除社會勞動與勞役的日數。例如：某甲原被法院判處罰金3萬元，並得以服勞役一日折算罰金3,000元，則某甲應服勞役日數應為10日；某甲依刑法第42條之1第1項規定易服社會勞動後，再因有刑法第42條之1第3項所定原因而執行勞役，並於執行勞役期間內繳納罰金1萬5,000元，則1萬5,000元依「服勞役一日折算罰金3,000元」之標準折算後，計可扣除5日勞役，扣除後某甲只須服5日勞役。（刑法第42條之1第5項）

第43條（易以訓誡）
受拘役或罰金之宣告，而犯罪動機在公益或道義上顯可宥恕者，得易以訓誡。

解說

　　一個犯罪行為如果只有受到法院宣告拘役或罰金，代表其惡性並不嚴重，而此時其犯罪動機在公益上或道義上又顯可宥恕的話，實無強令其接受刑罰之必要，因此刑法第43條規定：「受拘役或罰金之宣告，而犯罪動機在公益或道義上顯可宥恕者，得易以訓誡」。訓誡係由檢察官執行，檢察官可以酌情採取言詞或書面訓誡，以取代拘役或罰金的執行。

第44條（易刑處分的效力）
易科罰金、易服社會勞動、易服勞役或易以訓誡執行完畢者，其所受宣告之刑，以已執行論。

解說

　　易科罰金、易服社會勞動、易服勞役及易以訓誡，在刑法學上合稱易刑處分，易刑處分是代替原來宣告之刑的執行，因此易刑處分若執行完畢，其原來宣告之刑，即以已執行完畢論。

第45條（刪除）

第46條（刪除）

第六章
累 犯

解說

　　累犯，是指一個人於遭受徒刑執行或因強制工作而免除徒刑之執行後，於五年內又基於故意而觸犯法定刑為有期徒刑以上的罪名。例如：某甲原因竊盜罪入獄服刑一年，出獄後第三年，又基於故意而觸犯詐欺罪（法定刑為五年以下有期徒刑），此時某甲即為累犯。

　　刑法學上認為累犯才剛出獄即又故意犯罪，足見刑罰對其矯治效果較弱，必須延長矯治期間才能收到再社會化之效果，因此刑法第47條第1項後段規定，對於累犯須加重其本刑至二分之一（該罪法定刑的最重本刑及最輕本刑都加重至二分之一），然後在加重的範圍內酌量科刑。例如：搶奪罪的法定刑為六月以上五年以下有期徒刑，如果是累犯觸犯搶奪罪，經加

重後其法定刑則為九月以上（六月加重至二分之一為九月）七年六月（五年加重至二分之一為七年六月）以下有期徒刑。

刑法學上認為，要成立累犯，其要件如下：

一、行為人須曾受徒刑之執行完畢或赦免或因強制工作後免除刑罰執行

所謂徒刑的執行完畢，除了實際上執行完所有刑期外，尚包括徒刑易科罰金執行完畢以及假釋未經撤銷視為徒刑執行完畢等二種情況在內。至於緩刑宣告未經撤銷的情況，由於依刑法第76條的規定，其效果為刑之宣告失其效力，也就是視為行為人根本沒有執行過徒刑，因此緩刑期滿後再故意犯罪，並不會成為累犯。

二、犯罪必須發生於徒刑執行完畢或赦免後的五年內

犯罪行為人於徒刑執行完畢或赦免後的五年內更行犯罪，可見其惡性難改，因此才有使其成立累犯、加重其刑的必要性。

三、行為人必須基於故意犯罪

行為人若是基於過失犯罪，即不能認為原先的刑罰沒有達到矯治的效果。換言之，行為人若不是基於故意而犯罪，即不足證其惡性難改，自不能認有加重刑罰的必要性。

四、行為人再犯之罪的法定刑須為有期徒刑以上

有期徒刑以上包括有期徒刑、無期徒刑及死刑，且是以該罪的法定刑（即刑法規定的刑度）為準，而非以法官於個案判決中的宣告刑（即判決主文中宣告的刑度）為準。當行為人再

犯之罪的法定刑為有期徒刑以上時，才代表其惡性確屬重大，且不易矯治，因此有加重處罰的必要性。

五、須前犯之罪非於外國法院為之

這是基於刑法第49條的規定而來。刑法第49條規定：「累犯之規定，於前所犯罪在外國法院受裁判者，不適用之」。因此必須前犯之罪是在我國法院接受裁判，才會成立累犯。這是因為外國法院的裁判，依刑法第9條意旨，僅視其為一種事實，而不具有法律上效力之故。

第48條（裁判確定後發覺累犯之處罰）
裁判確定後，發覺為累犯者，依前條之規定更定其刑。但刑之執行完畢或赦免後發覺者，不在此限。

解說

此為法院於裁判時不察，遲至裁判確定後始發覺行為人為累犯時應如何處理的規定。依刑法第48條及刑事訴訟法第477條第1項的規定，此時應由該案犯罪事實最後判決法院的檢察官，聲請該法院以裁定更定其刑。所謂更定其刑，即重新按照累犯的加重規定，定其刑期。惟若法院是在刑罰已執行完畢或赦免後才發覺的話，即不得再更定其刑。

第49條（累犯適用的除外）
累犯之規定，於前所犯罪在外國法院受裁判者，不適用之。

解說

　　本條規定已於前述刑法第47條部分說明過，亦即外國法院的裁判，依刑法第9條意旨，僅視為一種事實，不具有法律上的效力，因此若行為人前犯之罪是在外國法院接受裁判，即便再基於故意犯罪，也不會成為累犯。

第七章

數罪併罰

> **第50條**（數罪併罰之要件）
> 裁判確定前犯數罪者，併合處罰之。但有下列情形之一者，不在此限：
> 一、得易科罰金之罪與不得易科罰金之罪。
> 二、得易科罰金之罪與不得易服社會勞動之罪。
> 三、得易服社會勞動之罪與不得易科罰金之罪。
> 四、得易服社會勞動之罪與不得易服社會勞動之罪。
> 前項但書情形，受刑人請求檢察官聲請定應執行刑者，依第五十一條規定定之。

解說

　　數罪併罰是指行為人的數個行為觸犯了數個罪名，而於裁判確定前併合處罰之意，刑法學上又稱其為「實質競合」。例如：某甲在96年1月1日犯了殺人罪，又於2月1日犯了強盜罪，後於3月1日被逮捕，此時審判的法院即可對某甲的二個行為進行數罪併罰。

　　刑法學上認為數罪併罰的要件如下：

一、行為人須有數個行為。

二、行為人須違犯二個以上的獨立犯罪。

三、數個行為必須在裁判確定前違犯。

四、行為人所犯的數罪必須能在同一個刑事訴訟程序中併案裁判（即有共同裁判的可能性）。

　　本條第1項規定，行為人如果在法院裁判確定以前，以數個行為觸犯數個罪名，法院應該對該數罪併合處罰。但若有下列情形之一時，則不得併合處罰：

一、行為人所觸犯的若是「得易科罰金之罪」與「不得易科罰金之罪」，二者不得併合處罰。因為若併合處罰，將使行為人喪失原本就「得易科罰金之罪」享有得易科罰金之利益，故為維行為人權利，本款規定此時不得併合處罰。

二、行為人所觸犯的若是「得易科罰金之罪」與「不得易服社會勞動之罪」，二者不得併合處罰。因為若併合處罰，將使行為人喪失原本就「得易科罰金之罪」享有得易科罰金之利益，故為維行為人權利，本款規定此時不得併合處罰。

三、行為人所觸犯的若是「得易服社會勞動之罪」與「不得易科罰金之罪」，二者不得併合處罰。因為若併合處罰，將使行為人喪失原本就「得易服社會勞動之罪」享有得易服社會勞動之利益，故為維行為人權利，本款規定此時不得併合處罰。

四、行為人所觸犯的若是「得易服社會勞動之罪」與「不得易服社會勞動之罪」，二者不得併合處罰。因為若併合處罰，將使行為人喪失原本就「得易服社會勞動之罪」享有得易服社會勞動之利益，故為維行為人權利，本款規定此時不得併合處罰。

　　本條第2項規定，第1項但書中「不得併合處罰」的四種情

形，如果行為人於受刑時（即受刑人）自願放棄得易科罰金或得易服社會勞動之利益，而請求檢察官聲請法院定一個應執行之刑時，則基於尊重受刑人意願，此時仍得併合處罰。至於併合處罰時，法院如何定應執行之刑，則依第51條規定辦理。

關於何種犯罪屬得易科罰金、不得易科罰金、得易服社會勞動或不得易服社會勞動之罪，請參閱第41條的說明。

第51條（數罪併罰的方法）
數罪併罰，分別宣告其罪之刑，依下列各款定其應執行者：
一、宣告多數死刑者，執行其一。
二、宣告之最重刑為死刑者，不執行他刑。但罰金及從刑不在此限。
三、宣告多數無期徒刑者，執行其一。
四、宣告之最重刑為無期徒刑者，不執行他刑。但罰金及從刑不在此限。
五、宣告多數有期徒刑者，於各刑中之最長期以上，各刑合併之刑期以下，定其刑期。但不得逾三十年。
六、宣告多數拘役者，比照前款定其刑期。但不得逾一百二十日。
七、宣告多數罰金者，於各刑中之最多額以上，各刑合併之金額以下，定其金額。
八、宣告多數褫奪公權者，僅就其中最長期間執行之。
九、依第五款至前款所定之刑，併執行之。但應執行者為三年以上有期徒刑與拘役時，不執行拘役。

解說

當行為人的數個行為觸犯了數個罪名，即須於裁判確定前併合處罰。至於併合處罰的方法如下：

一、**宣告多數死刑者，執行其一。**例如：某甲犯了殺人罪，被宣告死刑，另犯了暴動內亂罪，也被宣告死刑，由於對於某甲不能執行二次死刑，所以只執行其一。

二、**宣告之最重刑為死刑者，不執行他刑。但罰金及從刑不在此限。**例如：某甲犯了殺人罪，被宣告死刑，另犯了竊盜罪，處二年有期徒刑、500元罰金並沒收犯罪所用槍械。由於已死之人已無再加以拘禁的必要，所以執行死刑後，不必執行有期徒刑及拘役。惟罰金部分，可以從某甲的遺產中強制執行，沒收槍械部分，可以維護社會安全，因此宣告死刑後，罰金及從刑（褫奪公權、沒收、追徵、追繳及抵償等）仍得執行。

三、**宣告多數無期徒刑者，執行其一。**無期徒刑既然無執行期限，因此就算宣告二個無期徒刑，也只須執行其一。

四、**宣告之最重刑為無期徒刑者，不執行他刑。但罰金及從刑不在此限。**若宣告之最重刑為無期徒刑，由於其無執行期限，因此無再執行其他有期徒刑、拘役等自由刑的必要。但罰金部分，可以從受刑人的遺產中強制執行，沒收槍械部分，可以維護社會安全，因此宣告無期徒刑後，罰金及從刑仍得執行。

五、**宣告多數有期徒刑者，於各刑中之最長期以上，各刑合併之刑期以下，定其刑期。但不得逾三十年。**例如：某甲犯殺人罪、竊盜罪及毀損罪，殺人罪部分，宣告十年有期徒刑，竊盜罪部分，宣告五年有期徒刑，毀損罪部分，宣告

一年有期徒刑。若須數罪併罰，應於各刑中的最長期（十年有期徒刑）以上，各刑合併的刑期（十六年有期徒刑）以下，定其刑期。惟所定刑期，至多不得超過三十年。

六、**宣告多數拘役者，比照前款定其刑期。但不得逾一百二十日。**與前述情況相似，宣告多數拘役時，應於各刑中之最長期以上，各刑合併之刑期以下，定其刑期。惟應注意各拘役合併的刑期至多不得超過一百二十日。

七、**宣告多數罰金者，於各刑中之最多額以上，各刑合併之金額以下，定其金額。**例如：某甲犯A、B、C三罪，A罪部分，宣告罰金1萬元，B罪部分，宣告罰金5,000元，C罪部分，宣告罰金2,000元。若須數罪併罰，應於各刑中的最多額（1萬元）以上，各刑合併的金額（1萬7,000元）以下，定其金額。

八、**宣告多數褫奪公權者，僅就其中最長期間執行之。**例如：某甲犯A、B二罪，A罪部分，宣告褫奪公權一年，B罪部分，宣告褫奪公權二年。若須數罪併罰，應就其中最長期間（二年）部分執行之。

九、**宣告多數沒收者，併執行之。**沒收的目的在於維護社會安全，因此數罪所宣告的沒收應全部執行之。

十、**依第5款至第9款所定之刑，併執行之。但應執行者為三年以上有期徒刑與拘役時，不執行拘役。**例如：某甲犯了數罪，數罪併罰結果，某甲須執行有期徒刑十年、拘役六十日、罰金1萬元、褫奪公權二年及沒收。這五種刑，依刑法第51條第5款至第9款，原則上必須全部執行之。但是由於某甲須執行的有期徒刑為十年，屬於三年以上有期徒刑之刑，因此依同條第10款規定，拘役六十日部分即不須執行。

第52條（數罪併罰確定後未發覺餘罪的處理）
數罪併罰，於裁判確定後，發覺未經裁判之餘罪者，就餘罪處斷。

解說

　　例如：某甲犯了殺人罪、竊盜罪、毀損罪，但是法院只就殺人罪、竊盜罪部分進行審判，其中殺人罪部分宣告十年有期徒刑、竊盜罪部分宣告三年有期徒刑，並依第51條數罪併罰的規定，定應執行的刑期為十一年有期徒刑。等到判決確定後，法院又發覺毀損罪部分尚未裁判，此時即應依刑法第52條，就餘罪處斷。

　　所謂就餘罪處斷，刑法學上認為，是指就毀損罪宣告刑期後，再將其與殺人罪、竊盜罪的刑期重新依刑法第51條規定數罪併罰。例如：毀損罪部分若宣告一年有期徒刑，法院即應在十年（最長期為十年）以上十四年（十年加三年加一年等於十四年）以下有期徒刑的範圍內，定其應執行的刑期。

第53條（二裁判以上合併執行的方法）
數罪併罰，有二裁判以上者，依第五十一條之規定，定其應執行之刑。

解說

　　數罪併罰，原則上是由一個法院以一個裁判就數個犯罪宣告應執行之刑。但是在某些情況，同一行為人所犯的數罪，會由不同法院分別以不同裁判定其應執行之刑，此時只要數罪都

是在最後一個裁判確定前所違犯，依刑法第53條規定，均可依數罪併罰的方法定其應執行之刑。

第54條（數罪併罰數罪中有受赦免時餘罪的執行）

數罪併罰，已經處斷，如各罪中有受赦免者，餘罪仍依第五十一條之規定，定其應執行之刑，僅餘一罪者，依其宣告之刑執行。

解說

例如：某甲犯A罪宣告十年有期徒刑、犯B罪宣告有期徒刑五年、犯C罪宣告有期徒刑二年。若數罪併罰，應於十年以上十七年（十年加五年加二年）以下有期徒刑的範圍內，定其應執行之刑。假設法院於定刑期為十二年有期徒刑後，A罪部分又被赦免，此時B罪及C罪部分則應重依刑法第51條的規定，定應執行之刑。換言之，法院應該在五年以上七年（五年加二年）以下有期徒刑的範圍內，重定其應執行之刑。而若B罪部分又被赦免，法院則須就剩餘的C罪部分執行二年有期徒刑的刑罰。另條文中所謂的赦免，包括大赦、特赦、免刑、行刑權時效已完成等情況在內。

第55條（想像競合犯）

一行為而觸犯數罪名者，從一重處斷。但不得科以較輕罪名所定最輕本刑以下之刑。

解說

　　數罪併罰（實質競合）是指行為人的「數個」行為觸犯了數個罪名，而想像競合則是指行為人的「一個」行為觸犯了數個罪名。例如：某甲殺害某乙，再偷竊某丙，是數行為觸犯數罪名（殺人罪及竊盜罪），屬於數罪併罰；而若某甲殺害某乙的同時，也用刀割破了某乙的衣服，則是一行為觸犯數罪名（殺人罪及毀損罪），屬於想像競合。

　　想像競合中，由於行為人只有一個行為，所以是從一重罪處斷。關於重罪輕罪的判斷，依刑法第35條的規定決定之。例如：某甲的一個行為同時觸犯A罪及B罪，其中A罪的法定刑為七年以下有期徒刑，B罪的法定刑為六月以上五年以下有期徒刑，此時應以最高法定刑較長的A罪（七年有期徒刑）為重罪來處斷。

　　惟若較輕罪名的最輕本刑比重罪的最輕本刑為重時，例如：B罪（較輕罪名）的最輕本刑六月有期徒刑比A罪（較重罪名）的最輕本刑二月有期徒刑（因有期徒刑最輕為二個月）為重，此時法院就某甲的行為雖應依A罪（較重罪名）的法定刑處斷，但是仍不得科以B罪（較輕罪名）所定最輕本刑（六月有期徒刑）以下之刑。也就是說，法院應該在六月以上七年以下有期徒刑的範圍內定應執行之刑。

第56條（刪除）

第八章

刑之酌科及加減

第57條（科刑時應審酌的事項）

科刑時應以行為人之責任為基礎，並審酌一切情狀，尤應注意下列事項，為科刑輕重之標準：

一、犯罪之動機、目的。

二、犯罪時所受之刺激。

三、犯罪之手段。

四、犯罪行為人之生活狀況。

五、犯罪行為人之品行。

六、犯罪行為人之智識程度。

七、犯罪行為人與被害人之關係。

八、犯罪行為人違反義務之程度。

九、犯罪所生之危險或損害。

十、犯罪後之態度。

解說

行為人所觸犯的罪名，都會有一個法定刑，例如：六月以上五年以下有期徒刑、三年以上十年以下有期徒刑等。法院可以在法定刑的範圍內自由決定對被告應科以如何的刑罰，此即是刑罰的酌科（科刑）。刑法第57條規定，法院於科刑時應以

行為人之責任為基礎，並審酌一切情狀，尤應注意下列事項，以為科刑輕重之標準：一、犯罪之動機、目的；二、犯罪時所受之刺激；三、犯罪之手段；四、犯罪行為人之生活狀況；五、犯罪行為人之品行；六、犯罪行為人之智識程度；七、犯罪行為人與被害人之關係；八、犯罪行為人違反義務之程度；九、犯罪所生之危險或損害；十、犯罪後之態度。

第58條（科罰金時應審酌的事項）
科罰金時，除依前條規定外，並應審酌犯罪行為人之資力及犯罪所得之利益。如所得之利益超過罰金最多額時，得於所得利益之範圍內酌量加重。

解說

　　法院科處罰金時，除應依刑法第57條的規定，考量行為人的責任及一切情狀外，並應特別審酌犯罪行為人的資力及犯罪所得的利益。如果行為人的資力較豐、犯罪利益較高，則應科處較重的罰金，以收嚇阻之效。而當犯罪所得的利益超過法定罰金的最多額時，法院並得於犯罪所得利益的範圍內酌量加重罰金的數額（刑法第58條）。

第59條（犯罪顯可憫恕的酌減刑罰）
犯罪之情狀顯可憫恕，認科以最低度刑仍嫌過重者，得酌量減輕其刑。

解說

　　刑法第59條規定：「犯罪之情狀顯可憫恕，認科以最低度刑仍嫌過重者，得酌量減輕其刑」。所謂犯罪的情狀顯可憫恕，是指在客觀上足以引起一般人的同情而言，例如：家境清寒的某甲為了讓身染重病的母親補身，而割下自己兒子的小腿，餵食母親，此時某甲觸犯的是重傷害罪，法定刑為五年以上十二年以下有期徒刑，但因其情狀顯可憫恕，因此如果法院認為科以最低度刑（五年有期徒刑）仍嫌過重時，則得酌量減輕其刑至二分之一（二年六月有期徒刑）。

第60條（犯罪顯可憫恕的酌減刑罰）
依法律加重或減輕者，仍得依前條之規定酌量減輕其刑。

解說

　　刑法第60條規定：「依法律加重或減輕者，仍得依前條之規定酌量減輕其刑」，意思是說，在前例中若某甲是十四歲以上未滿十八歲的限制責任能力人，則法院於依刑法第18條減輕其刑後，仍得再依刑法第59條的規定酌量減輕其刑。

第61條（犯罪情節輕微、顯可憫恕的免除刑罰）
犯下列各罪之一，情節輕微，顯可憫恕，認為依第五十九條規定減輕其刑仍嫌過重者，得免除其刑：
一、最重本刑為三年以下有期徒刑、拘役或專科罰金之罪。但第一百三十二條第一項、第一百四十三條、第一百四十五條、第一百八十六條及對於直系血親尊親屬

　　　　犯第二百七十一條第三項之罪，不在此限。

二、第三百二十條、第三百二十一條之竊盜罪。

三、第三百三十五條、第三百三十六條第二項之侵占罪。

四、第三百三十九條、第三百四十一條之詐欺罪。

五、第三百四十二條之背信罪。

六、第三百四十六條之恐嚇罪。

七、第三百四十九條第二項之贓物罪。

解說

　　針對犯罪情狀顯可憫恕的情形，刑法第59條規定得酌量減輕其刑。而對於所犯的是特別輕罪，且情節輕微，犯罪情狀顯可憫恕時，刑法第61條更規定得免除其刑。

　　刑法學上認為依刑法第61條免除其刑的要件如下：

一、所犯的必須是特定的輕罪，這些特定的輕罪包括：

（一）最重本刑為三年以下有期徒刑、拘役或專科罰金之罪。

　　　　但第132條第1項、第143條、第145條、第186條及對於

　　　　直系血親尊親屬犯第271條第3項之罪，不在此限。

（二）第320條、第321條之竊盜罪。

（三）第335條、第336條第2項之侵占罪。

（四）第339條、第341條之詐欺罪。

（五）第342條之背信罪。

（六）第346條之恐嚇罪。

（七）第349條第2項之贓物罪。

二、須犯罪情節輕微，且顯可憫恕。

三、須依刑法第59條酌量減輕其刑後仍嫌過重。

第62條（自首）

對於未發覺之罪自首而受裁判者，得減輕其刑。但有特別規定者，依其規定。

解說

　　刑法為了獎勵犯罪行為人悔過自新，減少刑事追訴機關資源的浪費，於刑法第62條規定：「對於未發覺之罪自首而受裁判者，得減輕其刑」。刑法學上認為要成立自首減輕其刑，其要件為：

一、行為人所申告的事實必須是自己的犯罪事實

　　若是申告他人的犯罪事實，則為告訴或告發，並非自首。

二、行為人必須是對於未發覺之罪申告

　　未發覺之罪是指該犯罪事實尚未被發覺，或是雖已知悉犯罪事實但不知犯罪行為人究竟是誰等二種情況在內。

三、行為人申告後必須自動接受裁判

　　自首的目的是在減少刑事追訴機關資源的浪費，因此若行為人於申告後拒不到案或是逃匿無蹤，則不能成立自首。

第63條（對老幼處刑之限制）

未滿十八歲人或滿八十歲人犯罪者，不得處死刑或無期徒刑，本刑為死刑或無期徒刑者，減輕其刑。

解說

　　未滿18歲之人思慮未周，身心狀態較不成熟，而滿80歲之人身心開始衰退，值得同情，因此刑法第63條規定：「未滿十八歲人或滿八十歲人犯罪者，不得處死刑或無期徒刑」。而若所犯之罪的本刑只有死刑或無期徒刑二種時，則必須減輕為二十年以下十五年以上有期徒刑。

第64條（死刑的加重與減輕）
死刑不得加重。
死刑減輕者，為無期徒刑。

解說

　　死刑是剝奪被告生命權的刑罰，因此不得再加重。而若死刑減輕，則為無期徒刑。

第65條（無期徒刑的加重與減輕）
無期徒刑不得加重。
無期徒刑減輕者，為二十年以下十五年以上有期徒刑。

解說

　　無期徒刑是剝奪被告人身自由的刑罰中（自由刑）最嚴重的一種，如果再予加重，則會轉變為剝奪被告生命權的死刑，而在本質上有所不同。因此基於罪刑法定主義，無期徒刑不得加重。

　　而若無期徒刑減輕，則是減為二十年以下十五年以上的有期徒刑。

第66條（有期徒刑、拘役、罰金的減輕）
有期徒刑、拘役、罰金減輕者，減輕其刑至二分之一。但同時有免除其刑之規定者，其減輕得減至三分之二。

解說

　　刑法第66條規定：「有期徒刑、拘役、罰金減輕者，減輕其刑至二分之一」，例如：某甲犯A罪，法定刑為六月以上五年以下有期徒刑，若減輕其刑，則成為三月以上二年六月以下有期徒刑。

　　刑法第66條但書規定，若在減輕其刑的規定中，同時又有免除其刑的規定時，其減輕得減至三分之二。例如：刑法第23條但書規定：「但防衛行為過當者，得減輕或免除其刑」，該減輕其刑的規定中，同時又有免除其刑的規定，因此若某甲是因防衛過當而觸犯A罪，A罪法定刑為三年以下有期徒刑，此時則可減至一年以下有期徒刑。

第67條（有期徒刑、罰金的加減方法）
有期徒刑或罰金加減者，其最高度及最低度同加減之。

解說

　　刑法第67條規定：「有期徒刑或罰金加減者，其最高度

及最低度同加減之」。例如：某甲犯A罪，法定刑為三年以上十年以下有期徒刑，併科1,000元以上1萬元以下罰金，若減輕至二分之一，則是減為一年六月以上五年以下有期徒刑，併科500元以上5,000元以下罰金。在減輕之後的法定刑範圍內，法院仍得自由酌科其刑。

第68條（拘役的加減方法）
拘役加減者，僅加減其最高度。

解說

刑法第68條規定：「拘役加減者，僅加減其最高度」。例如：某甲犯A罪，法定刑為十日以上三十日以下拘役，若依法減輕其刑至二分之一，應減至十日以上十五日以下拘役，也就是說最低度十日部分不變動，僅就最高度三十日部分減輕至二分之一。

第69條（二種以上主刑的加減方法）
有二種以上之主刑者，加減時併加減之。

解說

刑法第69條規定：「有二種以上之主刑者，加減時併加減之」，例如：某甲犯A罪，法定刑為三年以上十年以下有期徒刑，併科1,000元以上1萬元以下罰金，若依法減輕至二分之一，則二種主刑一併加減之，亦即有期徒刑部分減為一年六月

以上五年以下有期徒刑，罰金部分減為併科500元以上5,000元以下罰金。在減輕之後的法定刑範圍內，法院仍得自由酌科其刑。

第70條（遞加遞減的方法）
有二種以上刑之加重或減輕者，遞加或遞減之。

解說

　　刑法第70條規定：「有二種以上刑之加重或減輕者，遞加或遞減之」。例如：某甲犯A罪，法定刑為二年以下有期徒刑，因其具有累犯身分，所以加重其刑至二分之一，也就是加至三月以上（有期徒刑最少為二月，加重至二分之一即為三月）三年以下有期徒刑。此外因某甲同時具有公務員身分，所以再加重其刑至二分之一，也就是以三月以上三年以下有期徒刑為基礎，再加重其刑至二分之一，亦即加至四月十五日以上四年六月以下有期徒刑。

第71條（加重減輕的順序）
刑有加重及減輕者，先加後減。
有二種以上之減輕者，先依較少之數減輕之。

解說

　　刑法第71條第1項規定：「刑有加重及減輕者，先加後減」，之所以規定要先加後減，是因為在某些情況下，法定刑

是不得加重的（如死刑、無期徒刑），因此先加後減，對被告
較為有利。例如：某甲犯A罪，法定刑為無期徒刑，因其為累
犯，所以得加重其刑至二分之一，另因其為瘖啞人，所以得減
輕其刑至二分之一。某甲同時有加重及減輕的事由，此時應先
加後減，而無期徒刑依刑法第65條的規定不得再加重，因此只
能直接進行減輕，亦即先加後減的結果是，使無期徒刑減輕至
二十年以下十五年以上有期徒刑。

　　刑法第71條第2項規定：「有二種以上之減輕者，先依較
少之數減輕之」，例如：某甲現年16歲，因防衛過當而犯A
罪，A罪法定刑為三年以下有期徒刑，第一個減刑事由為某甲
為限制責任能力人，得減至二分之一（第18條、第66條），第
二個減刑事由為某甲防衛過當，得減至三分之二（刑法第23
條、第66條），此時應先依較少之數即二分之一減輕之，亦即
三年以下有期徒刑先減至一年六月以下有期徒刑，然後再依較
多之數即三分之二減輕之，亦即一年六月以下有期徒刑再減至
六月以下有期徒刑。在減輕之後的法定刑範圍內，法院仍得自
由酌科其刑。

第72條（零數之不算）

**因刑之加重、減輕，而有不滿一日之時間或不滿一元之額數
者，不算。**

解說

　　如果因為刑罰的加重、減輕，導致出現不滿一日時間或不
滿1元額數的情況，為求計算的方便，不滿的部分即不計入刑

罰內（刑法第72條）。

第73條（酌量減輕其刑的準用規定）
酌量減輕其刑者，準用減輕其刑之規定。

解說

　　刑法第73條規定：「酌量減輕其刑者，準用減輕其刑之規定」。所謂酌量減輕其刑，是指刑法第59條的規定而言。法院如果依刑法第59條的規定酌量減輕其刑，應準用刑法第64條至第72條的標準來減輕之。

第九章

緩 刑

第74條（緩刑的要件）

受二年以下有期徒刑、拘役或罰金之宣告，而有下列情形之一，認以暫不執行為適當者，得宣告二年以上五年以下之緩刑，其期間自裁判確定之日起算：

一、未曾因故意犯罪受有期徒刑以上刑之宣告者。

二、前因故意犯罪受有期徒刑以上刑之宣告，執行完畢或赦免後，五年以內未曾因故意犯罪受有期徒刑以上刑之宣告者。

緩刑宣告，得斟酌情形，命犯罪行為人為下列各款事項：

一、向被害人道歉。

二、立悔過書。

三、向被害人支付相當數額之財產或非財產上之損害賠償。

四、向公庫支付一定之金額。

五、向指定之政府機關、政府機構、行政法人、社區或其他符合公益目的之機構或團體，提供四十小時以上二百四十小時以下之義務勞務。

六、完成戒癮治療、精神治療、心理輔導或其他適當之處遇措施。

七、保護被害人安全之必要命令。

八、預防再犯所為之必要命令。

前項情形，應附記於判決書內。

第二項第三款、第四款得為民事強制執行名義。

緩刑之效力不及於從刑、保安處分及沒收之宣告。

解說

緩刑制度的存在，是為了使犯罪程度較不嚴重的被告，有一個免於入獄服刑的機會，期藉此避免短期自由刑的缺點，使被告不要自暴自棄、中斷學業、停止工作或於獄中沾染不良習氣，日後成為再犯之人，此外也可疏緩政府監獄空間不足的壓力。

關於緩刑的要件，刑法第74條規定：「受二年以下有期徒刑、拘役或罰金之宣告，而有下列情形之一，認以暫不執行為適當者，得宣告二年以上五年以下之緩刑，其期間自裁判確定之日起算：一、未曾因故意犯罪受有期徒刑以上刑之宣告者。二、前因故意犯罪受有期徒刑以上刑之宣告，執行完畢或赦免後，五年以內未曾因故意犯罪受有期徒刑以上刑之宣告者」。申言之，緩刑的要件如下：

一、**須受二年以下有期徒刑、拘役或罰金的宣告。**緩刑宣告限於對惡性較輕微的犯罪始得為之，因此必須法院所宣告的是二年以下有期徒刑、拘役或罰金的刑罰，始得宣告緩刑。

二、**須前未曾因故意犯罪受有期徒刑以上刑之宣告，或雖曾因故意犯罪受有期徒刑以上刑之宣告，但執行完畢或赦免後，五年以內未曾因故意犯罪受有期徒刑以上刑之宣告。**

緩刑制度是為了使惡性較不重大的犯罪行為人，有改過自新、避免入獄的機會，因此如果犯罪行為人曾經因故意犯罪而接受有期徒刑以上刑之宣告，於執行完畢或赦免後的五年內，又不知悔過向善，再因故意而犯罪，此時即認為其有入獄服刑接受矯治的必要，不得宣告緩刑。換言之，必須犯罪行為人從未曾因故意犯罪而接受有期徒刑以上刑之宣告，或是至少雖曾經因故意犯罪而接受有期徒刑以上刑之宣告，但於執行完畢或赦免後，五年以內未再因故意犯罪而接受有期徒刑以上刑之宣告時，才可以宣告緩刑。

三、**須法院認為以暫不執行為適當**。例如：犯罪行為人惡性不重大、有學業未完成、工作進行到一半、有養家糊口的經濟壓力、身患疾病、犯罪後自首等情形，都可以認為以暫不執行為適當。

　　只要犯罪行為人具備前述緩刑的要件，法院就可以宣告二年以上五年以下的緩刑。所謂緩刑，就是法院還是有判刑，只是暫緩其執行。若犯罪行為人在二年以上五年以下的緩刑期間內緩刑沒有被撤銷，刑之宣告即失其效力，犯罪行為人完全不必執行刑罰。至於緩刑在什麼情況下會被撤銷，將於刑法第75條部分再進行解說。

　　此外，法院於宣告緩刑時，也可以斟酌情形，要求犯罪行為人為下列各款事項：一、向被害人道歉；二、立悔過書；三、向被害人支付相當數額之財產或非財產上之損害賠償；四、向公庫支付一定之金額；五、向指定之政府機關、政府機構、行政法人、社區或其他符合公益目的之機構或團體，提供四十小時以上二百四十小時以下之義務勞務；六、完成戒癮治療、精神治療、心理輔導或其他適當之處遇措施；七、保護被

害人安全之必要命令；八、預防再犯所為之必要命令。

　　其中第3款、第4款的損害賠償金額及所定支付公庫金額，若犯罪行為人於判決後拒不繳納，被害人或政府都可以向法院聲請強制執行（刑法第74條第4項）。

　　最後，從刑、保安處分及沒收並未造成短期自由刑的缺失，其目的是在維護社會安全及矯治犯罪行為人，因此緩刑之效力不及於從刑、保安處分及沒收之宣告（刑法第74條第5項），也就是說法院所為的緩刑宣告，其效力只及於主刑，至於從刑、保安處分及沒收部分仍然必須執行，不得暫緩執行，也不得因緩刑期滿未被撤銷而使其喪失效力。

第75條（緩刑宣告之撤銷）
受緩刑之宣告，而有下列情形之一者，撤銷其宣告：
一、緩刑期內因故意犯他罪，而在緩刑期內受逾六月有期徒刑之宣告確定者。
二、緩刑前因故意犯他罪，而在緩刑期內受逾六月有期徒刑之宣告確定者。
前項撤銷之聲請，於判決確定後六月以內為之。

解說

　　緩刑的目的，是為了讓惡性較輕微的犯罪行為人有悔過自新的機會，如果在緩刑期間內，犯罪行為人又因故意犯他罪，而且還受到超過六個月有期徒刑之宣告確定，即足見其並未真心改過。因此刑法第75條規定：「受緩刑之宣告，而有下列情形之一者，撤銷其宣告：一、緩刑期內因故意犯他罪，而在緩

刑期內受逾六月有期徒刑之宣告確定者。二、緩刑前因故意犯他罪，而在緩刑期內受逾六月有期徒刑之宣告確定者」。

　　其中第2款事由，之所以也要撤銷緩刑，是因為犯罪行為人若於緩刑宣告前因故意犯他罪，而在緩刑宣告後才被發覺，並於緩刑期間內接受逾六月有期徒刑之宣告確定，則可認為犯罪行為人於被宣告緩刑時，原本即不具備緩刑宣告的要件，因此該緩刑宣告自應撤銷。

　　此外，撤銷緩刑宣告之聲請，應該由受刑人所在地或其最後住所地的地方法院檢察官於逾六月有期徒刑判決確定後六個月內向法院為之（刑法第75條第2項）。

第75條之1（緩刑宣告之撤銷）

受緩刑之宣告而有下列情形之一，足認原宣告之緩刑難收其預期效果，而有執行刑罰之必要者，得撤銷其宣告：

一、緩刑前因故意犯他罪，而在緩刑期內受六月以下有期徒刑、拘役或罰金之宣告確定者。

二、緩刑期內因故意犯他罪，而在緩刑期內受六月以下有期徒刑、拘役或罰金之宣告確定者。

三、緩刑期內因過失更犯罪，而在緩刑期內受有期徒刑之宣告確定者。

四、違反第七十四條第二項第一款至第八款所定負擔情節重大者。

前條第二項之規定，於前項第一款至第三款情形亦適用之。

解說

撤銷緩刑的原因，規定在刑法第75條及第75條之1。若具備的是刑法第75條撤銷緩刑的原因，法院是「應」撤銷緩刑宣告，而若具備的是刑法第75條之1撤銷緩刑的原因，法院則是「得」撤銷緩刑宣告。

刑法第75條之1規定：「受緩刑之宣告而有下列情形之一，足認原宣告之緩刑難收其預期效果，而有執行刑罰之必要者，得撤銷其宣告：一、緩刑前因故意犯他罪，而在緩刑期內受六月以下有期徒刑、拘役或罰金之宣告確定者。二、緩刑期內因故意犯他罪，而在緩刑期內受六月以下有期徒刑、拘役或罰金之宣告確定者。三、緩刑期內因過失更犯罪，而在緩刑期內受有期徒刑之宣告確定者。四、違反第七十四條第二項第一款至第八款所定負擔情節重大者」。

不論犯罪行為人究竟是具備刑法第75條之1的哪一款撤銷緩刑事由，尚須法院認為緩刑宣告難收預期效果，而有執行刑罰之必要時，才得撤銷緩刑宣告。此外，撤銷緩刑宣告之聲請，應該由受刑人所在地或其最後住所地的地方法院檢察官於前述事由發生後的六個月內向法院為之（刑法第75條之1第2項）。

第76條（緩刑宣告之效力）

緩刑期滿，而緩刑之宣告未經撤銷者，其刑之宣告失其效力。但依第七十五條第二項、第七十五條之一第二項撤銷緩刑宣告者，不在此限。

解說

緩刑宣告，就是希望鼓勵惡性較不重大的犯罪行為人悔過向善，因此若犯罪行為人於緩刑期間內，並未被撤銷緩刑，主刑之宣告即失其效力（但從刑、保安處分之宣告不因而失效；刑法第74條第5項、第76條）。

所謂主刑之宣告失其效力，意指犯罪行為人視為自始未接受該主刑之宣告，因此若犯罪行為人於緩刑期滿後五年內再因故意觸犯有期徒刑以上刑之罪，仍不會構成刑法第47條的累犯。

此外，若於緩刑期間內發生撤銷緩刑的原因，而經法院撤銷緩刑的話，犯罪行為人應執行原本宣告的主刑（從刑、保安處分不論緩刑宣告是否經撤銷，均應執行，因為依刑法第74條第5項，緩刑之效力不及於從刑與保安處分之宣告）。

第十章

假　釋

第77條（假釋之要件）

受徒刑之執行而有悛悔實據者，無期徒刑逾二十五年，有期徒刑逾二分之一、累犯逾三分之二，由監獄報請法務部，得許假釋出獄。

前項關於有期徒刑假釋之規定，於下列情形，不適用之：

一、有期徒刑執行未滿六個月者。

二、犯最輕本刑五年以上有期徒刑之罪之累犯，於假釋期間，受徒刑之執行完畢，或一部之執行而赦免後，五年以內故意再犯最輕本刑為五年以上有期徒刑之罪者。

三、犯第九十一條之一所列之罪，於徒刑執行期間接受輔導或治療後，經鑑定、評估其再犯危險未顯著降低者。

無期徒刑裁判確定前逾一年部分之羈押日數算入第一項已執行之期間內。

解說

　　假釋制度存在的目的有二，其一是鼓勵犯罪行為人於獄中好好表現、改過向善；其二是使受刑人提早離開監獄，早日適應社會生活，避免因適應不良而成為再犯之人。

　　關於假釋的要件，刑法第77條規定：「受徒刑之執行而

有悛悔實據者，無期徒刑逾二十五年，有期徒刑逾二分之一、累犯逾三分之二，由監獄報請法務部，得許假釋出獄」。不過若受刑人具備下述情形之一，即：一、有期徒刑執行未滿六個月；或二、犯最輕本刑五年以上有期徒刑之罪之累犯，於假釋期間，受徒刑之執行完畢，或一部之執行而赦免後，五年以內故意再犯最輕本刑為五年以上有期徒刑之罪；或三、犯刑法第91條之1所列之罪，於徒刑執行期間接受輔導或治療後，經鑑定、評估其再犯危險未顯著降低，則不得假釋出獄。

此外，受刑人若是接受無期徒刑之宣告，則其於裁判確定前逾一年部分之羈押日數，可一併算入無期徒刑假釋要件的二十五年執行期間（刑法第77條第3項），如此可使無期徒刑的受刑人較早獲得假釋。

第78條（假釋之撤銷）

假釋中因故意更犯罪，受逾六月有期徒刑之宣告確定者，撤銷其假釋。

假釋中因故意更犯罪，受緩刑或六月以下有期徒刑之宣告確定，而有再入監執行刑罰之必要者，得撤銷其假釋。

前二項之撤銷，於判決確定後六月以內為之。但假釋期滿逾三年者，不在此限。

假釋撤銷後，其出獄日數不算入刑期內。

解說

假釋是為了鼓勵受刑人於獄中改過向善，並幫助其提早再社會化，惟若受刑人於假釋期間基於故意犯罪，而且還受到法

院超過六個月有期徒刑之宣告確定，即足見其並無悔過之意，也辜負法律協助其再社會化的良情美意。因此刑法第78條第1項規定：「假釋中因故意更犯罪，受逾六月有期徒刑之宣告確定者，撤銷其假釋。」

而若受刑人雖於假釋期間基於故意犯罪，但只受到法院緩刑或六個月以下有期徒刑之宣告確定，因為其罪行及刑度並不嚴重，故本條第2項規定，此時得審酌受刑人有無再入監執行刑罰之必要，決定是否撤銷其假釋。

本條第3項規定，前二項之撤銷，須於判決確定後六個月以內為之。不過，若受刑人於假釋期滿後已逾三年，法院即不得再撤銷其假釋。

如果假釋經法院撤銷，則受刑人出獄假釋（沒有實際在獄中服刑）的期間，即不能視為確有執行徒刑，因此本條第4項規定：「假釋撤銷後，其出獄日數不算入刑期內」，以資懲戒。

第79條（假釋的效力）
在無期徒刑假釋後滿二十年或在有期徒刑所餘刑期內未經撤銷假釋者，其未執行之刑，以已執行論。但依第七十八條第三項撤銷其假釋者，不在此限。
假釋中另受刑之執行、羈押或其他依法拘束人身自由之期間，不算入假釋期內。但不起訴處分或無罪判決確定前曾受之羈押或其他依法拘束人身自由之期間，不在此限。

解說

　　假釋的效力，就是將假釋出獄的期間視為係在獄中執行徒刑，因此刑法第79條第1項本文規定：「在無期徒刑假釋後滿二十年或在有期徒刑所餘刑期內未經撤銷假釋者，其未執行之刑，以已執行論」。由於假釋期滿未被撤銷，是將未執行之刑以已執行論，因此若受刑人在假釋期滿後五年之內故意再犯有期徒刑以上刑之罪的話，仍成立刑法第47條的累犯。但如果是依第78條第3項撤銷其假釋，則未執行之刑，即不能以已執行論。

　　此外，受刑人於假釋中，若另受刑之執行、羈押或其他依法拘束人身自由之期間，並不算入假釋期內。但是不起訴處分或無罪判決確定前曾受之羈押或其他依法拘束人身自由之期間，則不在此限（刑法第79條第2項）。

第79條之1（合併執行刑之假釋）
二以上徒刑併執行者，第七十七條所定最低應執行之期間，合併計算之。
前項情形，併執行無期徒刑者，適用無期徒刑假釋之規定；二以上有期徒刑合併刑期逾四十年，而接續執行逾二十年者，亦得許假釋。但有第七十七條第二項第二款之情形者，不在此限。
依第一項規定合併計算執行期間而假釋者，前條第一項規定之期間，亦合併計算之。
前項合併計算後之期間逾二十年者，準用前條第一項無期徒刑假釋之規定。

經撤銷假釋執行殘餘刑期者，無期徒刑於執行滿二十五年，有期徒刑於全部執行完畢後，再接續執行他刑，第一項有關合併計算執行期間之規定不適用之。

解說

如果犯罪行為人是在裁判確定前以數行為犯數罪名，可以依刑法第51條數罪併罰，但是如果其中一個行為是在其他行為裁判確定後才犯罪，即不能依該條文數罪併罰，該行為必須接受另一個獨立裁判。後裁判所宣告的刑罰與前裁判所宣告的刑罰，即須依刑法第79條之1合併執行。

關於合併執行刑罰，刑法第79條之1第1項規定：「二以上徒刑併執行者，第77條所定最低應執行之期間，合併計算之」。例如：某甲受到二個裁判，前裁判宣告有期徒刑十年，後裁判宣告有期徒刑六年，此時某甲必須服刑逾八年（十年加六年等於十六年，其二分之一為八年），始得報請假釋。

此外，如果二個裁判所宣告的都是無期徒刑，只要實際服刑滿二十五年，即可報請假釋；而若二個裁判所宣告的都是有期徒刑，其合併刑罰超過四十年的話，則只要接續執行逾二十年，即得報請假釋（刑法第79條之1第2項）。但是若是屬於刑法第77條第2項第2款重罪累犯又三犯的情形，則不得報請假釋。

刑法第79條之1第3項規定：「依第1項規定合併計算執行期間而假釋者，前條第1項規定之期間，亦合併計算之」。例如：某甲受到二個裁判，前裁判宣告有期徒刑十年，後裁判宣告有期徒刑六年，此時某甲必須服刑逾八年（十年加六年等於十六年，其二分之一為八年），始得報請假釋。假釋後，某甲

必須在所餘刑期內（十六年減八年等於八年）未經撤銷假釋，其未執行之刑，才得以已執行論。

　　刑法第79條之1第4項規定：「前項合併計算後之期間逾二十年者，準用前條第1項無期徒刑假釋之規定」。也就是說，若前例中某甲假釋出獄後，所餘刑期超過二十年，則應縮短為二十年（無期徒刑假釋之規定即為二十年）。

　　對於經撤銷假釋入獄執行殘餘刑期的受刑人而言，若將殘餘刑期和再犯罪所宣告的刑期合併計算，又進行假釋的話，會出現「二度假釋」的不合理情況。因此刑法第79條之1第5項規定：「經撤銷假釋執行殘餘刑期者，無期徒刑於執行滿二十五年，有期徒刑於全部執行完畢後，再接續執行他刑，第1項有關合併計算執行期間之規定不適用之」，以求公平。

|第十一章|
時　效

解說

　　一個犯罪行為，如果經過一段時間仍未進行刑事追訴，對於刑事證據的收集及判斷將越形困難，也會增加誤判的可能性，因此刑法第80條規定，若經過一段期間仍未起訴，追訴權即消滅。該期間因犯罪的法定刑不同而有所差異，茲條列如下：

一、犯最重本刑為死刑、無期徒刑或十年以上有期徒刑之罪
者，追訴權期間為三十年。但發生死亡結果者，不在此
限。

二、犯最重本刑為三年以上十年未滿有期徒刑之罪者，追訴權
期間為二十年。

三、犯最重本刑為一年以上三年未滿有期徒刑之罪者，追訴權
期間為十年。

四、犯最重本刑為一年未滿有期徒刑、拘役或罰金之罪者，追
訴權期間為五年。

此外，追訴權期間應該自犯罪成立之日起算。但若犯罪行
為有繼續之狀態，追訴權期間則應該自行為終了之日起算（刑
法第82條第2項）。

第81條（刪除）

第82條（本刑應加減時追訴權時效期間的計算方式）
本刑應加重或減輕者，追訴權之時效期間，仍依本刑計算。

解說

刑法第80條針對不同法定刑的犯罪，定有不同的追訴權期
間。而一個犯罪經常會有加重或減輕其本刑的情況出現，不過
如果有此情況，追訴權的時效期間並不因而受影響，仍應依原
來的法定本刑計算（刑法第82條）。

第83條（追訴權時效期間的停止）

追訴權之時效，因起訴而停止進行。依法應停止偵查或因犯罪行為人逃匿而通緝者，亦同。

前項時效之停止進行，有下列情形之一者，其停止原因視為消滅：

一、諭知公訴不受理判決確定，或因程序上理由終結自訴確定者。

二、審判程序依法律之規定或因被告逃匿而通緝，不能開始或繼續，而其期間已達第八十條第一項各款所定期間三分之一者。

三、依第一項後段規定停止偵查或通緝，而其期間已達第八十條第一項各款所定期間三分之一者。

前二項之時效，自停止原因消滅之日起，與停止前已經過之期間，一併計算。

解說

　　本條是關於追訴權時效期間停止的規定。追訴權時效期間會因為有法定原因的存在而停止進行，這些原因包括：起訴、依法應停止偵查（例如：刑事訴訟法第261條規定：「犯罪是否成立或刑罰應否免除，以民事法律關係為斷者，檢察官應於民事訴訟終結前，停止偵查。」）、因犯罪行為人逃匿而通緝等三種情形（刑法第83條第1項）。

　　追訴權時效雖會因法定原因存在而停止進行，不過若法定原因一直存在，將使追訴權時效永遠無法完成，因此刑法第83條第2項規定：「前項時效之停止進行，有下列情形之一者，其停止原因視為消滅：一、諭知公訴不受理判決確定，或

因程序上理由終結自訴確定者。二、審判程序依法律之規定或因被告逃匿而通緝，不能開始或繼續，而其期間已達第80條第1項各款所定期間三分之一者。三、依第1項後段規定停止偵查或通緝，而其期間已達第80條第1項各款所定期間三分之一者」。

此外，當停止原因消滅後，追訴權時效應回復進行，此時回復進行後的期間與停止之前已經過的期間，應一併計算之（刑法第83條第3項）。

第84條（行刑權的時效期間）
行刑權因下列期間內未執行而消滅：
一、宣告死刑、無期徒刑或十年以上有期徒刑者，四十年。
二、宣告三年以上十年未滿有期徒刑者，三十年。
三、宣告一年以上三年未滿有期徒刑者，十五年。
四、宣告一年未滿有期徒刑、拘役或罰金者，七年。
前項期間，自裁判確定之日起算。但因保安處分先於刑罰執行者，自保安處分執行完畢之日起算。

解說

一個犯罪行為經法院裁判確定其應執行之刑後，應立即執行，若遲未執行達一定期間，行刑權也會因此而消滅。關於行刑權的時效期間，刑法第84條第1項規定：「行刑權因下列期間內未執行而消滅：一、宣告死刑、無期徒刑或十年以上有期徒刑者，四十年。二、宣告三年以上十年未滿有期徒刑者，

三十年。三、宣告一年以上三年未滿有期徒刑者，十五年。

四、宣告一年未滿有期徒刑、拘役或罰金者，七年」。

　　關於前項期間的起算時點，刑法第84條第2項規定：「前項期間，自裁判確定之日起算。但因保安處分先於刑罰執行者，自保安處分執行完畢之日起算」。

第85條（行刑權時效期間的停止）

行刑權之時效，因刑之執行而停止進行。有下列情形之一而不能開始或繼續執行時，亦同：

一、依法應停止執行者。

二、因受刑人逃匿而通緝或執行期間脫逃未能繼續執行者。

三、受刑人依法另受拘束自由者。

停止原因繼續存在之期間，如達於第八十四條第一項各款所定期間三分之一者，其停止原因視為消滅。

第一項之時效，自停止原因消滅之日起，與停止前已經過之期間，一併計算。

解說

　　行刑權與追訴權一樣，都會因為一定期間的不行使而消滅，當行刑權時效期間因為有法定原因的存在時，也會停止進行。關於此，刑法第85條規定：「行刑權之時效，因刑之執行而停止進行。有下列情形之一而不能開始或繼續執行時，亦同：一、依法應停止執行者。二、因受刑人逃匿而通緝或執行期間脫逃未能繼續執行者。三、受刑人依法另受拘束自由者」。

　　行刑權時效會因前述法定原因存在而停止進行，不過若法定原因一直存在，將使行刑權時效永遠無法完成，因此刑法第85條第2項規定：「停止原因繼續存在之期間，如達於第84條第1項各款所定期間三分之一者，其停止原因視為消滅」。

　　停止原因消滅後，行刑權時效應回復進行，此時回復進行後的期間與停止之前已經過的期間，應一併計算之（刑法第85條第3項）。

|第十二章|
保安處分

第86條（感化教育）

因未滿十四歲而不罰者，得令入感化教育處所，施以感化教育。

因未滿十八歲而減輕其刑者，得於刑之執行完畢或赦免後，令入感化教育處所，施以感化教育。但宣告三年以下有期徒刑、拘役或罰金者，得於執行前為之。

感化教育之期間為三年以下。但執行已逾六月，認無繼續執行之必要者，法院得免其處分之執行。

解說

　　刑法是規定怎樣的行為會構成犯罪（法律要件），以及構成犯罪後應處以何種刑罰或保安處分（法律效果）的法律。由此可知，刑罰與保安處分，都是犯罪後的法律效果。不過刑罰的主要功能在於報應與威嚇，教化與維護社會安全的比重相對較少；而保安處分的主要功能則在於教化與維護社會安全，報應與威嚇的比重相對較少，這是二者最主要的差別。

　　保安處分的功能主要在於教化與維護社會安全，因此其對象是以具有造成社會危險可能性的行為人為限。保安處分的種類包括：感化教育、監護處分、禁戒處分、強制工作、強制治

療、保護管束及驅逐出境等七種。

關於感化教育，刑法第86條第1項及第2項本文規定：「因未滿十四歲而不罰者，得令入感化教育處所，施以感化教育。因未滿十八歲而減輕其刑者，得於刑之執行完畢或赦免後，令入感化教育處所，施以感化教育」。感化教育，是指藉由學校化、軍事化或家庭化的管理方式，來矯正行為人惡性的特殊教育，原則上應於刑之執行完畢或赦免後為之，不過若法院宣告的是三年以下有期徒刑、拘役或罰金等較輕微的刑罰，則得於刑罰執行前先執行保安處分（刑法第86條第2項但書）。

關於保安處分的執行期間，刑法第86條第3項規定：「感化教育之期間為三年以下」，不過若執行已超過六個月，法院認為行為人確已改善，沒有繼續執行保安處分之必要時，則得免其處分之執行（刑法第86條第3項但書）。

第87條（監護處分）

因第十九條第一項之原因而不罰者，其情狀足認有再犯或有危害公共安全之虞時，令入相當處所或以適當方式，施以監護。

有第十九條第二項及第二十條之原因，其情狀足認有再犯或有危害公共安全之虞時，於刑之執行完畢或赦免後，令入相當處所或以適當方式，施以監護。但必要時，得於刑之執行前為之。

前二項之期間為五年以下；其執行期間屆滿前，檢察官認為有延長之必要者，得聲請法院許可延長之，第一次延長期間為三年以下，第二次以後每次延長期間為一年以下。但執行

中認無繼續執行之必要者，法院得免其處分之執行。

前項執行或延長期間內，應每年評估有無繼續執行之必要。

解說

感化教育是針對未滿18歲的限制責任能力人及無責任能力人所為的保安處分，監護處分則是針對精神障礙、心智缺陷或瘖啞的限制責任能力人及無責任能力人所為的保安處分。

如果行為人是因為精神障礙或其他心智缺陷，導致不能辨識其行為是否違法或欠缺依其辨識結果控制行為的能力，則會因不具備罪責（無責任能力），而不成立犯罪。法院若讓這樣的人回到社會，難以保證其日後不會再犯罪或危害公共安全，造成更大的法益侵害，因此若法院認為行為人的情狀有再犯或有危害公共安全之虞時，即得令其進入相當處所或以適當方式，施以監護處分（刑法第87條第1項）。監護處分，是由檢察官指定精神病院、醫院、慈善團體、行為人的最近親屬或其他適當處所為之，受指定之機關或人應該注意、治療並監視行為人的行動，注意不要造成行為人或他人的危害。

而若行為人是因為：一、精神障礙或其他心智缺陷，導致辨識其行為是否違法或依其辨識結果控制行為的能力顯著減低；或二、既聾且啞，而得減輕其刑的話，當法院認為行為人的情狀有再犯或有危害公共安全之虞時，原則上可以在刑罰執行完畢或赦免後，令行為人進入相當處所或以適當方式，施以監護處分。但是在有必要時，例如：行為人的精神障礙情況非常嚴重，無法入獄服刑時，監護處分也可以在刑罰執行前為之（刑法第87條第2項）。

關於監護處分的期間，刑法第87條第3項規定，其期間為五年以下；執行期間屆滿前，檢察官如果認為有延長的必要，得聲請法院許可延長，第一次延長期間為三年以下，第二次以後每次延長期間為一年以下。但是若於執行監護處分的期間中認為行為人情況已有改善，已無再犯或危害公共安全之虞，而無繼續執行監護處分的必要時，法院得免除處分之執行。

刑法第87條第4項規定，本條第3項執行或延長期間內，應每年評估有無繼續執行的必要，如果已無再犯或危害公共安全之虞，法院得免除處分之執行。

第88條（禁戒處分）
施用毒品成癮者，於刑之執行前令入相當處所，施以禁戒。
前項禁戒期間為一年以下。但執行中認無繼續執行之必要者，法院得免其處分之執行。

解說

刑法第88條的禁戒處分，是針對施用毒品成癮的犯罪行為人所為的保安處分。刑法第88條第1項規定：「施用毒品成癮者，於刑之執行前令入相當處所，施以禁戒」，條文中的禁戒，是指禁止其吸毒行為並戒除不良毒癮之意。

關於禁戒的期間，刑法第88條第2項規定，其期間為一年以下，但是在執行禁戒處分的期間中，若認為毒癮已戒除而無繼續執行禁戒處分的必要時，法院得免其執行。

第89條（禁戒處分）

因酗酒而犯罪，足認其已酗酒成癮並有再犯之虞者，於刑之執行前，令入相當處所，施以禁戒。

前項禁戒期間為一年以下。但執行中認無繼續執行之必要者，法院得免其處分之執行。

解說

刑法第89條的禁戒處分，是針對酗酒而犯罪的行為人所為的保安處分。刑法第89條第1項規定：「因酗酒而犯罪，足認其已酗酒成癮並有再犯之虞者，於刑之執行前，令入相當處所，施以禁戒」，條文中的禁戒，是指禁止其酗酒行為並戒除不良酒癮之意。

關於禁戒的期間，刑法第89條第2項規定，期間為一年以下，但是在執行禁戒處分的期間中，若認為酒癮已戒除或已無再犯之虞，而無繼續執行禁戒處分的必要時，法院得免其執行。

第90條（強制工作）

有犯罪之習慣或因遊蕩或懶惰成習而犯罪者，於刑之執行前，令入勞動場所，強制工作。

前項之處分期間為三年。但執行滿一年六月後，認無繼續執行之必要者，法院得免其處分之執行。

執行期間屆滿前，認為有延長之必要者，法院得許可延長之，其延長之期間不得逾一年六月，並以一次為限。

解說

　　強制工作，是針對有犯罪之習慣或因遊蕩或懶惰成習而犯罪的行為人，所為的保安處分，因此刑法第90條第1項規定：「有犯罪之習慣或因遊蕩或懶惰成習而犯罪者，於刑之執行前，令入勞動場所，強制工作」。

　　關於強制工作的期間，刑法第90條第2項規定，期間為三年，不過於強制工作執行滿一年六個月以後，法院認為行為人的犯罪或懶惰習慣已改善，而無繼續執行之必要時，則得免除強制工作之執行。

　　相反的，如果法院於強制工作執行期間屆滿前，認為行為人的犯罪或懶惰習慣並未改善，而有延長的必要時，法院得許可延長之。不過延長的期間不得超過一年六個月，而且最多只能延長一次，不得再次延長（刑法第90條第3項）。

第91條（刪除）

第91條之1（強制治療）

犯第二百二十一條至第二百二十七條、第二百二十八條、第二百二十九條、第二百三十條、第二百三十四條、第三百三十二條第二項第二款、第三百三十四條第二項第二款、第三百四十八條第二項第一款及其特別法之罪，而有下列情形之一者，得令入相當處所，施以強制治療：

一、徒刑執行期滿前，於接受輔導或治療後，經鑑定、評估，認有再犯之危險者。

二、依其他法律規定，於接受身心治療、輔導或教育後，經
　　鑑定、評估，認有再犯之危險者。
前項處分期間為五年以下；其執行期間屆滿前，檢察官認為
有延長之必要者，得聲請法院許可延長之，第一次延長期間
為三年以下，第二次以後每次延長期間為一年以下。但執行
中認無繼續執行之必要者，法院得停止治療之執行。
停止治療之執行後有第一項情形之一者，法院得令入相當處
所，繼續施以強制治療。
前項強制治療之期間，應與停止治療前已執行之期間合併計
算。
前三項執行或延長期間內，應每年鑑定、評估有無繼續治療
之必要。

解說

　　刑法第91條之1的強制治療，是針對妨害性自主罪的犯罪
行為人，所為的保安處分。妨害性自主罪的範圍，包括刑法第
221條至第227條、第228條、第229條、第230條、第234條、第
332條第2項第2款、第334條第2項第2款、第348條第2項第1款
及其特別法之犯罪。

　　前述犯罪的行為人，於徒刑執行期滿前，接受輔導或治療
後，經鑑定、評估認為有再次觸犯妨害性自主罪之危險；或是
依其他法律規定，於接受身心治療、輔導或教育後，經鑑定、
評估，認為有再次觸犯妨害性自主罪之危險時，法院即得命令
其進入相當處所，施以強制治療（刑法第91條之1第1項）。

　　關於強制治療的期間，刑法第91條之1第2項規定：「前項

處分期間為五年以下；其執行期間屆滿前，檢察官認為有延長之必要者，得聲請法院許可延長之，第一次延長期間為三年以下，第二次以後每次延長期間為一年以下。但執行中認無繼續執行之必要者，法院得停止治療之執行。」以依照實際情形，保障受處分人權益。

同條第3項規定：「停止治療之執行後有第一項情形之一者，法院得令入相當處所，繼續施以強制治療。」以保護社會安全。同條第4項規定：「前項強制治療之期間，應與停止治療前已執行之期間合併計算。」以保障受處分人權益。同條第5項規定：「前三項執行或延長期間內，應每年鑑定、評估有無繼續治療之必要。」以保障受處分人權益並兼顧社會安全。

第92條（保護管束）
第八十六條至第九十條之處分，按其情形得以保護管束代之。
前項保護管束期間為三年以下。其不能收效者，得隨時撤銷之，仍執行原處分。

解說

保護管束是一種不拘束犯罪行為人自由，命其遵守一定事項，並適時提供援助，以使其改善的保安處分，也是前述各種保安處分類型（感化教育、監護處分、禁戒處分、強制工作、強制治療）的替代方式（刑法第92條第1項）。

關於保護管束的期間，刑法第92條第2項規定，為三年以下。而若保護管束不能達到教化犯罪行為人的效果時，法院得

隨時撤銷保護管束，改執行原本宣告的保安處分類型。

第93條（受緩刑宣告者及假釋者的保護管束）

受緩刑之宣告者，除有下列情形之一，應於緩刑期間付保護管束外，得於緩刑期間付保護管束：

一、犯第九十一條之一所列之罪者。

二、執行第七十四條第二項第五款至第八款所定之事項者。

假釋出獄者，在假釋中付保護管束。

解說

　　受緩刑宣告的犯罪行為人，於緩刑期間內，法院「得」命其交付保護管束，以避免再犯。若犯罪行為人所觸犯的是刑法第91條之1所列舉的妨害性自主罪（包括：刑法第221條至第227條、第228條、第229條、第230條、第234條、第332條第2項第2款、第334條第2款、第348條第2項第1款及其特別法之犯罪），或是執行刑法第74條第2項第5款至第8款所定之事項（包括：向指定之公益團體、地方自治團體或社區提供40小時以上240小時以下之義務勞務、完成戒癮治療、精神治療、心理輔導或其他適當之處遇措施、保護被害人安全之必要命令、預防再犯所為之必要命令等）時，法院「應」命犯罪行為人交付保護管束（刑法第93條第1項）。

　　此外，對於假釋出獄的犯罪行為人，於假釋期間，法院也「應」命其交付保護管束，以避免再犯（刑法第93條第2項）。

第94條（刪除）

第95條（驅逐出境）
外國人受有期徒刑以上刑之宣告者，得於刑之執行完畢或赦免後，驅逐出境。

解說

　　驅逐出境，是針對外國人所為的保安處分。刑法第95條規定：「外國人受有期徒刑以上刑之宣告者，得於刑之執行完畢或赦免後，驅逐出境」，以使有再犯可能性的外籍人士遠離我國國境，避免侵害我國人民法益。

第96條（保安處分之宣告時期）
保安處分於裁判時併宣告之。但本法或其他法律另有規定者，不在此限。

解說

　　關於保安處分宣告的時間點，刑法第96條規定：「保安處分於裁判時併宣告之」，不過若本法或其他法律另有規定時，則可以不於裁判的同時一併宣告。

第97條（刪除）

第98條（保安處分與刑罰之免除執行）

依第八十六條第二項、第八十七條第二項、第三項規定宣告之保安處分，其先執行徒刑者，於刑之執行完畢或赦免後，認為無執行之必要者，法院得免其處分之執行；其先執行保安處分者，於處分執行完畢或一部執行而免除後，認為無執行刑之必要者，法院得免其刑之全部或一部執行。

依第八十八條第一項、第八十九條第一項規定宣告之保安處分，於處分執行完畢或一部執行而免除後，認為無執行刑之必要者，法院得免其刑之全部或一部執行。

依刑事訴訟法第一百二十一條之一第一項或第三項前段宣告之暫行安置執行後，認為無執行刑之必要者，法院得免其刑之全部或一部執行。

前三項免其刑之執行，以有期徒刑或拘役為限。

解說

　　刑罰與保安處分都是一個人犯罪後的法律效果，前者的主要功能在於報應與威嚇，教化與維護社會安全的比重相對較少，後者的主要功能在於教化與維護社會安全，報應與威嚇的比重相對較少。不過二者的主要功能雖然有所不同，若執行其一，已足以達到報應、威嚇、教化及維護社會安全等四種目的，自無再執行另一者的必要。因此刑法第98條第1項規定：「依第86條第2項、第87條第2項、第3項規定宣告之保安處分，其先執行徒刑者，於刑之執行完畢或赦免後，認為無執行

之必要者，法院得免其處分之執行；其先執行保安處分者，於
處分執行完畢或一部執行而免除後，認為無執行刑之必要者，
法院得免其刑之全部或一部執行」。刑法第86條第2項及第87
條第2項、第3項，都是犯罪行為人屬於限制責任能力人，得減
輕其刑的情況，因此會有同時宣告刑罰及保安處分的可能性存
在。

　　基於相同理由，依刑法第88條第1項（吸毒者的禁戒處
分）、第89條第1項（酗酒者的禁戒處分）所宣告的保安處
分，如果於保安處分執行完畢或一部執行而免除後，法院認為
已無對犯罪行為人再執行刑罰的必要性時，法院也可以免除其
刑罰全部或一部的執行（刑法第98條第2項）。

　　基於相同理由，依刑事訴訟法第121條之1第1項或第3項前
段（精神障礙或心智缺陷者）宣告之暫行安置執行後，認為已
無執行刑罰的必要性時，法院也可以免除其刑罰全部或一部的
執行（刑法第98條第3項）。

　　此外，前述得免除其執行的刑罰種類，限於有期徒刑及拘
役二種（均是短期自由刑），若法院所宣告的是死刑、無期徒
刑、拘役、罰金或從刑等刑罰，則於保安處分執行完畢後，不
論是否有無執行的必要，均不得免除刑罰的執行（刑法第98條
第4項）。

第99條（保安處分之時效）
保安處分自應執行之日起逾三年未開始或繼續執行者，非經
法院認為原宣告保安處分之原因仍繼續存在時，不得許可執
行；逾七年未開始或繼續執行者，不得執行。

解說

　　保安處分與刑罰相同，也有執行的時效期間。刑法第99條規定：「保安處分自應執行之日起逾三年未開始或繼續執行者，非經法院認為原宣告保安處分之原因仍繼續存在時，不得許可執行；逾七年未開始或繼續執行者，不得執行」，換言之，保安處分自應執行之日起算超過三年的話，若法院認為原宣告保安處分的原因仍然繼續存在，得許可執行；但若自應執行之日起算已經超過七年仍未執行時，則不得執行。

第二編

分　則

在刑法學說上，依照犯罪行為所侵害的法益種類不同，將犯罪行為區分為侵害國家法益之犯罪、侵害社會法益之犯罪及侵害個人法益之犯罪等三大類。

在第一大類侵害國家法益之犯罪中，刑法學說又將其區分為侵害國家存立安全之犯罪、侵害國家執行職務公正性之犯罪、侵害國家權力作用之犯罪及妨害司法權正當行使之犯罪等四小類；在第二大類侵害社會法益之犯罪中，則區分為侵害公共安全之犯罪、侵害公共信用之犯罪及侵害善良風俗之犯罪等三小類；而在第三大類侵害個人法益之犯罪中，是區分為侵害生命法益之犯罪、侵害身體健康法益之犯罪、侵害自由法益之犯罪、侵害名譽及信用之犯罪、侵害秘密之犯罪、侵害個別財產利益之犯罪及侵害整體財產利益之犯罪等七小類。

關於各犯罪種類及其所欲保護法益的意義，將在本書適當部分加以說明，於此謹先將刑法分則中各犯罪種類簡單表列如下：

刑法分則的犯罪種類	一、侵害國家法益之犯罪	1.侵害國家存立安全之犯罪	內亂罪
			外患罪
			妨害國交罪
		2.侵害國家執行職務公正性之犯罪	瀆職罪
		3.侵害國家權力作用之犯罪	妨害公務罪
			妨害投票罪
			妨害秩序罪

刑法分則的犯罪種類		4.妨害司法權正當行使之犯罪	脱逃罪
			藏匿人犯及湮滅證據罪
			偽證及誣告罪
	二、侵害社會法益之犯罪	1.侵害公共安全之犯罪	公共危險罪
		2.侵害公共信用之犯罪	偽造貨幣罪
			偽造有價證券罪
			偽造度量衡罪
			偽造文書印文罪
		3.侵害善良風俗之犯罪	妨害風化罪
			妨害婚姻及家庭罪
			褻瀆祀典及侵害墳墓屍體罪
			妨害農工商罪
			鴉片罪
			賭博罪
	三、侵害個人法益之犯罪	1.侵害生命法益之犯罪	殺人罪
			墮胎罪
			遺棄罪
		2.侵害身體健康法益之犯罪	傷害罪
		3.侵害自由法益之犯罪	妨害性自主罪
			妨害自由罪
		4.侵害名譽及信用之犯罪	妨害名譽及信用罪
		5.侵害秘密之犯罪	妨害秘密罪
			妨害性隱私及不實性影像罪

刑法分則的犯罪種類	三、侵害個人法益之犯罪	6.侵害個別財產利益之犯罪	竊盜罪
			搶奪強盜及海盜罪
			侵占罪
			恐嚇擄人勒贖罪
			毀棄損壞罪
			妨害電腦使用罪
		7.侵害整體財產利益之犯罪	詐欺背信及重利罪
			贓物罪

第一章
侵害國家法益之犯罪

第一節　侵害國家存立安全之犯罪

　　侵害國家法益犯罪的第一小類，為侵害國家存立安全之犯罪，其內容涵蓋刑法分則第一章的內亂罪、第二章的外患罪及第三章的妨害國交罪。

　　內亂罪、外患罪及妨害國交罪，均會危害到國家的存立安全，並有可能導致國家滅亡，所以基於法益保護原則，為了保護國家存立安全的法益，政府（立法院）可以制定法律，處罰這些行為。

內亂罪

　　內亂罪侵害的法益為國家的憲政秩序及領土完整，其會影響到國家的存立安全。

第100條（普通內亂罪）

意圖破壞國體，竊據國土，或以非法之方法變更國憲，顛覆政府，而以強暴或脅迫著手實行者，處七年以上有期徒刑；

首謀者，處無期徒刑。
預備犯前項之罪者，處六月以上五年以下有期徒刑。

解說

　　本條第1項所謂意圖，指行為人主觀上必須具備破壞國體、竊據國土或以非法之方法變更國憲、顛覆政府的意圖。所謂破壞國體，指破壞國家主權體制。依據憲法第2條，我國國家主權屬於國民全體，所以我國為共和國體制，行為人如果欲將國家主權變更為僅屬於君主一人，也就是欲改共和國體制為君主國體制，例如：改中華「民」國為中華「帝」國，即屬於破壞國體。所謂竊據國土，指占據國家領土的一部或全部，例如：欲占領東北數省，成立「滿州國」。所謂以非法之方法變更國憲，指不按照憲法所規定的修憲程序（指憲法增修條文第12條）變更憲法。所謂以非法之方法顛覆政府，指不按照法定程序改組政府，例如：欲以軍事政變迫使總統及政府首長下野，並成立新政府。所謂強暴，指施以有形的強制力，例如：持刀壓制政府官員、駕駛坦克車攻陷地方政府等。所謂脅迫，指施以無形的強制力，亦即以現在施以惡害之通知，使被害人心生恐懼之行為，例如：持槍喝令政府官員立刻改組政府，否則將予以殺害、將火箭炮對準立法院，命令立法委員立刻修憲，否則將予以炮轟等。所謂首謀者，指計畫內亂行為及指揮統率之人。

　　行為人如果主觀上意圖破壞國體、竊據國土或以非法之方法變更國憲、顛覆政府，而在客觀上以強暴、脅迫手段著手實行犯罪，就會成立本條第1項普通內亂罪，法定刑為七年以上有期徒刑。首謀者，因惡性更為重大，所以法定刑為無期徒刑。

依本條第2項規定，由於普通內亂罪侵害法益的程度較為嚴重，所以就算行為人未達著手實行犯罪的程度，但若已經有預備犯罪的行為，例如：購買武器、設計攻陷政府及逃脫的路線圖、調查政府官員住址等，法定刑為六月以上五年以下有期徒刑。

關於預備犯與著手實行的區別，請參閱本書第25條的說明。

第101條（暴動內亂罪）
以暴動犯前條第一項之罪者，處無期徒刑或七年以上有期徒刑。首謀者，處死刑或無期徒刑。
預備或陰謀犯前項之罪者，處一年以上七年以下有期徒刑。

解說

本條第1項所謂暴動，指結合多數人實施強暴、脅迫的行為。如果行為人單獨以強暴、脅迫進行內亂行為，依刑法第100條第1項之規定，法定刑為七年以上有期徒刑；而如果行為人是聚集多數人，而以強暴、脅迫進行內亂行為，依本條第1項之規定，法定刑加重為無期徒刑或七年以上有期徒刑。所謂首謀，指首倡謀議、集合群眾，並且親臨現場、指揮統率之人。首謀者因惡性較為重大，故法定刑加重為死刑或無期徒刑。

由於本條第1項暴動內亂罪侵害法益的程度甚為嚴重，所以本條第2項除了對於預備犯有處罰規定外，對於陰謀犯亦一併處罰，其法定刑均為一年以上七年以下有期徒刑。

　　關於陰謀犯、預備犯及著手實行的區別，可參閱本書第25條的說明。

第102條（內亂罪自首之減刑）
犯第一百條第二項或第一百零一條第二項之罪而自首者，減輕或免除其刑。

解說
　　為了鼓勵尚未著手實行內亂行為者能夠主動自首，事前解除國家法益遭受侵害的危機，本條規定第100條第2項普通內亂罪的預備犯及第101條第2項暴動內亂罪的預備犯、陰謀犯等，如果主動自首，「必」減輕或免除其刑。
　　關於自首的要件，請參閱本書第62條的說明。

外患罪

　　外患罪所侵害的法益為國家的外部存立安全。

第103條（通謀開戰端罪）
通謀外國或其派遣之人，意圖使該國或他國對於中華民國開戰端者，處死刑或無期徒刑。
前項之未遂犯罰之。
預備或陰謀犯第一項之罪者，處三年以上十年以下有期徒刑。

解說

本條第1項所謂通謀，指未受我國政府委任而自行與外國政府或外國政府派遣的人取得意思聯絡並達成協議的行為。所謂意圖使該國或他國對於中華民國開戰端，指行為人主觀上意圖使該外國或第三國與我國開戰。

行為人如果在主觀上意圖使外國或第三國與我國開戰，並在客觀上有通謀外國或其派遣之人的行為，就會成立本罪。只要通謀行為一完成，不須該外國或第三國已經與我國開戰，行為人就會成立本罪的既遂犯，法定刑為死刑或無期徒刑。

本條第2項規定，本條第1項犯罪的未遂犯，亦須處罰。換言之，若通謀行為已著手實行但並未完成，會成立本條第1項犯罪的未遂犯，法定刑按既遂犯之刑減輕之。

本條第3項規定，本條第1項犯罪的預備犯、陰謀犯，亦須處罰。換言之，行為人如果預備進行通謀行為或陰謀進行通謀行為，會分別成立本條第1項犯罪的預備犯及陰謀犯，法定刑為三年以上十年以下有期徒刑。

關於既遂犯、未遂犯、預備犯及陰謀犯的區別，請參閱本書第25條的說明。

第104條（通謀喪失領域罪）

通謀外國或其派遣之人，意圖使中華民國領域屬於該國或他國者，處死刑或無期徒刑。

前項之未遂犯罰之。

預備或陰謀犯第一項之罪者，處三年以上十年以下有期徒刑。

解說

本條第1項所謂領域，包括我國的領土、領海及領空。

本條犯罪與第103條犯罪的差別在於行為人主觀上的意圖有所不同，本罪行為人的主觀上意圖為「使我國領域屬於外國或第三國」，第103條之罪行為人的主觀上意圖則為「使外國或第三國對我國開啟戰端」。

本條第2項、第3項規定，本條第1項犯罪的未遂犯、預備犯及陰謀犯，均須處罰，其中預備犯及陰謀犯的法定刑為三年以上十年以下有期徒刑。

關於通謀的定義，請參閱本書第103條的說明。關於既遂犯、未遂犯、預備犯及陰謀犯的區別，請參閱本書第25條的說明。

第105條（直接械抗民國罪）

中華民國人民在敵軍執役，或與敵國械抗中華民國或其同盟國者，處死刑或無期徒刑。

前項之未遂犯罰之。

預備或陰謀犯第一項之罪者，處三年以上十年以下有期徒刑。

解說

本條第1項所謂執役，指服役，包括直接從事戰鬥工作、間接擔任謀略策劃或後勤補給工作等。所謂械抗，指持械武裝對抗。

行為人如果為具有我國國籍之人，而在敵軍中服役，或

是與敵國共同武裝對抗我國或我國的軍事同盟國，就會成立本罪，法定刑為死刑或無期徒刑。

本條第2項、第3項規定，本條第1項犯罪的未遂犯、預備犯及陰謀犯，均須處罰，其中預備犯及陰謀犯的法定刑為三年以上十年以下有期徒刑。

關於既遂犯、未遂犯、預備犯及陰謀犯的區別，請參閱本書第25條的說明。

第106條（單純助敵罪）
在與外國開戰或將開戰期內，以軍事上之利益供敵國，或以軍事上之不利益害中華民國或其同盟國者，處無期徒刑或七年以上有期徒刑。
前項之未遂犯罰之。
預備或陰謀犯第一項之罪者，處五年以下有期徒刑。

解說

在我國和外國交戰時期內或即將開始交戰時期內，行為人如果積極地以軍事上的利益幫助敵國，或是消極地以軍事上的不利益損害我國或我國的軍事同盟國，就會成立本罪，法定刑為無期徒刑或七年以上有期徒刑。

本條第2項、第3項規定，本條第1項犯罪的未遂犯、預備犯及陰謀犯，均須處罰，其中預備犯及陰謀犯的法定刑為五年以下有期徒刑。

關於既遂犯、未遂犯、預備犯及陰謀犯的區別，請參閱本書第25條的說明。

第107條（加重助敵罪）

犯前條第一項之罪而有左列情形之一者，處死刑或無期徒刑：

一、將軍隊交付敵國，或將要塞、軍港、軍營、軍用船艦、航空機及其他軍用處所建築物，與供中華民國軍用之軍械、彈藥、錢糧及其他軍需品，或橋樑、鐵路、車輛、電線、電機、電局及其他供轉運之器物，交付敵國或毀壞或致令不堪用者。

二、代敵國招募軍隊，或煽惑軍人使其降敵者。

三、煽惑軍人不執行職務，或不守紀律或逃叛者。

四、以關於要塞、軍港、軍營、軍用船艦、航空機及其他軍用處所建築物或軍略之秘密文書、圖畫、消息或物品，洩漏或交付於敵國者。

五、為敵國之間諜，或幫助敵國之間諜者。

前項之未遂犯罰之。

預備或陰謀犯第一項之罪者，處三年以上十年以下有期徒刑。

解說

行為人若犯第106條之罪，而又有刑法第107條第1項各款所列情形之一，就必須加重處罰，法定刑為死刑或無期徒刑。這些情形包括：

一、將軍隊交付敵國，或是將各種軍用處所建築物、軍需品及供軍事上轉運的器物交付敵國或將其毀損破壞或使其不堪使用。

二、為敵國招致募集軍隊或煽動誘惑我國軍人投降敵國。

三、煽動誘惑我國軍人不執行原有的職務或不遵守重大軍事紀律或逃亡叛變。

四、將涉及要塞、軍港、軍營、軍用船艦、航空機及其他軍用處所建築物或軍事戰略之秘密文書、圖畫、消息或物品，洩漏或交付於敵國。

五、擔任敵國的間碟或幫助敵國的間碟。

　　本條第2項、第3項規定，本條第1項犯罪的未遂犯、預備犯及陰謀犯，均須處罰，其中預備犯及陰謀犯的法定刑為三年以上十年以下有期徒刑。

　　關於既遂犯、未遂犯、預備犯及陰謀犯的區別，請參閱本書第25條的說明。

第108條（戰時不履行軍需契約罪）
在與外國開戰或將開戰期內，不履行供給軍需之契約或不照契約履行者，處一年以上七年以下有期徒刑，得併科十五萬元以下罰金。
因過失犯前項之罪者，處二年以下有期徒刑、拘役或三萬元以下罰金。

解說

　　本條第1項規定，在我國與外國交戰時期內或即將開始交戰時期內，行為人如果故意不履行供給我國軍隊軍需物品或勞務的契約，例如：行為人故意不提供軍用彈藥；或是故意不依照契約內容本旨履行義務，例如：行為人故意提供規格不符的軍用彈藥或故意延遲交付軍用彈藥等，均會成立本罪，法定刑

為一年以上七年以下有期徒刑，得併科15萬元以下罰金。

本條第2項規定，行為人如果是因過失而未履行供給我國軍隊軍需物品或勞務的契約，或因過失而未依照契約內容本旨履行義務，則成立本罪之過失犯，法定刑為二年以下有期徒刑、拘役或3萬元以下罰金。

關於過失的要件，請參閱本書第14條的說明。關於併科的定義，請參閱本書第191條的說明。關於拘役的定義，請參閱本書第33條的說明。

第109條（洩漏交付國防秘密罪）
洩漏或交付關於中華民國國防應秘密之文書、圖畫、消息或物品者，處一年以上七年以下有期徒刑。
洩漏或交付前項之文書、圖畫、消息或物品於外國或其派遣之人者，處三年以上十年以下有期徒刑。
前二項之未遂犯罰之。
預備或陰謀犯第一項或第二項之罪者，處二年以下有期徒刑。

解說

本條第1項所謂洩漏，指使不應該知道秘密的人知道秘密。所謂交付，指將秘密移交他人而使他人持有。所謂我國國防應秘密之文書、圖畫、消息或物品，指軍事機密以外，為確保國防安全或利益，有保密之必要，而由國防部依法核定為機密等級的文書、圖畫、消息或物品（參閱軍事機密與國防秘密種類範圍等級劃分準則第3條第2項），其範圍較刑法第107條

第1項第4款所謂「涉及要塞、軍港、軍營、軍用船艦、航空機及其他軍用處所建築物或軍事戰略之秘密文書、圖畫、消息或物品」之範圍為廣。

行為人如果洩漏或交付關於我國國防應秘密之文書、圖畫、消息或物品給他人，會成立本條第1項之犯罪，法定刑為一年以上七年以下有期徒刑。

本條第2項規定，行為人如果將這些國防秘密洩漏或交付給外國政府或外國政府派遣之人，法定刑為三年以上十年以下有期徒刑。

本條第3項、第4項規定，本條第1項、第2項犯罪的未遂犯、預備犯及陰謀犯，均須處罰，其中預備犯及陰謀犯的法定刑為二年以下有期徒刑。

關於文書的定義，請參閱本書第220條的說明。關於既遂犯、未遂犯、預備犯及陰謀犯的區別，請參閱本書第25條的說明。

第110條（公務員過失洩漏交付國防秘密罪）

公務員對於職務上知悉或持有前條第一項之文書、圖畫、消息或物品，因過失而洩漏或交付者，處二年以下有期徒刑、拘役或三萬元以下罰金。

解說

公務員對於因職務而知悉或持有的國防秘密，因過失而洩漏或交付給他人，會成立本罪，法定刑為二年以下有期徒刑、拘役或3萬元以下罰金。

關於公務員的定義，請參閱本書第10條的說明。關於文書的定義，請參閱本書第220條的說明。關於過失的要件，請參閱本書第14條的說明。關於拘役的定義，請參閱本書第33條的說明。

第111條（刺探收集國防秘密罪）
刺探或收集第一百零九條第一項之文書、圖畫、消息或物品者，處五年以下有期徒刑。
前項之未遂犯罰之。
預備或陰謀犯第一項之罪者，處一年以下有期徒刑。

解說

本條第1項所謂刺探，指運用隱秘方法去獲知或取得秘密。所謂收集，指運用各種方法去取得、持有秘密。

行為人如果刺探或收集我國國防秘密，就會成立本罪，法定刑為五年以下有期徒刑。

本條第2項、第3項規定，本條第1項犯罪的未遂犯、預備犯及陰謀犯，均須處罰，其中預備犯及陰謀犯的法定刑為一年以下有期徒刑。

關於文書的定義，請參閱本書第220條的說明。關於既遂犯、未遂犯、預備犯及陰謀犯的區別，請參閱本書第25條的說明。

第112條（不法侵入或留滯軍用處所罪）

意圖刺探或收集第一百零九條第一項之文書、圖畫、消息或物品，未受允准而入要塞、軍港、軍艦及其他軍用處所建築物，或留滯其內者，處一年以下有期徒刑。

解說

　　行為人如果主觀上基於刺探或收集我國國防秘密的意圖，而在客觀上未受我國政府的允准，擅自進入我國軍用處所建築物；或在客觀上雖先經我國政府允准而進入，但卻未獲允准而仍留滯其內，均會成立本條犯罪，法定刑為一年以下有期徒刑。

　　須注意的是，行為人不須在客觀上確已刺探或收集到我國的國防秘密，只須有進入或留滯於軍用處所建築物的行為，就會成立本罪的既遂犯。

　　關於文書的定義，請參閱本書第220條的說明。

第113條（私與外國訂約罪）

應經政府授權之事項，未獲授權，私與外國政府或其派遣之人為約定，處五年以下有期徒刑、拘役或科或併科五十萬元以下罰金；足以生損害於中華民國者，處無期徒刑或七年以上有期徒刑。

解說

　　所謂應經政府授權之事項，其範圍如何，須依各種法令規定各別認定之，例如：媾和、通商、向他國借款等事項，即屬於應經我國政府授權之事項。

本條前段規定，行為人如果未經我國政府授權，私自就上述事項與外國政府或外國政府派遣之人為約定，就會成立本罪，法定刑為五年以下有期徒刑、拘役或科或併科50萬元以下罰金。

行為人未獲授權而侵犯公權力，如果已足生損害於國家安全，由於該行為對於國家法益的侵害程度較高，所以本條後段規定，前述行為足以生損害於中華民國者，法定刑加重至無期徒刑或七年以上有期徒刑。

第114條（違背對外事務委任罪）
受政府之委任，處理對於外國政府之事務，而違背其委任，致生損害於中華民國者，處無期徒刑或七年以上有期徒刑。

解說

行為人如果受我國政府的委任，代理我國政府處理對於外國政府的事務，例如：締約、通商、媾和、向他國借款、劃定國界等，而故意違背我國政府的委任，致生損害於我國，例如：故意違背我國政府的意思，將釣魚臺主權劃歸日本政府，就會成立本罪，法定刑為無期徒刑或七年以上有期徒刑。

第115條（毀匿國權證據罪）
偽造、變造、毀棄或隱匿可以證明中華民國對於外國所享權利之文書、圖畫或其他證據者，處五年以上十二年以下有期徒刑。

解說

所謂偽造，指行為人沒有製作的權利卻擅自製作。所謂變造，指將原來真正的國權書證予以改造而變更內容。所謂毀棄，指毀損拋棄使其失效。所謂隱匿，指藏匿而使其不易被他人發現。

行為人如果偽造、變造、毀棄或隱匿可以證明我國對於外國所享權利的文書、圖畫或證據（即國權書證），就會成立本罪，法定刑為五年以上十二年以下有期徒刑。

關於文書的定義，請參閱本書第220條的說明。

第115條之1（外患罪適用之處斷）

本章之罪，亦適用於地域或對象為大陸地區、香港、澳門、境外敵對勢力或其派遣之人，行為人違反各條規定者，依各該條規定處斷之。

解說

外患罪章現行各條涉及境外勢力者，係以「外國或其派遣之人」、「敵軍」或「敵國」等為其構成要件，在我國現行法制架構及司法實務運作下，以大陸地區、香港、澳門、境外敵對勢力或其派遣之人為對象犯本章之罪者，恐難適用各該條文，形成法律漏洞。為確保臺灣地區安全、民眾福祉暨維護自由民主之憲政秩序，本條明定本章之罪，亦適用於地域或對象為大陸地區、香港、澳門、境外敵對勢力或其派遣之人。

本條所謂「大陸地區」、「香港」、「澳門」依兩岸條例第2條第2款、香港澳門關係條例第2條第1項、第2項規定；本

條所稱「境外敵對勢力」依通訊保障及監察法第8條規定。

行為人違反本章各條規定者，依各該條規定處斷之。舉例而言，有下列各款情形之一者，依所列之罪處斷：

一、通謀大陸地區、香港、澳門、境外敵對勢力或其派遣之人，意圖使大陸地區、香港、澳門或境外敵對勢力對於中華民國開戰端者，依第103條處斷。

二、通謀大陸地區、香港、澳門、境外敵對勢力或其派遣之人，意圖使中華民國領域屬於大陸地區、香港、澳門或境外敵對勢力者，依第104條處斷。

三、中華民國人民在敵軍執役，或與敵國、大陸地區、香港、澳門或境外敵對勢力械抗中華民國或其同盟國者，依第105條處斷。

四、在與大陸地區、香港、澳門或境外敵對勢力開戰或將開戰期內，以軍事上之利益供大陸地區、香港、澳門或境外敵對勢力，或以軍事上之不利益害中華民國或其同盟國者，依第106條處斷。

五、在與大陸地區、香港、澳門或境外敵對勢力開戰或將開戰期內，無故不履行供給軍需之契約或不照契約履行者，依第108條處斷。

六、洩漏或交付第109條第1項所定之文書、圖畫、消息或物品於外國、大陸地區、香港、澳門、境外敵對勢力或其派遣之人者，依第109條第2項處斷。

七、公務員對於職務上知悉或持有前款之文書、圖畫、消息或物品，因過失而洩漏或交付大陸地區、香港、澳門或境外敵對勢力或其派遣之人者，依110條處斷。

八、應經政府授權之事項，未獲授權，私與外國政府、大陸地

區、香港、澳門、境外敵對勢力或其派遣之人為約定、足以生損害於中華民國者，依第113條處斷。

九、受政府之委任，處理對於大陸地區、香港、澳門或境外敵對勢力之事務，而違背其委任，致生損害於中華民國者，依第114條處斷。

十、偽造、變造、毀棄或隱匿可以證明中華民國對於大陸地區、香港、澳門或境外敵對勢力所享權利之文書、圖畫或其他證據者，依第115條處斷。

十一、在與大陸地區、香港、澳門或境外敵對勢力開戰或將開戰期內，以軍事上之利益供大陸地區、香港、澳門或境外敵對勢力，或以軍事上之不利益害中華民國或其同盟國者，而有下列情形之一者，依第107條處斷：

（一）將軍隊交付大陸地區、香港、澳門或境外敵對勢力，或將要塞、軍港、軍營、軍用船艦、航空機及其他軍用處所建築物，與供中華民國軍用之軍械、彈藥、錢糧及其他軍需品，或橋樑、鐵路、車輛、電線、電機、電局及其他供轉運之器物，交付大陸地區、香港、澳門或境外敵對勢力或毀壞或致令不堪用者。

（二）代大陸地區、香港、澳門或境外敵對勢力招募軍隊，或煽惑軍人使其降敵者。

（三）煽惑軍人不執行職務，或不守紀律或逃叛者。

（四）以關於要塞、軍港、軍營、軍用船艦、航空機及其他軍用處所建築物或軍略之秘密文書、圖畫、消息或物品，洩漏或交付於大陸地區、香港、澳門或境外敵對勢力者。

（五）為大陸地區、香港、澳門或境外敵對勢力之間諜，或幫

助大陸地區、香港、澳門或境外敵對勢力之間諜者。
十二、未遂、預備或陰謀違反各條規定者，亦依各該條文規定
　　　處斷之。

妨害國交罪

　　妨害國交罪所侵害的法益為我國在國際上與他國的外交關
係。

第116條（侵害友邦元首或外國代表罪）
對於友邦元首或派至中華民國之外國代表，犯故意傷害罪、
妨害自由罪或妨害名譽罪者，得加重其刑至三分之一。

解說

　　所謂友邦元首，指與我國有邦交關係國家的現任元首。所
謂外國代表，指代表外國或外國政府或外國元首之使節，且該
外國不須為與我國有邦交關係之國家，就算是無邦交關係的國
家也屬之。

　　行為人如果對於友邦元首或派至我國的外國代表，犯故意
傷害罪、妨害自由罪或妨害名譽罪，法定刑加重至各該犯罪法
定刑的三分之一。

　　關於故意傷害罪，請參閱本書第277條至第279條的說明。
關於妨害自由罪，請參閱本書第296條至第302條、第304條至
第307條的說明。關於妨害名譽罪，請參閱本書第309條、第

310條的說明。關於法定刑的加重，請參閱本書第67條至第69條的說明。

第117條（違背中立命令罪）
於外國交戰之際，違背政府局外中立之命令者，處一年以下有期徒刑、拘役或九萬元以下罰金。

解說

所謂局外中立之命令，指我國政府在二個以上外國之間的交戰時期，為了避免捲入其戰爭，所作的脫離戰局外並保持中立的命令，其具體內容例如：禁止我國人民提供交戰國家彈藥軍械、軍需用品等。

行為人如果於外國之間的交戰時期，故意違背我國政府局外中立命令的內容，就會成立本罪，法定刑為一年以下有期徒刑、拘役或9萬元以下罰金。

關於拘役的定義，請參閱本書第33條的說明。

第118條（侮辱外國旗章罪）
意圖侮辱外國，而公然損壞、除去或污辱外國之國旗、國章者，處一年以下有期徒刑、拘役或九千元以下罰金。

解說

所謂公然，指不特定人（不一定是誰）或多數人得共見共聞之狀態。所謂國旗，指代表國家的旗幟。所謂國章，指表彰

國家權威或榮譽的徽章。

行為人如果主觀上基於侮辱外國的意圖，而在客觀上公然損壞、除去或污辱外國的國旗、國章，就會成立本罪，法定刑為一年以下有期徒刑、拘役或9,000元以下罰金。

關於拘役的定義，請參閱本書第33條的說明。

第119條（請求乃論）
第一百十六條之妨害名譽罪及第一百十八條之罪，須外國政府之請求乃論。

解說

所謂請求乃論，指外國政府或足以代表外國政府的人，請求我國司法機關追究犯罪行為人的責任時，我國司法機關才進行追究。

行為人如果對於友邦元首或派至我國的外國代表犯妨害名譽罪（刑法第116條）或侮辱外國旗章罪（刑法第118條），必須經由該外國政府的請求，我國司法機關才會追究行為人的刑責。

依刑事訴訟法第243條第1項規定，經外國政府請求後，我國外交部長得函請我國司法行政最高長官（指法務部長），令知我國檢察官對犯罪行為人進行偵查、起訴的動作。

第二節　侵害國家執行職務公正性之犯罪

　　侵害國家法益犯罪的第二小類，為侵害國家執行職務公正性之犯罪，其內容涵蓋刑法分則第四章的瀆職罪。

　　瀆職罪會危害到國家執行職務的公正性、政府的威信及內部秩序，並進而影響到人民的權益，基於法益保護原則，為了保護這些法益，政府（立法院）可以制定法律，處罰瀆職行為。

瀆職罪

第120條（委棄守地罪）
公務員不盡其應盡之責，而委棄守地者，處死刑、無期徒刑或十年以上有期徒刑。

解說

　　有防守某地職責之公務員，例如：縣、市長等，不盡其守地之職責而擅自棄守該地，即成立本罪，法定刑為死刑、無期徒刑或十年以上有期徒刑。

　　如果是軍人觸犯本罪，基於特別法優先適用原則，應依陸海空軍刑法第35條及第42條處罰。

　　關於公務員的定義，請參閱本書第10條的說明。

第121條（不違背職務之受賄罪）

公務員或仲裁人對於職務上之行為，要求、期約或收受賄賂或其他不正利益者，處七年以下有期徒刑，得併科七十萬元以下罰金。

解說

　　本條第1項所謂仲裁人，指依法令仲裁雙方當事人爭議的人，例如：勞資爭議仲裁委員、商務仲裁人、鄉鎮市調解委員等。所謂職務上之行為，指公務員或仲裁人於其職務範圍內，不違背其義務，所應為或得為之行為。所謂要求，指請求給付賄賂或不正利益之意思表示。所謂期約，指行賄者與受賄者之間，關於行受賄賂已達成合意約定。所謂收受，指接受賄賂之行為。所謂賄賂，指金錢或可以用金錢計算的有形財物。所謂不正利益，指賄賂以外，足以供給人類需要或滿足人類欲望之一切有形、無形利益，例如：給予無息貸款、免除債務、提供性招待等。

　　公務員或仲裁人如果對於職務上的行為，要求、期約或收受賄賂或其他不正利益，就會成立本罪，法定刑為七年以下有期徒刑，得併科70萬元以下罰金。

　　依貪污治罪條例第5條規定，公務員對於職務上之行為，要求、期約或收受賄賂或其他不正利益者，處七年以上有期徒刑，得併科新臺幣6,000萬元以下罰金。基於特別法優先適用原則，應優先適用貪污治罪條例第5條的規定。

　　關於公務員的定義，請參閱本書第10條的說明。關於併科的定義，請參閱本書第191條的說明。

第122條（違背職務之受賄罪）

公務員或仲裁人對於違背職務之行為，要求、期約或收受賄賂或其他不正利益者，處三年以上十年以下有期徒刑，得併科二百萬元以下罰金。

因而為違背職務之行為者，處無期徒刑或五年以上有期徒刑，得併科四百萬元以下罰金。

對於公務員或仲裁人關於違背職務之行為，行求、期約或交付賄賂或其他不正利益者，處三年以下有期徒刑，得併科三十萬元以下罰金。但自首者減輕或免除其刑。在偵查或審判中自白者，得減輕其刑。

解說

　　本條第1項所謂違背職務之行為，指在職權範圍內不應為而為，或應為而不為。公務員或仲裁人如果對於違背職務的行為，要求、期約或收受賄賂或其他不正利益，法定刑為三年以上十年以下有期徒刑，得併科200萬元以下罰金。

　　本條第2項規定，公務員或仲裁人於要求、期約或收受賄賂或其他不正利益後，如果進而為違背職務之行為，法定刑加重為無期徒刑或五年以上有期徒刑，得併科400萬元以下罰金。

　　本條第3項所謂行求，指請求對方收受賄賂之意思表示。所謂交付，指使對方實際上獲得賄賂之行為。行為人如果對於公務員或仲裁人關於違背職務之行為，行求、期約或交付賄賂或其他不正利益，法定刑為三年以下有期徒刑，得併科30萬元以下罰金。

　　為鼓勵行賄者自認犯罪，協助破案，本條第3項但書規

定，行賄者如果自首，「必」減輕或免除其刑；但若是在偵查或審判中自白坦承犯罪事實，則「得」減輕其刑。

依貪污治罪條例第4條之規定，公務員對於違背職務之行為，要求、期約或收受賄賂或其他不正利益者，處無期徒刑或十年以上有期徒刑，得併科新臺幣1億元以下罰金。同條例第11條規定，行賄者對於公務員，關於違背職務之行為，行求、期約或交付賄賂或其他不正利益者，處一年以上七年以下有期徒刑，得併科新臺幣300萬元以下罰金。基於特別法優先適用原則，應優先適用貪污治罪條例第4條及第11條之規定。

關於公務員的定義，請參閱本書第10條的說明。關於仲裁人、要求、期約、收受、賄賂、不正利益的定義，請參閱本書第121條的說明。關於自首，請參閱本書第62條的說明。關於併科的定義，請參閱本書第191條的說明。

第123條（準受賄罪）
於未為公務員或仲裁人時，預以職務上之行為，要求期約或收受賄賂或其他不正利益，而於為公務員或仲裁人後履行者，以公務員或仲裁人要求期約或收受賄賂或其他不正利益論。

解說

本條所謂職務上之行為，包括不違背職務之行為及違背職務之行為在內，其範圍較刑法第121條的職務上之行為（僅限於不違背職務之行為）為廣。

行為人如果在尚未擔任公務員或仲裁人之前，預先以職務

上之行為要求、期約或收受賄賂或其他不正利益，並且於擔任公務員或仲裁人後履行原先的承諾，即視為成立刑法第121條第1項或第122條第1項的犯罪。

關於公務員的定義，請參閱本書第10條的說明。關於仲裁人、要求、期約、收受、賄賂、不正利益的定義，請參閱本書第121條的說明。

第124條（枉法裁判或仲裁罪）
有審判職務之公務員或仲裁人，為枉法之裁判或仲裁者，處一年以上七年以下有期徒刑。

解說

所謂有審判職務之公務員，指具有司法或軍法上審判職務的公務員，例如：普通法院的法官、行政法院的法官、軍法機關的軍法官等；至於檢察官由於只具有偵查、起訴的職權，並無審判的職權，所以並不包括在內。所謂枉法之裁判或仲裁，指故意不依法律規定而為裁判或仲裁，例如：法定刑為拘役或罰金，卻故意判處有期徒刑或死刑。

有審判職務的公務員或仲裁人，如果故意不依法律規定而為枉法之裁判或仲裁，就會成立本罪，法定刑為一年以上七年以下有期徒刑。

關於公務員的定義，請參閱本書第10條的說明。關於仲裁人的定義，請參閱本書第121條的說明。

第125條（濫權追訴處罰罪）

有追訴或處罰犯罪職務之公務員，為左列行為之一者，處一年以上七年以下有期徒刑：

一、濫用職權為逮捕或羈押者。

二、意圖取供而施強暴脅迫者。

三、明知為無罪之人，而使其受追訴或處罰，或明知為有罪之人，而無故不使其受追訴或處罰者。

因而致人於死者，處無期徒刑或七年以上有期徒刑。致重傷者，處三年以上十年以下有期徒刑。

解說

　　本條第1項所謂有追訴或處罰犯罪職務之公務員，指具有偵查犯罪、提起公訴或審判罪犯等職權的公務員，包括檢察官、軍事檢察官、刑事庭法官、軍法官等，不過依目前司法實務上之見解，尚不包括檢察事務官、司法警察官、司法警察等。所謂濫用職權，指不當使用職務上之權限，亦即假借執行職務的名義而行正當權限以外的行為。所謂逮捕，指直接拘束他人身體自由的行為。所謂羈押，指將他人拘禁於一定場所的行為。所謂取供，指取得供詞。所謂強暴，指施以有形的強制力。所謂脅迫，指施以無形的強制力，亦即以現在施以惡害的通知，使被害人心生畏懼的行為。所謂明知，指直接故意，也就是行為人對於構成犯罪之事實，明知並有意使其發生（刑法第13條第1項）。所謂無故，指無正當理由。

　　具有偵查犯罪、提起公訴或審判罪犯等職權的公務員，如果濫用職權為逮捕、羈押，或意圖取供而施強暴脅迫，或明知為無罪之人而使其受刑事追訴或處罰，或明知為有罪之人而無

故不使其受刑事追訴或處罰，就會成立本罪，法定刑為一年以上七年以下有期徒刑。

本條第2項規定，如果因第1項的行為，導致被害人死亡，行為人的法定刑為無期徒刑或七年以上有期徒刑；如果導致被害人受重傷，法定刑為三年以上十年以下有期徒刑。

關於公務員、重傷的定義，請參閱本書第10條的說明。關於死亡的定義，請參閱本書第271條的說明。

第126條（凌虐人犯罪）

有管收、解送或拘禁人犯職務之公務員，對於人犯施以凌虐者，處一年以上七年以下有期徒刑。

因而致人於死者，處無期徒刑或七年以上有期徒刑。致重傷者，處三年以上十年以下有期徒刑。

解說

本條第1項所謂管收，指依管收條例或行政執行法等相關法令，拘束債務人或關係人的人身自由。所謂解送，指將人犯移解押送至一定的處所。所謂拘禁，指將人犯拘留監禁於一定的處所。所謂有管收、解送或拘禁人犯職務之公務員，包括民事管收所的職員、司法警察官、司法警察、監獄官員、看守所官員等。所謂凌虐，指以強暴或他法，使被害人精神或身體感受痛苦的行為，例如鞭打、不提供飲食、不予睡眠等。

有管收、解送或拘禁人犯職務的公務員，如果對於人犯施以凌虐，就會成立本罪，法定刑為一年以上七年以下有期徒刑。

本條第2項規定，如果因為第1項凌虐行為而導致人犯死亡，法定刑為無期徒刑或七年以上有期徒刑；如果導致人犯受重傷，法定刑為三年以上十年以下有期徒刑。

關於公務員及重傷的定義，請參閱本書第10條的說明。關於死亡的定義，請參閱本書第271條的說明。

第127條（違法執行刑罰罪）
有執行刑罰職務之公務員，違法執行或不執行刑罰者，處五年以下有期徒刑。
因過失而執行不應執行之刑罰者，處一年以下有期徒刑、拘役或九千元以下罰金。

解說

本條第1項所謂刑罰，指刑法所規定的主刑及從刑。所謂有執行刑罰職務之公務員，主要包括檢察官及監獄官員，至於法官因原則上並不執行刑罰（例外情況如：刑事訴訟法第470條第1項），所以並不屬之。所謂違法執行，指依法令原不應執行而予執行，或是執行的程序或方法未符法令規定。所謂違法不執行，指依法令原應執行而不予執行。

有執行刑罰職務的公務員，如果故意違法執行或不執行刑罰，法定刑為五年以下有期徒刑。

本條第2項規定，行為人如果因過失而執行了原依法令不應執行的刑罰，例如：檢察官因過失而誤算刑期，導致受刑人在監獄中多被拘禁數日，法定刑為一年以下有期徒刑、拘役或9,000元以下罰金。應注意的是，行為人如果是因過失而未執

行原依法令應執行的刑罰，例如：檢察官因過失而誤算刑期，導致受刑人提早數日被釋放，則不會成立本罪。

　　關於公務員的定義，請參閱本書第10條的說明。關於過失的定義，請參閱本書第14條的說明。關於拘役的定義，請參閱本書第33條的說明。

第128條（越權受理罪）
公務員對於訴訟事件，明知不應受理而受理者，處三年以下有期徒刑。

解說

　　所謂訴訟事件，包括民事、刑事及行政訴訟事件。所謂明知，指直接故意，也就是行為人對於構成犯罪之事實，明知並有意使其發生（刑法第13條第1項）。所謂不應受理而受理，例如：行政法院受理民事訴訟事件或刑事訴訟案件，就是不應受理而受理。至於是否應予受理，則須依民事訴訟法、刑事訴訟法或行政訴訟法等規定具體認定。

　　公務員如果對於訴訟事件，明知不應受理而受理，就會成立本罪，法定刑為三年以下有期徒刑。

　　關於公務員的定義，請參閱本書第10條的說明。

第129條（違法徵收罪、抑留或剋扣款物罪）
公務員對於租稅或其他入款，明知不應徵收而徵收者，處一年以上七年以下有期徒刑，得併科二十一萬元以下罰金。

公務員對於職務上發給之款項、物品，明知應發給而抑留不發或剋扣者，亦同。

前二項之未遂犯罰之。

解說

　　本條第1項所謂租稅，指國家或地方政府依法令規定徵收的一切稅捐。所謂其他入款，指除租稅以外的一切公法上收入，例如：行政規費、專利證書費、手續費、訴訟費用等。至於罰鍰或罰金因為是不法行為的法律效果，所以並非本條所謂的公法上收入。所謂明知，指直接故意，也就是行為人對於構成犯罪之事實，明知並有意使其發生（刑法第13條第1項）。所謂不應徵收而徵收，指無法令依據而巧立名目擅自徵收，或是雖然有法令依據但不依法令規定而徵收，例如：超額徵收。

　　公務員如果對於租稅或其他入款，明知不應徵收而仍徵收，法定刑為一年以上七年以下有期徒刑，得併科21萬元以下罰金。

　　本條第2項所謂款項，指金錢。所謂物品，指款項以外，足供人類使用而有價值的一切物品。所謂抑留不發，指發給時期已至而延期不發。所謂剋扣，指已經發給，但是發給數額不足。

　　公務員如果對於職務上應發給的款項、物品，明知應發給而抑留不發或剋扣，法定刑亦為一年以上七年以下有期徒刑，得併科21萬元以下罰金。

　　本條第3項規定，本條第1項、第2項犯罪的未遂犯均須處罰。

　　須注意的是，依貪污治罪條例第5條規定，公務員意圖得

利，擅提或截留公款或違背法令收募稅捐或公債者，處七年以上有期徒刑，得併科新臺幣6,000萬元以下罰金。同條例第6條規定，公務員意圖得利，抑留不發職務上應發之財物者，處五年以上有期徒刑，得併科新臺幣3,000萬元以下罰金。同條例對於上述二罪的未遂犯亦設有處罰規定。所以基於特別法優先適用原則，應優先適用貪污治罪條例第5條及第6條的規定。

關於公務員的定義，請參閱本書第10條的說明。關於併科的定義，請參閱本書第191條的說明。關於未遂犯，請參閱本書第25條的說明。

第130條（廢弛職務釀成災害罪）
公務員廢弛職務釀成災害者，處三年以上十年以下有期徒刑。

解說

所謂廢弛職務，指未盡職務上應盡的職責，例如：水庫管理員未及時洩洪、鐵路看柵工未放下柵欄等。所謂災害，指損害重大法益的嚴重人為災害或自然災害。

對於災害有預防或遏止職務的公務員，如果因廢弛職務導致重大災害的發生，就會成立本罪，法定刑為三年以上十年以下有期徒刑。

關於公務員的定義，請參閱本書第10條的說明。

第131條（公務員圖利罪）
公務員對於主管或監督之事務，明知違背法令，直接或間接圖自己或其他私人不法利益，因而獲得利益者，處一年以上七年以下有期徒刑，得併科一百萬元以下罰金。

解說

本條第1項所謂直接圖利，指以直接方法圖得不法利益，例如：法院辦理出納事務的公務員，對於法院應以歲入類帳戶存入銀行的款項，擅自以私人名義帳戶存入銀行，而取得不法利息。所謂間接圖利，指以間接方法圖得不法利益，例如：長官命令部屬代為經營與其職務無關的商業，而取得不法利潤。

公務員對於主管或監督的事務，如果明知其違背法令，而直接或間接圖自己或其他私人的不法利益，並因而獲得利益，就會成立本罪，法定刑為一年以上七年以下有期徒刑，得併科100萬元以下罰金。

另依貪污治罪條例第6條規定，公務員對於主管或監督的事務，明知違背法令，直接或間接圖自己或其他私人不法利益，因而獲得利益；或是對於非主管或監督的事務，明知違背法令，利用職權機會或身分圖自己或其他私人不法利益，因而獲得利益，均須處五年以上有期徒刑，得併科新臺幣3,000萬元以下罰金。基於特別法優先適用原則，應優先適用貪污治罪條例第6條的規定。

關於公務員的定義，請參閱本書第10條的說明。關於併科的定義，請參閱本書第191條的說明。

第132條（公務員洩漏國防以外之秘密罪）
公務員洩漏或交付關於中華民國國防以外應秘密之文書、圖畫、消息或物品者，處三年以下有期徒刑。
因過失犯前項之罪者，處一年以下有期徒刑、拘役或九千元以下罰金。
非公務員因職務或業務知悉或持有第一項之文書、圖畫、消息或物品，而洩漏或交付之者，處一年以下有期徒刑、拘役或九千元以下罰金。

解說

本條第1項所謂洩漏，指使不應該知道秘密的人知道秘密。所謂交付，指將秘密移交他人而使他人持有。所謂我國國防以外應秘密之文書、圖畫、消息或物品，指國防秘密以外的公務秘密，亦即與國家政務或事務具有利害影響關係的秘密。

公務員如果故意洩漏或交付關於我國國防以外應秘密的文書、圖畫、消息或物品於他人，法定刑為三年以下有期徒刑。

本條第2項規定，行為人如果因過失而洩漏或交付國防以外秘密於他人，法定刑為一年以下有期徒刑、拘役或9,000元以下罰金。

本條第3項規定，行為人如果並非公務員，而是基於其職務或業務而知悉或持有我國國防以外的秘密，例如：建築師因業務而持有政府的秘密工程藍圖，並進而洩漏或交付給他人，法定刑為一年以下有期徒刑、拘役或9,000元以下罰金。

關於公務員的定義，請參閱本書第10條的說明。關於文書的定義，請參閱本書第220條的說明。關於過失犯，請參閱

本書第14條的說明。關於拘役的定義，請參閱本書第33條的說明。

第133條（郵電人員妨害郵電秘密罪）
在郵務或電報機關執行職務之公務員，開拆或隱匿投寄之郵件或電報者，處三年以下有期徒刑、拘役或一萬五千元以下罰金。

解說

　　所謂開拆，指開啟拆閱，亦即使封緘失去功能的行為。所謂隱匿，指隱沒藏匿，使他人不易發現的行為。所謂投寄之郵件，指已交付郵務機關代為送達且尚在該機關支配中的郵件。所謂電報，指經由電信網路傳遞的符號、文字或影像。

　　在郵務或電報機關執行職務的公務員，如果開拆或隱匿投寄的郵件或電報，就會成立本罪，法定刑為三年以下有期徒刑、拘役或1萬5,000元以下罰金。

　　關於公務員的定義，請參閱本書第10條的說明。關於拘役的定義，請參閱本書第33條的說明。

第134條（公務員犯罪加重處罰之規定）
公務員假借職務上之權力、機會或方法，以故意犯本章以外各罪者，加重其刑至二分之一。但因公務員之身分已特別規定其刑者，不在此限。

解說

　　公務員如果假借其職務上的權力、機會或方法，故意犯本章以外的各種犯罪，必須加重其法定刑至二分之一。不過如果在各該條文中已就具有公務員身分的行為人設有特別的加重處罰規定，例如：第163條、第213條、第228條、第231條、第264條、第270條、第318條、第336條等，則應依各該條文的規定加重處罰，不須依本條加重其法定刑至二分之一。

　　關於公務員的定義，請參閱本書第10條的說明。關於刑罰的加減方式，請參閱本書第64條至第69條的說明。

第三節　侵害國家權力作用之犯罪

　　侵害國家法益犯罪的第三小類，為侵害國家權力作用之犯罪，其內容涵蓋刑法分則第五章妨害公務罪、第六章妨害投票罪及第七章妨害秩序罪。

　　妨害公務罪、妨害投票罪及妨害秩序罪，均會危害到國家的權力作用及公權力行使，所以基於法益保護原則，為了保護國家權力作用的法益，政府（立法院）可以制定法律，處罰這些行為。

妨害公務罪

　　妨害公務罪所侵害的法益為國家權力作用及公權力行使。

第135條（對執行職務公務員施強暴脅迫罪、職務強制罪）
對於公務員依法執行職務時，施強暴脅迫者，處三年以下有期徒刑、拘役或三十萬元以下罰金。
意圖使公務員執行一定之職務或妨害其依法執行一定之職務或使公務員辭職，而施強暴脅迫者，亦同。
犯前二項之罪而有下列情形之一者，處六月以上五年以下有期徒刑：
一、以駕駛動力交通工具犯之。
二、意圖供行使之用而攜帶兇器或其他危險物品犯之。
犯前三項之罪，因而致公務員於死者，處無期徒刑或七年以上有期徒刑；致重傷者，處三年以上十年以下有期徒刑。

解說

　　本條第1項所謂強暴，指施以有形的強制力。所謂脅迫，指施以無形的強制力，亦即以現在施以惡害的通知，使被害人心生畏懼的行為。

　　行為人如果於公務員依據法令執行職務時，對於公務員施以強暴或脅迫，法定刑為三年以下有期徒刑、拘役或30萬元以下罰金。

　　本條第2項規定，行為人如果在主觀上基於使公務員執行一定職務或妨害其依據法令執行一定職務或使公務員辭職的意圖，而在客觀上對於公務員實施強暴、脅迫，法定刑亦為三年以下有期徒刑、拘役或30萬元以下罰金。

　　行為人如果駕駛動力交通工具為衝撞，或意圖供行使之用而攜帶兇器或其他危險物品（例如易燃性、腐蝕性液體）犯前

二項之罪，因該等行為對於公務員的生命、身體、健康構成嚴重危害，故本條第3項規定，行為人如果犯前二項之罪而有下列情形之一，法定刑為六月以上五年以下有期徒刑：

一、以駕駛動力交通工具犯之。

二、意圖供行使之用而攜帶兇器或其他危險物品犯之。

　　本條第4項規定，行為人如果犯本條第1項、第2項之罪，因而導致公務員死亡，法定刑為無期徒刑或七年以上有期徒刑；如果導致公務員受重傷，法定刑為三年以上、十年以下有期徒刑。

　　關於公務員及重傷的定義，請參閱本書第10條的說明。關於動力交通工具的定義，請參閱本書第185條之3的說明。關於拘役的定義，請參閱本書第33條的說明。

第136條（聚眾妨害公務罪）

在公共場所或公眾得出入之場所，聚集三人以上犯前條之罪者，在場助勢之人，處一年以下有期徒刑、拘役或十萬元以下罰金；首謀及下手實施強暴、脅迫者，處一年以上七年以下有期徒刑。

因而致公務員於死或重傷者，首謀及下手實施強暴脅迫之人，依前條第四項之規定處斷。

解說

　　本條第1項所謂聚集，指不論在何處、以何種聯絡方式（包括社群通訊軟體），在遠端或當場，自動或被動，事前約定或臨時起意的聚集行為均屬之。所謂在場助勢之人，指於他

人對於公務員實施強暴、脅迫行為時，在場助長聲勢，而非首謀或下手實施強暴、脅迫行為的人。所謂首謀，指首倡謀議、聚合群眾，且親臨現場指揮統率的人。所謂下手實施強暴脅迫之人，指當場對於公務員實施強暴、脅迫行為，而非首謀的人。

行為人如果在公共場所或公眾得出入的場所，聚集三人以上，於公務員依法執行職務時，對公務員施以強暴脅迫；或是意圖使公務員執行一定職務或妨害其依法執行一定職務或使公務員辭職，而對公務員施以強暴、脅迫，首謀及下手實施強暴、脅迫的行為人，法定刑為一年以上七年以下有期徒刑，在場助勢之人法定刑為一年以下有期徒刑、拘役或10萬元以下罰金。

本條第2項規定，行為人如果犯本條第1項之罪，因而導致公務員死亡，首謀及下手實施強暴脅迫的人法定刑為無期徒刑或七年以上有期徒刑；如果是導致公務員受重傷，首謀及下手實施強暴脅迫的人法定刑為三年以上十年以下有期徒刑。

關於公務員及重傷害的定義，請參閱本書第10條的說明。關於拘役的定義，請參閱本書第33條的說明。

第137條（妨害考試罪）
對於依考試法舉行之考試，以詐術或其他非法之方法，使其發生不正確之結果者，處一年以下有期徒刑、拘役或九千元以下罰金。
前項之未遂犯罰之。

解說

本條第1項所謂依考試法舉行之考試，指考試院所舉辦，取得公務人員任用資格或取得專門職業技術人員執業資格的考試，例如：各種高等考試、普通考試、特種考試、檢定考試等。所謂詐術或其他非法之方法，例如：冒名頂替、偽造證件、夾帶小抄、翻抄書籍、竊取試題、與考場外的人以手機聯絡等。所謂發生不正確之結果，指使應錄取成為未錄取，或使不應錄取成為錄取。

行為人如果對於依考試法舉行的考試，以詐術或其他非法方法，使其發生不正確的結果，就會成立本罪，法定刑為一年以下有期徒刑、拘役或9,000元以下罰金。

本條第2項規定，行為人如果已著手實行詐術或其他非法方法，但是卻未發生不正確的結果，則會成立本罪的未遂犯，得按本罪既遂犯的法定刑減輕處罰。

關於拘役的定義，請參閱本書第33條的說明。關於未遂犯，請參閱本書第25條的說明。

第138條（妨害職務上掌管之文書物品罪）
毀棄、損壞或隱匿公務員職務上掌管或委託第三人掌管之文書、圖畫、物品，或致令不堪用者，處五年以下有期徒刑。

解說

所謂毀棄，指銷毀廢棄文書、圖畫、物品的全部，使其失去存在或喪失效用。所謂損壞，指損害破壞文書、圖畫、物品的一部分，使其減低效用或妨礙其效用。所謂隱匿，指隱秘藏

匿，使他人不能或不易發現。所謂致令不堪用，指以毀棄、損壞或隱匿以外的方法，使文書、圖畫、物品喪失其原有效用的一切行為，例如：將文書塗上墨水或將文書上的文字抹滅。

行為人如果毀棄、損壞或隱匿公務員基於職務上關係所掌管或委託第三人代為掌管的文書、圖畫、物品，或使其不堪使用，就會成立本罪，法定刑為五年以下有期徒刑。

關於公務員的定義，請參閱本書第10條的說明。關於文書的定義，請參閱本書第220條的說明。

第139條（污損封印、查封標示或違背其效力罪）
損壞、除去或污穢公務員依法所施之封印或查封之標示，或為違背其效力之行為者，處二年以下有期徒刑、拘役或二十萬元以下罰金。
為違背公務員依法所發具扣押效力命令之行為者，亦同。

解說

本條第1項所謂損壞，指損害破壞封印或查封標示，妨礙其效用。所謂除去，指將封印或查封標示由原使用的位置予以排除。所謂污穢，指將封印或查封標示塗抹污損，予以變更其外形。所謂封印，指公務員為了禁止某物品的漏逸、使用或啟閱，所施的封緘印文。所謂查封之標示，指公務員查封特定物所為的標記或告示，例如：查封動產時所為之標封、烙印或火漆印；查封不動產時所為之揭示等。所謂違背其效力之行為，指損壞、除去或污穢以外，足以使查封效力喪失的行為，例如：將加上封印的投票箱底破壞，取走選票，此時封印雖然沒

有被損壞，但是查封效力卻已喪失。

行為人如果損壞、除去或污穢公務員所施的封印或查封的標示，或為違背其效力的行為，就會成立本罪，法定刑為二年以下有期徒刑、拘役或20萬元以下罰金。

依強制執行法，保全執行的標的為債權或物權時，其執行方式係以發扣押命令為禁止收取、清償、移轉或處分等方式為之，如有違反此類扣押命令禁止處分的效力，其侵害國家公務的行使，與違背封印或查封標示效力之情形並無不同，故本條第2項規定，對於公務員依法所發具扣押效力之命令，所為違背效力的行為，法定刑與本條第1項相同。

關於公務員的定義，請參閱本書第10條的說明。關於拘役的定義，請參閱本書第33條的說明。

第140條（侮辱公務員罪）
於公務員依法執行職務時，當場侮辱或對於其依法執行之職務公然侮辱者，處一年以下有期徒刑、拘役或十萬元以下罰金。

解說

本條所謂當場，指公務員執行職務當時的現場，應就時間及空間因素綜合判斷。所謂侮辱，指未針對具體特定事實，所為的抽象負面評價，例如：罵人三字經、畜生等。所謂公然，指不特定人（不一定是誰）或多數人得共見共聞之狀況。

行為人如果於公務員依法令執行職務時，當場對於公務員侮辱，或是對於公務員依法令執行的職務進行公然侮辱，法定

刑均為一年以下有期徒刑、拘役或10萬元以下罰金。

關於公務員的定義，請參閱本書第10條的說明。關於拘役的定義，請參閱本書第33條的說明。

第141條（侵害文告罪）
意圖侮辱公務員，而損壞、除去或污穢實貼公共場所之文告者，處拘役或六萬元以下罰金。

解說

所謂實貼，指揭示而言。所謂公眾場所，指不特定的公眾得自由出入的場所。所謂文告，指公務員或公署基於其職權所制作的文字告示。

行為人如果在主觀上意圖侮辱公務員，而在客觀上損壞、除去或污穢實貼於公眾場所的文告，就會成立本罪，法定刑為拘役或6萬元以下罰金。

關於侮辱的定義，請參閱本書第140條的說明。關於公務員的定義，請參閱本書第10條的說明。關於損壞、除去或污穢的定義，請參閱本書第139條的說明。關於拘役的定義，請參閱本書第33條的說明。

妨害投票罪

妨害投票罪所侵害的法益為國家政治投票的順利進行、公正的投票結果及個人政治投票權的行使。

第142條（妨害投票自由罪）

以強暴、脅迫或其他非法之方法，妨害他人自由行使法定之政治上選舉或其他投票權者，處五年以下有期徒刑。

前項之未遂犯罰之。

解說

本條第1項所謂法定，指法律或命令所定，若是政黨內部的候選人投票，則不屬之。所謂政治上選舉，指與政治有關的選舉，例如：民意代表選舉、總統選舉、縣市長選舉等；至於商會理事長選舉、家長會長選舉、校友會長選舉等，則非政治上的選舉。所謂其他投票權，指選舉權以外的政治上投票權，例如：罷免投票、創制投票、複決投票、審議法案投票、同意權投票等。

行為人如果以強暴、脅迫或其他非法方法，妨害他人自由行使法定的政治上選舉或其他投票權，就會成立本罪，法定刑為五年以下有期徒刑。

本條第2項規定，本條第1項犯罪的未遂犯亦須處罰。

關於強暴、脅迫的定義，請參閱本書第135條的說明。關於未遂犯，請參閱本書第25條的說明。

第143條（投票受賄罪）

有投票權之人，要求、期約或收受賄賂或其他不正利益，而許以不行使其投票權或為一定之行使者，處三年以下有期徒刑，得併科三十萬元以下罰金。

解說

　　所謂有投票權之人，指有法定的政治上選舉權或其他投票權的人。所謂許以不行使，指許諾消極不為投票行為。所謂許為一定之行使，指許諾積極為一定內容的投票行為。

　　有投票權之人，如果要求、期約或收受賄賂或其他不正當利益，而許以不行使其投票權或為一定之行使，就會成立本罪，法定刑為三年以下有期徒刑，得併科30萬元以下罰金。

　　關於要求、期約、收受、賄賂、不正利益的定義，請參閱本書第121條的說明。關於併科的定義，請參閱本書第191條的說明。

第144條（投票行賄罪）
對於有投票權之人，行求、期約或交付賄賂或其他不正利益，而約其不行使投票權或為一定之行使者，處五年以下有期徒刑，得併科二十一萬元以下罰金。

解說

　　所謂約其不行使投票權或為一定之行使，指行為人對於有投票權的人要約，希望其消極不為投票行為或積極為一定內容的投票行為。行為人只須有要約的行為即會成立本罪，至於事後有投票權的人是否不行使或是否為一定內容的行使，並不會影響犯罪的成立。

　　行為人如果對於有投票權的人，行求、期約或交付賄賂或其他不正利益，而約其不行使投票權或為一定之行使，法定刑為五年以下有期徒刑，得併科21萬元以下罰金。

關於有投票權之人的定義，請參閱本書第143條的說明。關於行求、期約、交付、賄賂、不正利益的定義，請參閱本書第122條的說明。關於併科的定義，請參閱本書第191條的說明。

第145條（利誘投票罪）
以生計上之利害，誘惑投票人不行使其投票權或為一定之行使者，處三年以下有期徒刑。

解說
　　所謂生計上之利害，指經濟上或職業上的利害關係，例如：任免或升降投票人的職務。所謂誘惑，指引誘蠱惑，且須以生計上的利害為誘惑的手段。行為人只須有誘惑的行為即會成立本罪，至於事後有投票權之人是否不行使或是否為一定內容的行使，並不會影響犯罪的成立。
　　行為人如果以生計上的利害，誘惑有法定政治上投票權的人消極不行使投票權或積極為一定內容的行使，就會成立本罪，法定刑為三年以下有期徒刑。

第146條（妨害投票正確罪）
以詐術或其他非法之方法，使投票發生不正確之結果或變造投票之結果者，處五年以下有期徒刑。
意圖使特定候選人當選，以虛偽遷徙戶籍取得投票權而為投票者，亦同。
前二項之未遂犯罰之。

解說

本條第1項所謂詐術，指以欺騙方法使投票發生不正確結果或變造投票結果的行為。所謂使投票發生不正確之結果，指在投票「時」或投票「前」，使投票發生不正確的結果，例如：重複進行投票、冒名進行投票。所謂變造投票之結果，指在投票「後」，變更投票的結果，例如：虛報票數、捏造廢票等。不論是使投票發生不正確的結果或變造投票的結果，均不以影響當選或落選為犯罪成立要件。

行為人如果以詐術或其他非法的方法，使投票發生不正確的結果或變造投票的結果，法定刑為五年以下有期徒刑。

本條第2項所謂虛偽遷徙戶籍取得投票權，指行為人客觀上並不居住於某選舉區，而將戶籍所在地遷入該選舉區，以取得投票權，此即選舉時經常聽到的「幽靈人口」。

行為人如果主觀上意圖使特定候選人當選，而在客觀上虛偽遷徙戶籍，取得投票權並進行投票，法定刑為五年以下有期徒刑。

本條第3項規定，本條第1項、第2項犯罪的未遂犯亦須處罰。

關於未遂犯，請參閱本書第25條的說明。

第147條（妨害投票秩序罪）
妨害或擾亂投票者，處二年以下有期徒刑、拘役或一萬五千元以下罰金。

解說

所謂妨害投票，指妨礙阻害投票進行，例如：撕毀選票、損壞票箱等。所謂擾亂投票，指騷擾搗亂投票進行，例如：大聲吵鬧、大呼火警使人走避等。

行為人如果妨害或擾亂他人行使法定的政治上投票權，就會成立本罪，法定刑為二年以下有期徒刑、拘役或1萬5,000元以下罰金。

關於拘役的定義，請參閱本書第33條的說明。

第148條（妨害投票秘密罪）
於無記名之投票，刺探票載之內容者，處九千元以下罰金。

解說

所謂無記名之投票，指僅於選票內記載一定的內容，而不記載投票人的姓名。所謂刺探，指運用隱密方法去獲知或取得秘密。

行為人如果刺探偷窺無記名投票的選票內容，就會成立本罪，法定刑為9,000元以下罰金。

妨害秩序罪

妨害秩序罪所侵害的法益為國家的公共秩序與和平。

第149條（公然聚眾不遵令解散罪）

在公共場所或公眾得出入之場所聚集三人以上，意圖為強暴脅迫，已受該管公務員解散命令三次以上而不解散者，在場助勢之人處六月以下有期徒刑、拘役或八萬元以下罰金；首謀者，處三年以下有期徒刑。

解說

所謂聚集，指不論在何處、以何種聯絡方式（包括社群通訊軟體），在遠端或當場，自動或被動，事前約定或臨時起意等聚集方式均屬之。所謂解散命令，指使參與聚眾的人群離開並分散的命令，且須對於群聚的人群發布，使其處於得以認識的狀態。所謂三次以上，指至少須有三次，且每次命令之間，須有相當時間的間隔，若是連呼三次解散，仍僅視為一次命令。

如果有人主觀上意圖為強暴脅迫，客觀上在公共場所或公眾得出入的場所聚集三人以上，且已受該管公務員解散命令三次以上而仍不解散，那麼在場助勢之人法定刑為六月以下有期徒刑、拘役或8萬元以下罰金，首謀者的法定刑為三年以下有期徒刑。

關於聚集、在場助勢之人、首謀的定義，請參閱本書第136條的說明。關於強暴、脅迫的定義，請參閱本書第135條的說明。關於拘役的定義，請參閱本書第33條的說明。

第150條（公然聚眾施強暴脅迫罪）

在公共場所或公眾得出入之場所聚集三人以上，施強暴脅迫者，在場助勢之人，處一年以下有期徒刑、拘役或十萬元以下罰金；首謀及下手實施者，處六月以上五年以下有期徒刑。

犯前項之罪，而有下列情形之一者，得加重其刑至二分之一：

一、意圖供行使之用而攜帶兇器或其他危險物品犯之。

二、因而致生公眾或交通往來之危險。

解說

　　本條第1項規定，如果有人在公共場所或公眾得出入的場所聚集三人以上，且有實施強暴、脅迫的行為，那麼在場助勢的人，法定刑為一年以下有期徒刑、拘役或10萬元以下罰金，首謀及下手實施強暴、脅迫的人，法定刑為六月以上五年以下有期徒刑。

　　行為人意圖供行使之用而攜帶兇器或易燃性、腐蝕性液體，或於車輛往來的道路上追逐，對往來公眾的生命身體健康等造成危險，因為此等行為破壞公共秩序的危險程度較高，故本條第2項規定，犯第1項之罪，而有下列情形之一，得加重其刑至二分之一：

一、意圖供行使之用而攜帶兇器或其他危險物品犯之。

二、因而致生公眾或交通往來之危險。

　　關於聚集、在場助勢之人、首謀、下手實施強暴脅迫者的定義，請參閱本書第136條的說明。關於強暴、脅迫的定義，請參閱本書第135條的說明。關於往來之危險的定義，請參閱

本書第184條的說明。關於拘役的定義，請參閱本書第33條的說明。

第151條（恐嚇公眾罪）
以加害生命、身體、財產之事恐嚇公眾，致生危害於公安者，處二年以下有期徒刑。

解說

所謂恐嚇，指施以無形的強制力，亦即以未來施以惡害的通知，使被害人心生恐懼的行為。恐嚇與脅迫的不同在於，恐嚇的惡害通知為「未來」，所以較不具急迫性，而脅迫的惡害通知為「現在」，所以較具急迫性。所謂公眾，指不特定人或多數人。所謂致生危害於公安，指使公眾心生畏懼而有不安全的感覺。

行為人如果以加害生命、身體、財產之事恐嚇公眾，致生危害於公安，就會成立本罪，法定刑為二年以下有期徒刑。

第152條（妨害合法集會罪）
以強暴脅迫或詐術，阻止或擾亂合法之集會者，處二年以下有期徒刑。

解說

所謂阻止，指於集會前使其不能集會。所謂擾亂，指於集

會中使其不能順利進行。所謂合法之集會，指依據法令的集會或法令不加禁止的集會。

行為人如果以強暴、脅迫或詐術的方法，阻止或擾亂合法的集會，就會成立本罪，法定刑為二年以下有期徒刑。

關於強暴、脅迫的定義，請參閱本書第135條的說明。關於詐術的定義，請參閱本書第339條的說明。

第153條（煽惑他人犯罪或違背法令罪）
以文字、圖畫、演說或他法，公然為下列行為之一者，處二年以下有期徒刑、拘役或三萬元以下罰金：
一、煽惑他人犯罪者。
二、煽惑他人違背法令，或抗拒合法之命令者。

解說

所謂文字，例如：海報、標語、傳單。所謂圖畫，例如：照片、影片、幻燈片。所謂演說，例如：歌唱或呼口號。所謂他法，指文字、圖畫、演說以外的一切意思表示的方法，例如：手語、信號等。所謂公然，指不特定人（不一定是誰）或多數人得共見共聞的狀態。所謂煽惑，指煽動蠱惑，亦即使不特定或多數的被煽惑者產生犯罪的決意，或刺激助長其原已產生的犯罪決意。所謂犯罪，指刑法及一切刑罰法規所規定應處罰的行為。所謂法令，指法律及具法規性質的命令。所謂命令，指行政機關就具體事件而依法發布要人民遵守的行政處分，例如：限期拆除違章建築的命令。

行為人如果以文字、圖畫、演說或其他方法，公然煽惑他

人犯罪、違背法令或抗拒合法的命令，就會成立本罪，法定刑為二年以下有期徒刑、拘役或3萬元以下罰金。

關於拘役的定義，請參閱本書第33條的說明。

第154條（參與犯罪結社罪）

參與以犯罪為宗旨之結社者，處三年以下有期徒刑、拘役或一萬五千元以下罰金；首謀者，處一年以上七年以下有期徒刑。

犯前項之罪而自首者，減輕或免除其刑。

解說

本條第1項所謂以犯罪為宗旨，指以妨害公共安寧秩序及實施其他不特定的犯罪為目的。所謂結社，指多數人所組成的社團，並且須具有相當時間的繼續性。

行為人只要參與以犯罪為宗旨的社團，就會成立本罪，法定刑為三年以下有期徒刑、拘役或1萬5,000元以下罰金。首謀者，法定刑為一年以上七年以下有期徒刑。

為了獎勵參與犯罪結社的人改過自新，本條第2項規定，犯第1項之罪而自首者，「必」減輕或免除其刑罰。

另組織犯罪條例第3條第1項規定：「發起、主持、操縱或指揮犯罪組織者，處三年以上十年以下有期徒刑，得併科新臺幣一億元以下罰金；參與者，處六月以上五年以下有期徒刑，得併科新臺幣一千萬元以下罰金。但參與情節輕微者，得減輕或免除其刑」。基於特別法優先適用原則，參與犯罪結社及首謀者，應優先適用組織犯罪條例第3條第1項的規定處罰。

關於併科的定義，請參閱本書第191條的說明。關於拘役的定義，請參閱本書第33條的說明。關於首謀的定義，請參閱本書第100條的說明。關於自首的要件，請參閱本書第62條的說明。

第155條（煽惑軍人背叛罪）
煽惑軍人不執行職務，或不守紀律，或逃叛者，處六月以上五年以下有期徒刑。

解說

行為人如果煽動誘惑我國軍人不執行原有的職務或不遵守重大軍事紀律或逃亡叛變，就會成立本罪，法定刑為六月以上五年以下有期徒刑。

須注意的是，行為人只須完成煽惑行為，就會構成本罪的既遂犯，並不以軍人確有不執行職務、不守紀律或逃叛行為為必要。

關於煽惑的定義，請參閱本書第153條的說明。

第156條（私招軍隊罪）
未受允准，召集軍隊，發給軍需或率帶軍隊者，處五年以下有期徒刑。

解說

行為人如果未經政府允准，擅自招募聚集人員，組成有組織

的武裝團體，或是擅自發給軍需用品，或是擅自統率帶領有組織的武裝團體，就會成立本罪，法定刑為五年以下有期徒刑。

第157條（挑唆包攬訴訟罪）
意圖漁利，挑唆或包攬他人訴訟者，處一年以下有期徒刑、拘役或五萬元以下罰金。

解說

所謂漁利，指取得不正當的利益。所謂挑唆，指挑撥唆使，使原本無興訟意思的人提起訴訟。所謂包攬，指承包招攬，例如：對外表示收費低廉而包辦訴訟。

行為人如果主觀上意圖取得不正當利益，而在客觀上有挑唆或包攬他人訴訟的行為，就會成立本罪，法定刑為一年以下有期徒刑、拘役或5萬元以下罰金。

關於拘役的定義，請參閱本書第33條的說明。

第158條（僭行公務員職權罪）
冒充公務員而行使其職權者，處三年以下有期徒刑、拘役或一萬五千元以下罰金。
冒充外國公務員而行使其職權者，亦同。

解說

行為人如果冒充我國或外國公務員的身分並且行使其職權，就會成立本罪，法定刑為三年以下有期徒刑、拘役或1萬

5,000元以下罰金。

關於拘役的定義，請參閱本書第33條的說明。

第159條（冒充公務員服章官銜罪）
公然冒用公務員服飾、徽章或官銜者，處一萬五千元以下罰金。

解說

行為人如果公然地冒用公務員的制服、飾物、徽章、官階、職銜，就會成立本罪，法定刑為1萬5,000元以下罰金。

關於公然的定義，請參閱本書第153條的說明。

第160條（侮辱國旗國徽及國父遺像罪）
意圖侮辱中華民國，而公然損壞、除去或污辱中華民國之國徽、國旗者，處一年以下有期徒刑、拘役或九千元以下罰金。
意圖侮辱創立中華民國之孫先生，而公然損壞、除去或污辱其遺像者，亦同。

解說

本條第1項所謂損壞，指損害破壞，妨礙其效用。所謂除去，指將該物由原使用的位置予以排除。所謂污辱，指以污穢的方法侮辱。所謂國徽，指一國用來表示國權的徽章，我國的國徽，指青天白日的徽章。國旗，指一國用來表示國家尊嚴的

旗幟，我國的國旗，指紅地左上角為青天白日的旗幟。

行為人如果主觀上意圖侮辱我國，而在客觀上公然損壞、除去或污辱我國國徽、國旗，法定刑為一年以下有期徒刑、拘役或9,000元以下罰金。

本條第2項所謂遺像，包括塑像、照像、畫像等。

行為人如果主觀上意圖侮辱孫中山先生，而在客觀上公然損壞、除去或污辱其遺像，法定刑亦為一年以下有期徒刑、拘役或9,000元以下罰金。

關於侮辱的定義，請參閱本書第140條的說明。關於公然的定義，請參閱本書第153條的說明。關於拘役的定義，請參閱本書第33條的說明。

第四節　妨害司法權正當行使之犯罪

侵害國家法益犯罪的第四小類，為妨害司法權正當行使之犯罪，其內容涵蓋刑法分則第八章脫逃罪、第九章藏匿人犯及湮滅證據罪、第十章偽證及誣告罪。

脫逃罪、藏匿人犯及湮滅證據罪、偽證及誣告罪，均會妨害國家司法權的正當行使，所以基於法益保護原則，為了保護國家司法權正當行使的法益，政府（立法院）可以制定法律，處罰這些行為。

脫逃罪

脫逃罪所侵害的法益為國家司法權的正當行使。

第161條（脫逃罪）
依法逮捕、拘禁之人脫逃者，處一年以下有期徒刑。
損壞拘禁處所械具或以強暴脅迫犯前項之罪者，處五年以下有期徒刑。
聚眾以強暴脅迫犯第一項之罪者，在場助勢之人，處三年以上十年以下有期徒刑。首謀及下手實施強暴脅迫者，處五年以上有期徒刑。
前三項之未遂犯，罰之。

解說

　　本條第1項所謂逮捕，指拘束他人的身體自由，但未收禁於一定處所的行為。所謂拘禁，指拘束他人的身體自由，且已收禁於一定處所的行為。所謂依法逮捕、拘禁之人，例如：依強制執行法第21條拘提的債務人、依刑事訴訟法第101條羈押的被告、依行政執行法第36條強制管束的人等。所謂脫逃，指以不法方法脫離公權力拘束而逃逸的行為。

　　依法逮捕、拘禁的人如果脫逃，就會成立本條第1項的單純脫逃罪，法定刑為一年以下有期徒刑。

　　本條第2項所謂損壞拘禁處所械具，例如：破壞民事管收所的腳鐐、手梏、聯鎖、捕繩等。

　　依法逮捕、拘禁的人如果以損壞拘禁處所械具或以強暴、

脅迫的方法脫逃，會成立本條第2項的暴行脫逃罪，法定刑為五年以下有期徒刑。

本條第3項規定，依法逮捕、拘禁的人如果聚集群眾，並以強暴、脅迫方法脫逃，在場助勢的人法定刑為三年以上十年以下有期徒刑，首謀及下手實施強暴、脅迫的人法定刑為五年以上有期徒刑。

本條第4項規定，本條第1項至第3項犯罪的未遂犯亦須處罰。

關於強暴、脅迫的定義，請參閱本書第135條的說明。關於聚眾（聚集）、在場助勢之人、首謀、下手實施強暴脅迫者的定義，請參閱本書第136條的說明。關於未遂犯，請參閱本書第25條的說明。

第162條（縱放或便利脫逃罪）

縱放依法逮捕拘禁之人或便利其脫逃者，處三年以下有期徒刑。

損壞拘禁處所械具或以強暴脅迫犯前項之罪者，處六月以上五年以下有期徒刑。

聚眾以強暴脅迫犯第一項之罪者，在場助勢之人，處五年以上十二年以下有期徒刑；首謀及下手實施強暴脅迫者，處無期徒刑或七年以上有期徒刑。

前三項之未遂犯罰之。

配偶、五親等內之血親或三親等內之姻親，犯第一項之便利脫逃罪者，得減輕其刑。

解說

　　本條第1項所謂縱放，指縱容依法逮捕、拘禁的人脫離公權力拘束，使其回復自由的行為。所謂便利脫逃，指對於依法逮捕、拘禁的人給予方便或助力，使其易於脫逃的行為。

　　行為人如果縱放依法、逮捕拘禁的人或便利其脫逃，會成立本條第1項的單純縱放或便利脫逃罪，法定刑為三年以下有期徒刑。

　　本條第2項規定，行為人如果以損壞拘禁處所械具或以強暴、脅迫的方法縱放依法逮捕、拘禁的人或便利其脫逃，會成立暴行縱放或便利脫逃罪，法定刑為六月以上五年以下有期徒刑。

　　本條第3項規定，行為人如果聚集群眾，並以強暴、脅迫方法縱放依法逮捕、拘禁的人或便利其脫逃，在場助勢的人，法定刑為五年以上十二年以下有期徒刑；首謀及下手實施強暴脅迫的人，法定刑為無期徒刑或七年以上有期徒刑。

　　本條第4項規定，本條第1項至第3項犯罪的未遂犯，均須處罰。

　　本條第5項所謂姻親，指血親之配偶、配偶之血親、配偶之血親之配偶（民法第969條）。

　　行為人如果是依法逮捕、拘禁之人的配偶、五親等內的血親或三親等內的姻親，基於此等親屬情誼而犯本條第1項後段的單純便利脫逃罪（不包括前段的單純縱放罪），「得」減輕其刑。

　　關於依法逮捕、拘禁之人及損壞拘禁處所械具的定義，請參閱本書第161條的說明。關於強暴、脅迫的定義，請參閱本書第135條的說明。關於聚眾（聚集）、在場助勢之人、

首謀、下手實施強暴脅迫者的定義，請參閱本書第136條的說明。關於未遂犯，請參閱本書第25條的說明。關於親等的計算方式，請參閱本書第230條的說明。

第163條（公務員縱放或便利逃脫罪）
公務員縱放職務上依法逮捕拘禁之人或便利其脫逃者，處一年以上七年以下有期徒刑。
因過失致前項之人脫逃者，處六月以下有期徒刑、拘役或九千元以下罰金。
第一項之未遂犯罰之。

解說

本條第1項所謂的公務員，指對於依法逮捕、拘禁之人有逮捕、拘禁、押解或看守職務的公務員。

前述公務員如果故意縱放職務上依法逮捕拘禁的人或便利其脫逃，法定刑為一年以上七年以下有期徒刑；如果因過失導致其職務上依法逮捕、拘禁的人脫逃，法定刑為六月以下有期徒刑、拘役或9,000元以下罰金。

本條第3項規定，本條第1項犯罪的未遂犯，亦須處罰。

關於公務員的定義，請參閱本書第10條的說明。關於依法逮捕、拘禁之人的定義，請參閱本書第161條的說明。關於縱放、便利脫逃的定義，請參閱本書第162條的說明。關於過失，請參閱本書第14條的說明。關於拘役的定義，請參閱本書第33條的說明。關於未遂犯，請參閱本書第25條的說明。

藏匿人犯及湮滅證據罪

　　藏匿人犯及湮滅證據罪所侵害的法益為國家司法權的正當行使。

第164條（藏匿人犯或使之隱避、頂替罪）
藏匿犯人或依法逮捕拘禁之脫逃人或使之隱避者，處二年以下有期徒刑、拘役或一萬五千元以下罰金。
意圖犯前項之罪而頂替者，亦同。

解說

　　本條第1項所謂藏匿，指將犯人或脫逃人隱藏，使他人不能或難於發現的行為。所謂使之隱避，指以藏匿以外的方法，使犯人或脫逃人隱藏逃避的一切行為，例如：提供衣服及旅費使其遠行、告知緝捕最新動態、指示逃亡路線使其逃逸等。所謂犯人，指觸犯刑罰法令的人。所謂依法逮捕拘禁之脫逃人，指雖曾依法受逮捕、拘禁而現正在脫逃中的人。

　　行為人如果藏匿犯人或脫逃人或使其隱避，會成立本條第1項的藏匿人犯或使之隱避罪，法定刑為二年以下有期徒刑、拘役或1萬5,000元以下罰金。

　　本條第2項所謂頂替，指假冒自己為犯人或脫逃人，以代替他人頂罪的行為。

　　行為人如果主觀上意圖藏匿犯人或脫逃人或使其隱避，而在客觀上有頂替的行為，就會成立本條第2項的頂替罪，法定

刑亦為二年以下有期徒刑、拘役或1萬5,000元以下罰金。

關於拘役的定義,請參閱本書第33條的說明。

第165條(湮滅刑事證據罪)
偽造、變造、湮滅或隱匿關係他人刑事被告案件之證據,或使用偽造、變造之證據者,處二年以下有期徒刑、拘役或一萬五千元以下罰金。

解說

　　所謂偽造,指製作虛偽證據的行為。所謂變造,指加工於證據而變更其證明力的行為。所謂湮滅,指湮沒毀滅,也就是使證據的證據力滅失的行為。所謂隱匿,指隱避藏匿證據,使他人難於發現的行為。所謂關係他人刑事被告案件之證據,指該證據必須是關於行為人以外的人作為刑事被告案件的證據,若為民事或行政事件的證據,則非本條所稱的證據。所謂使用,指將偽造、變造證據,充作真正而提出行使的行為。

　　行為人如果偽造、變造、湮滅或隱匿關係他人刑事被告案件的證據,或使用偽造、變造的證據,就會成立本罪,法定刑為二年以下有期徒刑、拘役或1萬5,000元以下罰金。

　　關於拘役的定義,請參閱本書第33條的說明。

第166條(犯湮滅證據罪自白之減免)
犯前條之罪,於他人刑事被告案件裁判確定前自白者,減輕或免除其刑。

解說

　　行為人如果偽造、變造、湮滅或隱匿關係他人刑事被告案件的證據，或使用偽造、變造的證據，但卻於該案件裁判確定以前自白犯罪事實，為予以獎勵，避免國家裁判的正確性遭受侵害，本條規定「必」減輕或免除其刑。

第167條（親屬間犯本章罪之減免）
配偶、五親等內之血親或三親等內之姻親圖利犯人或依法逮捕拘禁之脫逃人，而犯第一百六十四條或第一百六十五條之罪者，減輕或免除其刑。

解說

　　行為人如果是犯人或脫逃人的配偶、五親等內的血親或三親等內的姻親，基於親屬情誼，圖利犯人或脫逃人，而犯第164條的藏匿人犯或使之隱避罪、頂替罪或第165條的湮滅刑事證據罪，本條規定「必」減輕或免除其刑。

　　關於親等的計算方式，請參閱本書第230條的說明。關於姻親的定義，請參閱本書第162條的說明。

偽證及誣告罪

　　偽證及誣告罪所侵害的法益為國家司法權的正當行使，但是刑法學說上認為本罪尚侵害個人法益，因此本章犯罪具有所謂「雙重性格」。

第168條（偽證罪）

於執行審判職務之公署審判時或於檢察官偵查時，證人、鑑定人、通譯於案情有重要關係之事項，供前或供後具結，而為虛偽陳述者，處七年以下有期徒刑。

解說

　　所謂執行審判職務之公署，指普通法院（民事庭、刑事庭等）、行政法院或軍事法院等。所謂審判時，指依法開始審判時起至審判終結時止。所謂檢察官，包括一般刑事案件的檢察官及軍事檢察官在內。所謂偵查時，指依法開始偵查時起至偵查終結時止。所謂證人，指於訴訟程序中，就他人的訴訟案件，到庭陳述其所見所聞事實的人。所謂鑑定人，指受法院的委任或選任，就特定事項，依其特別的知識經驗，提供判斷意見的人。所謂通譯，指於訴訟程序中，翻譯表述言語、文字以傳達雙方意思的人。所謂於案情有重要關係之事項，指足以影響偵查或裁判結果的事項。所謂供前或供後，指證人陳述事實、鑑定人報告意見或通譯傳達意思之前或之後而言。所謂具結，指依法具有具結義務的人，以文書（結文）保證其證詞、鑑定及通譯為真實的意思表示。所謂虛偽陳述，指證人、鑑定人、通譯違反其主觀認知的事實、意見或意思而為陳述，例如：證人看到竊賊是男性，卻虛偽陳述其為女性。

　　證人、鑑定人、通譯如果於法院審判時或檢察官偵查時，就案情有重要關係的事項，供前或供後具結，而為虛偽陳述，就會成立本條偽證罪，法定刑為七年以下有期徒刑。

第169條（誣告罪）

意圖他人受刑事或懲戒處分，向該管公務員誣告者，處七年以下有期徒刑。

意圖他人受刑事或懲戒處分，而偽造、變造證據，或使用偽造、變造之證據者，亦同。

解說

所謂刑事處分，指依刑罰法令所為的處分，包括刑罰、保安處分等。所謂懲戒處分，指基於公法上的特別權力關係（特別法律關係），為維持紀律所科的制裁，如：依公務員懲戒法所為的撤職、休職、降級、減俸、記過、申誡等。所謂該管公務員，在刑事案件，為具有偵查、追訴、處罰犯罪職權的公務員，如：檢察官、檢察事務官、司法警察官、司法警察等；在懲戒案件，為具有提出彈劾、請付懲戒或自為處分職權的公務員，如：監察委員、各院部會長官或地方最高行政長官等。所謂誣告，指以違反客觀真實的事實而為申告犯罪的行為。

行為人如果在主觀上意圖使他人受刑事或懲戒處分，而在客觀上向該管公務員誣告犯罪或違法事實，法定刑為七年以下有期徒刑；而如果在客觀上偽造、變造證據，或使用偽造、變造的證據，法定刑亦同。

關於偽造、變造、使用的定義，請參閱本書第165條的說明。

第170條（加重誣告罪）
意圖陷害直系血親尊親屬，而犯前條之罪者，加重其刑至二分之一。

解說

　　行為人所誣告的對象，如果是自己的直系血親尊親屬，例如：父、母、祖父、祖母、外公、外婆等，因違背孝道，惡性更為重大，所以本條規定應加重其刑至二分之一。

第171條（未指定犯人誣告罪）
未指定犯人，而向該管公務員誣告犯罪者，處一年以下有期徒刑、拘役或九千元以下罰金。
未指定犯人，而偽造、變造犯罪證據，或使用偽造、變造之犯罪證據，致開始刑事訴訟程序者，亦同。

解說

　　行為人如果未指定犯人為誰，而向該管公務員誣告犯罪，法定刑為一年以下有期徒刑、拘役或9,000元以下罰金。

　　行為人如果未指定犯人為誰，而偽造、變造犯罪證據，或使用偽造、變造的犯罪證據，致開始刑事訴訟程序（如：檢察官開始偵查犯罪），法定刑亦同。

　　關於誣告的定義，請參閱本書第169條的說明。關於偽造、變造、使用的定義，請參閱本書第165條的說明。關於拘役的定義，請參閱本書第33條的說明。

第172條（偽證、誣告自白減免）

犯第一百六十八條至第一百七十一條之罪，於所虛偽陳述或所誣告之案件，裁判或懲戒處分確定前自白者，減輕或免除其刑。

解說

為了維護司法機關裁判的正確性，犯刑法第168條至第171條偽證罪及誣告罪的行為人，如果能在所虛偽陳述或所誣告案件的裁判或懲戒處分確定前自白犯罪，承認自己先前陳述為虛偽，本條規定「必」減輕或免除其刑。

第二章
侵害社會法益之犯罪

第一節　侵害公共安全之犯罪

　　侵害社會法益犯罪的第一小類，為侵害公共安全之犯罪，其內容涵蓋刑法分則第十一章的公共危險罪。

　　公共危險罪會危害到不特定多數人的生命、身體、健康及財產安全，基於法益保護原則，為了保護這些法益，政府（立法院）可以制定法律，處罰公共危險行為。

公共危險罪

第173條（放火或失火燒燬現住建築物或交通工具罪）
放火燒燬現供人使用之住宅或現有人所在之建築物、礦坑、火車、電車或其他供水、陸、空公眾運輸之舟、車、航空機者，處無期徒刑或七年以上有期徒刑。
失火燒燬前項之物者，處一年以下有期徒刑、拘役或一萬五千元以下罰金。
第一項之未遂犯罰之。
預備犯第一項之罪者，處一年以下有期徒刑、拘役或九千元以下罰金。

解說

　　本條第1項所謂放火，指以火力燃燒特定物的行為。所謂燒燬，指所放的火具獨立燃燒力，足以變更物體或使其喪失效用。所謂現供人使用之住宅，指放火行為當時，供給行為人以外的人作為起居飲食等日常使用的房宅。所謂現有人所在，指放火行為當時，行為人以外的人正留滯其內。所謂建築物，指上有屋頂，周有門壁，足以遮避風雨，供人出入而定著於土地的工作物，如：倉庫、學校、店鋪等。所謂其他供水、陸、空公眾運輸之舟、車、航空機，指供不特定人或多數人運載輸送之用的交通工具，如：輪船、公車、民航機等

　　行為人如果故意放火燒燬現供人使用的住宅或現有人所在的建築物、礦坑、火車、電車或其他供水、陸、空公眾運輸的舟、車、航空機，法定刑為無期徒刑或七年以上有期徒刑；如果是因過失而燒燬前述物品，法定刑為一年以下有期徒刑、拘役或1萬5,000元以下罰金。

　　本條第3項、第4項規定，本條第1項故意放火罪的未遂犯、預備犯，均須處罰，其中未遂犯的法定刑得按既遂犯之刑減輕之，預備犯的法定刑為一年以下有期徒刑、拘役或9,000元以下罰金。

　　關於未遂犯、預備犯的定義，請參閱本書第25條的說明。關於過失，請參閱本書第14條的說明。關於拘役的定義，請參閱本書第33條的說明。

第174條（放火失火燒燬非現住建築物或交通工具罪）
放火燒燬現非供人使用之他人所有住宅或現未有人所在之他

人所有建築物、礦坑、火車、電車或其他供水、陸、空公眾運輸之舟、車、航空機者，處三年以上十年以下有期徒刑。
放火燒燬前項之自己所有物，致生公共危險者，處六月以上五年以下有期徒刑。
失火燒燬第一項之物者，處六月以下有期徒刑、拘役或九千元以下罰金；失火燒燬前項之物，致生公共危險者，亦同。
第一項之未遂犯罰之。

解說

　　本條第1項所謂現非供人使用之他人所有住宅，指放火行為當時，並非供給行為人以外的人作為起居飲食等日常使用，且為行為人以外的人所擁有的房宅。如果該他人所有的住宅現未供人使用或現只供行為人使用，例如：行為人本身為房客，卻放火燒燬房東出租給行為人的住宅，此時均屬於本條第1項所謂的住宅。所謂現未有人所在之他人所有建築物等，指放火行為當時，並無行為人以外的人留滯其內，且該建築物等為行為人以外的人所擁有。

　　行為人如果故意放火燒燬現非供人使用的他人所有住宅或現未有人所在的他人所有建築物、礦坑、火車、電車或其他供水、陸、空公眾運輸之舟、車、航空機，法定刑為三年以上十年以下有期徒刑。

　　本法所謂公共危險，指危及不特定人或多數人生命、身體或財產的狀態，此應以具有理性及判斷力的通常人為標準來加以判斷。本條第2項所謂公共危險，指除了該物已經開始獨立燃燒外，而且有延燒於鄰近房屋、建築物、物品等的可能性。

　　行為人如果故意放火燒燬現非供人使用的「自己」所有住

宅或現未有人所在的「自己」所有建築物、礦坑、火車、電車或其他供水、陸、空公眾運輸之舟、車、航空機，致生公共危險，法定刑為六月以上五年以下有期徒刑。

本條第3項規定，行為人如果因過失而放火燒燬現非供人使用的他人所有住宅或現未有人所在的他人所有建築物、礦坑、火車、電車或其他供水、陸、空公眾運輸之舟、車、航空機，或是因過失而放火燒燬現非供人使用的「自己」所有住宅或現未有人所在的「自己」所有建築物、礦坑、火車、電車或其他供水、陸、空公眾運輸的舟、車、航空機，致生公共危險，法定刑為六月以下有期徒刑、拘役或9,000元以下罰金。

本條第4項規定，本條第1項故意放火燒燬他人所有物的未遂犯，亦須處罰。

關於未遂犯的定義，請參閱本書第25條的說明。關於燒燬、建築物、其他供水、陸、空公眾運輸之舟、車、航空機的定義，請參閱本書第173條的說明。關於過失，請參閱本書第14條的說明。關於拘役的定義，請參閱本書第33條的說明。

第175條（放火或失火燒燬建築物等以外之物罪）

放火燒燬前二條以外之他人所有物，致生公共危險者，處一年以上七年以下有期徒刑。

放火燒燬前二條以外之自己所有物，致生公共危險者，處三年以下有期徒刑。

失火燒燬前二條以外之物，致生公共危險者，處拘役或九千元以下罰金。

解說

本條第1項所謂前二條以外之他人所有物，指「他人所有的住宅、建築物、礦坑、火車、電車或其他供水、陸、空公眾運輸之舟、車、航空機」以外的物品，例如：他人所有的衣服、電腦、自用汽車、自用機車等。

行為人如果故意放火燒燬上述物品，致生公共危險，法定刑為一年以上七年以下有期徒刑。

本條第2項所謂前二條以外之自己所有物，指「自己所有的住宅、建築物、礦坑、火車、電車或其他供水、陸、空公眾運輸之舟、車、航空機」以外的物品，例如：自己所有的衣服、電腦、自用汽車、自用機車等。

行為人如果故意放火燒燬上述物品，致生公共危險，法定刑為三年以下有期徒刑。

本條第3項所謂前二條以外之物，指不分自己所有或他人所有，而為「住宅、建築物、礦坑、火車、電車或其他供水、陸、空公眾運輸之舟、車、航空機」以外的物品。

行為人如果失火燒燬上述物品，致生公共危險，法定刑為拘役或9,000元以下罰金。

關於放火、燒燬的定義，請參閱本書第173條的說明。關於公共危險的定義，請參閱本書第174條的說明。關於過失，請參閱本書第14條的說明。關於拘役的定義，請參閱本書第33條的說明。

第176條（準放火罪）
故意或因過失，以火藥、蒸氣、電氣、煤氣或其他爆裂物，

炸燬前三條之物者，準用各該條放火、失火之規定。

解說

　　所謂爆裂物，指因熱力的急速膨脹而具有破壞力的物品，亦即該物品具有爆發性及破壞力，可於瞬間將人及物燒傷或毀損。所謂炸燬，指藉爆裂物的爆炸以破壞物體或使其燒燬的行為。

　　行為人如果因故意或過失，以火藥、蒸氣、電氣、煤氣或其他爆裂物，炸燬前三條之物，其法定刑分別準用各該條文中放火燒燬或失火燒燬的規定。

第177條（漏逸或間隔氣體罪）
漏逸或間隔蒸氣、電氣、煤氣或其他氣體，致生公共危險者，處三年以下有期徒刑、拘役或九千元以下罰金。
因而致人於死者，處無期徒刑或七年以上有期徒刑；致重傷者，處三年以上十年以下有期徒刑。

解說

　　本條第1項所謂漏逸，指使氣體洩漏逸出於管線或容器外的行為。所謂間隔，指遮斷氣體使其無法流通的行為。所謂蒸氣、電氣、煤氣或其他氣體，指含有毒素、易於爆炸、易生火災、易使人觸電等容易招致危險或實害的氣體。

　　行為人如果漏逸或間隔蒸氣、電氣、煤氣或其他氣體，致生公共危險，法定刑為三年以下有期徒刑、拘役或9,000元以下罰金。

　　本條第2項規定，行為人如果犯第1項之罪，因而致人於死亡，法定刑為無期徒刑或七年以上有期徒刑；因而致人受重傷，法定刑為三年以上十年以下有期徒刑。

　　關於公共危險的定義，請參閱本書第174條的說明。關於拘役的定義，請參閱本書第33條的說明。關於死亡的定義，請參閱本書第271條的說明。關於重傷的定義，請參閱本書第10條的說明。

第178條（決水浸害現住建築物或交通工具罪）
決水浸害現供人使用之住宅或現有人所在之建築物、礦坑或火車、電車者，處無期徒刑或五年以上有期徒刑。
因過失決水浸害前項之物者，處一年以下有期徒刑、拘役或一萬五千元以下罰金。
第一項之未遂犯罰之。

解說

　　本條第1項所謂決水，指解放控制的水力，使其氾濫成災的行為。所謂浸害，指物品因水力氾濫而沖毀、淹沒或漂失。

　　行為人如果決水浸害現供人使用的住宅或現有人所在的建築物、礦坑或火車、電車，法定刑為無期徒刑或五年以上有期徒刑。

　　本條第2項規定，行為人如果因過失而決水浸害第1項物品，法定刑為一年以下有期徒刑、拘役或1萬5,000元以下罰金。

　　本條第3項規定，本條第1項故意決水浸害罪的未遂犯，亦須處罰。

　　關於現供人使用之住宅、現有人所在、建築物的定義，請
參閱本書第173條的說明。關於過失的定義，請參閱本書第14
條的說明。關於拘役的定義，請參閱本書第33條的說明。關於
未遂犯的定義，請參閱本書第25條的說明。

第179條（決水浸害非現住建築物罪）
決水浸害現非供人使用之他人所有住宅或現未有人所在之他
人所有建築物或礦坑者，處一年以上七年以下有期徒刑。
決水浸害前項之自己所有物，致生公共危險者，處六月以上
五年以下有期徒刑。
因過失決水浸害第一項之物者，處六月以下有期徒刑、拘役
或九千元以下罰金。
因過失決水浸害前項之物，致生公共危險者，亦同。
第一項之未遂犯罰之。

解說

　　本條第1項規定，行為人如果故意決水浸害現非供人使用
的他人所有住宅或現未有人所在的他人所有建築物或礦坑，法
定刑為一年以上七年以下有期徒刑。

　　本條第2項規定，行為人如果故意決水浸害現非供人使用
的「自己」所有住宅或現未有人所在的「自己」所有建築物或
礦坑，致生公共危險，法定刑為六月以上五年以下有期徒刑。

　　本條第3項規定，行為人如果因過失決水浸害現非供人使
用的他人所有住宅或現未有人所在的他人所有建築物或礦坑，
法定刑為六月以下有期徒刑、拘役或9,000元以下罰金。

　　本條第4項規定，行為人如果因過失決水浸害現非供人使用的「自己」所有住宅或現未有人所在的「自己」所有建築物或礦坑，致生公共危險，法定刑亦為六月以下有期徒刑、拘役或9,000元以下罰金。

　　本條第5項規定，本條第1項故意決水罪的未遂犯，亦須處罰。

　　關於決水、浸害的定義，請參閱本書第178條的說明。關於現非供人使用之住宅、現未有人所在的定義，請參閱本書第174條的說明。關於建築物的定義，請參閱本書第173條的說明。關於公共危險的定義，請參閱本書第174條的說明。關於過失，請參閱本書第14條的說明。關於拘役的定義，請參閱本書第33條的說明。關於未遂犯，請參閱本書第25條的說明。

第180條（決水浸害建築物等以外之物罪）
決水浸害前二條以外之他人所有物，致生公共危險者，處五年以下有期徒刑。
決水浸害前二條以外之自己所有物，致生公共危險者，處二年以下有期徒刑。
因過失決水浸害前二條以外之物，致生公共危險者，處拘役或九千元以下罰金。

解說

　　本條第1項所謂前二條以外之他人所有物，指「他人所有的住宅、建築物、礦坑或火車、電車」以外的物品，例如：他人所有的衣服、電腦、自用汽車、自用機車等。

　　行為人如果故意決水浸害上述物品，致生公共危險，法定刑為五年以下有期徒刑。

　　本條第2項所謂前二條以外之自己所有物，指「自己所有的住宅、建築物、礦坑或火車、電車」以外的物品，例如：自己所有的衣服、電腦、自用汽車、自用機車等。

　　行為人如果故意決水浸害上述物品，致生公共危險，法定刑為二年以下有期徒刑。

　　本條第3項所謂前二條以外之物，指不分自己所有或他人所有，而為「住宅、建築物、礦坑或火車、電車」以外的物品。

　　行為人如果因過失而決水浸害上述物品，致生公共危險，法定刑為拘役或9,000元以下罰金。

　　關於決水、浸害的定義，請參閱本書第178條的說明。關於公共危險的定義，請參閱本書第174條的說明。關於過失，請參閱本書第14條的說明。關於拘役的定義，請參閱本書第33條的說明。

第181條（破壞防水蓄水設備罪）
決潰隄防、破壞水閘或損壞自來水池，致生公共危險者，處五年以下有期徒刑。
因過失犯前項之罪者，處拘役或九千元以下罰金。
第一項之未遂犯罰之。

解說

本條第1項所謂決潰，指使隄防崩潰，使水氾濫的行為。所謂隄防，指防止水患的隄岸。所謂水閘，指控制水流的閘水器。所謂自來水池，指自來水的蓄水池。

行為人如果故意決潰隄防、破壞水閘或損壞自來水池，致生公共危險，法定刑為五年以下有期徒刑。

本條第2項規定，行為人如果因過失決潰隄防、破壞水閘或損壞自來水池，致生公共危險，法定刑為拘役或9,000元以下罰金。

本條第3項規定，本條第1項犯罪的未遂犯，亦須處罰。

關於公共危險的定義，請參閱本書第174條的說明。關於過失，請參閱本書第14條的說明。關於拘役的定義，請參閱本書33條的說明。關於未遂犯，請參閱本書第25條的說明。

第182條（妨害救災罪）
於火災、水災、風災、震災、爆炸或其他相類災害發生之際，隱匿或損壞防禦之器械或以他法妨害救災者，處三年以下有期徒刑、拘役或三萬元以下罰金。

解說

行為人如果於火災、水災、風災、震災、爆炸或其他相類災害發生的時候，隱匿或損壞防禦的器械（例如：滅火器、消防栓）或以他法妨害救災（例如：阻斷道路），就會成立本罪，法定刑為三年以下有期徒刑、拘役或3萬元以下罰金。

關於拘役的定義，請參閱本書第33條的說明。

第183條（傾覆或破壞現有人所在之交通工具罪）
傾覆或破壞現有人所在之火車、電車或其他供水、陸、空公
眾運輸之舟、車、航空機者，處無期徒刑或五年以上有期徒
刑。
因過失犯前項之罪者，處三年以下有期徒刑、拘役或三十萬
元以下罰金。
第一項之未遂犯罰之。

解說

本條第1項所謂傾覆，指傾倒顛覆的行為。行為人如果故
意傾覆或破壞現有人所在的火車、電車或其他供水、陸、空公
眾運輸之舟、車、航空機，法定刑為無期徒刑或五年以上有期
徒刑。

本條第2項規定，行為人如果因過失而傾覆或破壞現有人
所在的火車、電車或其他供水、陸、空公眾運輸的舟、車、
航空機，法定刑為處三年以下有期徒刑、拘役或30萬元以下罰
金。

本條第3項規定，本條第1項犯罪的未遂犯，亦須處罰。

關於現有人所在、其他供水、陸、空公眾運輸之舟、車、
航空機的定義，請參閱本書第173條的說明。關於過失，請參
閱本書第14條的說明。關於拘役的定義，請參閱本書第33條的
說明。關於未遂犯，請參閱本書第25條的說明。

第184條（妨害交通工具行駛安全罪）
損壞軌道、燈塔、標識或以他法致生火車、電車或其他供

水、陸、空公眾運輸之舟、車、航空機往來之危險者，處三年以上十年以下有期徒刑。

因而致前項之舟、車、航空機傾覆或破壞者，依前條第一項之規定處斷。

因過失犯第一項之罪者，處二年以下有期徒刑、拘役或二十萬元以下罰金。

第一項之未遂犯罰之。

解說

本條第1項所謂損壞，指對物質為全部或一部的毀損破壞，且其程度須達足以致生往來危險的程度，例如：拆除軌道、打破燈光、破壞標誌等。所謂他法，指除損壞以外，其他足以致生交通工具往來危險的一切方法，例如：在軌道上鋪設石頭、以鋼刀割斷鐵路的號誌線、在航路上設置水雷等。所謂往來之危險，指有使舟、車、航空機等發生衝撞、傾覆、脫軌、沈沒等的危險。

行為人如果故意損壞軌道、燈塔、標識或以他法致生火車、電車或其他供水、陸、空公眾運輸的舟、車、航空機往來的危險，法定刑為三年以上十年以下有期徒刑。

本條第2項規定，行為人如果犯第1項之罪，因而導致前述舟、車、航空機傾覆或破壞，法定刑為無期徒刑或五年以上有期徒刑。

本條第3項規定，行為人如果因「過失」而損壞軌道、燈塔、標識或以他法致生火車、電車或其他供水、陸、空公眾運輸的舟、車、航空機往來的危險，法定刑為二年以下有期徒刑、拘役或20萬元以下罰金。

本條第4項規定，本條第1項犯罪的未遂犯，亦須處罰。

關於其他供水、陸、空公眾運輸之舟、車、航空機的定義，請參閱本書第173條的說明。關於過失，請參閱本書第14條的說明。關於拘役的定義，請參閱本書第33條的說明。關於未遂犯，請參閱本書第25條的說明。

第185條（妨害公眾往來安全罪）

損壞或壅塞陸路、水路、橋樑或其他公眾往來之設備或以他法致生往來之危險者，處五年以下有期徒刑、拘役或一萬五千元以下罰金。

因而致人於死者，處無期徒刑或七年以上有期徒刑；致重傷者，處三年以上十年以下有期徒刑。

第一項之未遂犯罰之。

解說

本條第1項所謂損壞，指對物質為全部或一部的毀損破壞，且其程度須達足以致生往來危險的程度，例如：在馬路上挖坑洞、破壞跨海大橋等。所謂壅塞，指以有形的障礙物堵塞，使其無法往來，例如：以石頭擋住道路、以雜物封鎖港口等。所謂其他公眾往來之設備，如：空中纜車、登山石階、港灣設施等。所謂他法，指損壞、壅塞以外，一切足以致生往來危險的方法，如：在馬路上駕車蛇行飛馳、除去道路警告注意標誌等。

行為人如果損壞或壅塞陸路、水路、橋樑或其他公眾往來的設備或以他法致生往來的危險，法定刑為五年以下有期徒

刑，拘役或1萬5,000元以下罰金。

　　本條第2項規定，行為人如果犯第1項之罪，因而導致他人死亡，法定刑為無期徒刑或七年以上有期徒刑；若是導致他人受重傷，法定刑為三年以上十年以下有期徒刑。

　　本條第3項規定，本條第1項犯罪的未遂犯，亦須處罰。

　　關於往來之危險的定義，請參閱本書第184條的說明。關於拘役的定義，請參閱本書第33條的說明。關於死亡的定義，請參閱本書第271條的說明。關於重傷的定義，請參閱本書第10條的說明。關於未遂犯，請參閱本書第25條的說明。

第185條之1（劫持航空器或其他公眾運輸工具罪）

以強暴、脅迫或其他非法方法劫持使用中之航空器或控制其飛航者，處死刑、無期徒刑或七年以上有期徒刑。其情節輕微者，處七年以下有期徒刑。

因而致人於死者，處死刑或無期徒刑；致重傷者，處死刑、無期徒刑或十年以上有期徒刑。

以第一項之方法劫持使用中供公眾運輸之舟、車或控制其行駛者，處五年以上有期徒刑。其情節輕微者，處三年以下有期徒刑。

因而致人於死者，處無期徒刑或十年以上有期徒刑；致重傷者，處七年以上有期徒刑。

第一項、第三項之未遂犯罰之。

預備犯第一項之罪者，處三年以下有期徒刑。

解說

本條第1項所謂其他非法方法，指強暴、脅迫以外，其他
足以影響正常飛航的一切方法，例如：利用電腦影響航空器的
衛星定位，使其偏離航線。所謂劫持，指將交通工具置於自己
實力支配之下，使其脫離原來使用狀態的行為，例如：持槍脅
迫機長改變飛機降落地。所謂使用中，指地勤人員或空勤人員
為準備飛航而登上航空器起，至航空器降落，乘客及空勤人員
關機並離開航空器止。所謂情節輕微，例如：謊稱包有垃圾的
盒子為炸彈，以此脅迫機長，劫持飛機。

行為人如果以強暴、脅迫或其他非法方法劫持使用中的航
空器或控制其飛航，法定刑為死刑、無期徒刑或七年以上有期
徒刑；如果情節輕微，法定刑為七年以下有期徒刑。

本條第2項規定，行為人如果犯第1項之罪，因而導致他人
死亡，法定刑為死刑或無期徒刑；如果因而導致他人受重傷，
法定刑為死刑、無期徒刑或十年以上有期徒刑。

本條第3項規定，行為人如果以強暴、脅迫或其他非法方法
劫持使用中供公眾運輸之舟、車或控制其行駛，法定刑為五年
以上有期徒刑；如果情節輕微，法定刑為三年以下有期徒刑。

本條第4項規定，行為人如果犯第3項之罪，因而導致他人
死亡，法定刑為無期徒刑或十年以上有期徒刑；如果因而導致
他人受重傷，法定刑為七年以上有期徒刑。

本條第5項規定，本條第1項劫持航空器罪及第3項劫持其
他公眾運輸工具罪的未遂犯，亦須處罰。

本條第6項規定，本條第1項劫持航空器罪的預備犯，法定
刑為三年以下有期徒刑。

關於強暴、脅迫的定義，請參閱本書第135條的說明。

關於死亡的定義，請參閱本書第271條的說明。關於重傷的定義，請參閱本書第10條的說明。關於未遂犯、預備犯，請參閱本書第25條的說明。

第185條之2（危害飛航安全或設施罪）

以強暴、脅迫或其他非法方法危害飛航安全或其設施者，處七年以下有期徒刑、拘役或九十萬元以下罰金。

因而致航空器或其他設施毀損者，處三年以上十年以下有期徒刑。

因而致人於死者，處死刑、無期徒刑或十年以上有期徒刑；致重傷者，處五年以上十二年以下有期徒刑。

第一項之未遂犯罰之。

解說

本條第1項所謂危害飛航安全，例如：阻礙航空站塔臺工作人員對於航空器的指揮調度工作，而危及航空器的飛航及起降安全。

行為人如果以強暴、脅迫或其他非法方法危害飛航安全或其設施，法定刑為七年以下有期徒刑、拘役或90萬元以下罰金。

本條第2項規定，行為人如果犯第1項之罪，因而導致航空器或其他設施毀損，法定刑為三年以上十年以下有期徒刑。

本條第3項規定，行為人如果犯第1項之罪，因而導致他人死亡，法定刑為死刑、無期徒刑或十年以上有期徒刑；因而導致他人受重傷，法定刑為五年以上十二年以下有期徒刑。

本條第4項規定，本條第1項危害飛航安全及設施罪的未遂犯，亦須處罰。

關於強暴、脅迫的定義，請參閱本書第135條的說明。關於其他非法方法的定義，請參閱本書第185條之1的說明。關於死亡的定義，請參閱本書第271條的說明。關於重傷的定義，請參閱本書第10條的說明。關於未遂犯的定義，請參閱本書第25條的說明。

第185條之3（醉態駕駛罪）
駕駛動力交通工具而有下列情形之一者，處三年以下有期徒刑，得併科三十萬元以下罰金：
一、吐氣所含酒精濃度達每公升零點二五毫克或血液中酒精濃度達百分之零點零五以上。
二、有前款以外之其他情事足認服用酒類或其他相類之物，致不能安全駕駛。
三、尿液或血液所含毒品、麻醉藥品或其他相類之物或其代謝物達行政院公告之品項及濃度值以上。
四、有前款以外之其他情事足認施用毒品、麻醉藥品或其他相類之物，致不能安全駕駛。
因而致人於死者，處三年以上十年以下有期徒刑，得併科二百萬元以下罰金；致重傷者，處一年以上七年以下有期徒刑，得併科一百萬元以下罰金。
曾犯本條或陸海空軍刑法第五十四條之罪，經有罪判決確定或經緩起訴處分確定，於十年內再犯第一項之罪因而致人於死者，處無期徒刑或五年以上有期徒刑，得併科三百萬元以下罰金；致重傷者，處三年以上十年以下有期徒刑，得併科二百萬元以下罰金。

解說

本條第1項所謂動力交通工具，指裝有機械動力設備，由引擎驅動的交通工具，如：汽車、機車、飛機、火車、汽艇等。所謂不能安全駕駛，指行為人的身體及精神處於不能安全駕駛的狀態，例如：蛇行、超速、闖紅燈、搖擺不定、語無倫次等，即可認定行為人為不能安全駕駛。

行為人如果駕駛動力交通工具時有下列情形之一，法定刑為三年以下有期徒刑，得併科30萬元以下罰金：

一、酒測時吐氣所含的酒精濃度達到每公升0.25毫克或血液中酒精濃度達到0.05%以上。（俗稱：酒醉駕車）

二、有前款以外的其他情事足以認為服用酒類或其他相類似的物品，導致陷於不能安全駕駛的狀態。例如：喝酒之後，呼氣酒精濃度雖未達每公升0.25毫克，但卻有蛇行、超速、闖紅燈、搖擺不定、語無倫次等不能安全駕駛的情況出現。

三、尿液或血液所含毒品、麻醉藥品或其他相類之物或其代謝物達行政院公告之品項及濃度值以上。

四、有前款以外之其他情事足認施用毒品、麻醉藥品或其他相類之物，致不能安全駕駛。

本條第2項規定，行為人如果因前述酒醉駕車或不安全駕駛的行為，因而致使他人死亡，法定刑為三年以上十年以下有期徒刑，得併科200萬元以下罰金；因而致使他人受重傷害，法定刑為一年以上七年以下有期徒刑，得併科100萬元以下罰金。

行為人有本條或陸海空軍刑法第54條（具軍人身分的醉態駕駛罪，法定刑為三年以下有期徒刑，得併科新臺幣40萬元以

下罰金）的行為，因不能安全駕駛，除有提高發生交通事故的風險外，更有嚴重危及用路人生命身體安全之虞。如果行為人曾因違犯本條，而經法院判決有罪確定或經檢察官為緩起訴處分確定，則其歷此司法程序，應生警惕，強化自我節制能力，以避免再蹈覆轍。如果又於判決確定之日起或緩起訴處分確定之日起十年內，再犯本條之罪，並肇事致人於死或重傷，則行為人顯具有特別的實質惡意，為維護用路人的安全，保障人民生命、身體法益，有針對此類再犯行為提高處罰的必要性，以抑制酒駕等不能安全駕駛行為的社會危害性，因此本條第3項規定，行為人如果曾犯本條或陸海空軍刑法第54條之罪，經有罪判決確定或經緩起訴處分確定，於十年內再犯第1項之罪因而致使他人死亡，法定刑為無期徒刑或五年以上有期徒刑，得併科300萬元以下罰金；因而致使他人受重傷，法定刑為三年以上十年以下有期徒刑，得併科200萬元以下罰金。

另道路交通管理處罰條例第35條規定，汽機車駕駛人，駕駛汽機車經測試檢定有下列情形之一，機車駕駛人處新臺幣1萬5,000元以上9萬元以下罰鍰，汽車駕駛人處新臺幣3萬元以上12萬元以下罰鍰，並均當場移置保管該汽機車及吊扣其駕駛執照一年至二年；附載未滿12歲兒童或因而肇事致人受傷者，並吊扣其駕駛執照二年至四年；致人重傷或死亡者，吊銷其駕駛執照，並不得再考領：

一、酒精濃度超過規定標準。

二、吸食毒品、迷幻藥、麻醉藥品及其相類似之管制藥品。

關於拘役的定義，請參閱本書第33條的說明。關於死亡的定義，請參閱本書第271條的說明。關於重傷的定義，請參閱本書第10條的說明。

第185條之4（肇事逃逸罪）

駕駛動力交通工具發生交通事故，致人傷害而逃逸者，處六月以上五年以下有期徒刑；致人於死或重傷而逃逸者，處一年以上七年以下有期徒刑。

犯前項之罪，駕駛人於發生交通事故致人死傷係無過失者，減輕或免除其刑。

解說

所謂逃逸，指未停留相當時間處理交通事故即行離去現場。

為使傷者於行為人駕駛動力交通工具發生交通事故之初能獲即時救護，行為人應停留在現場，向傷者或警察等有關機關表明身分，並視現場情形通知警察機關處理、協助傷者就醫、對事故現場為必要之處置等。故本條第1項規定，行為人如果駕駛動力交通工具發生交通事故，致使他人受傷，未停留相當時間即行逃逸，法定刑為六月以上五年以下有期徒刑；如果是致使他人死亡或受重傷，法定刑為一年以上七年以下有期徒刑。

為符合憲法第23條比例原則及罪刑相當原則（重罪重罰，輕罪輕罰），本條第2項規定，行為人如果犯第1項之罪，但對於發生交通事故致人死傷，是屬於無過失的情況，則必減輕或免除其刑。

關於動力交通工具的定義，請參閱本書第185條之3的說明。

第186條（單純危險物罪）
未受允准，而製造、販賣、運輸或持有炸藥、棉花藥、雷汞或其他相類之爆裂物或軍用槍砲、子彈而無正當理由者，處二年以下有期徒刑、拘役或一萬五千元以下罰金。

解說

所謂未受允准，指未經政府主管機關允許核准。

行為人如果未受允准且無正當理由，而製造、販賣、運輸或持有炸藥、棉花藥、雷汞或其他相類的爆裂物或軍用槍砲、子彈，法定刑為二年以下有期徒刑、拘役或1萬5,000元以下罰金。

關於爆裂物的定義，請參閱本書第176條的說明。關於拘役的定義，請參閱本書第33條的說明。

第186條之1（使用爆裂物爆炸罪）
無正當理由使用炸藥、棉花藥、雷汞或其他相類之爆裂物爆炸，致生公共危險者，處一年以上七年以下有期徒刑。
因而致人於死者，處無期徒刑或七年以上有期徒刑；致重傷者，處三年以上十年以下有期徒刑。
因過失致炸藥、棉花藥、雷汞或其他相類之爆裂物爆炸而生公共危險者，處二年以下有期徒刑、拘役或一萬五千元以下罰金。
第一項之未遂犯罰之。

解說

本條第1項規定，行為人如果無正當理由而故意使用炸藥、棉花藥、雷汞或其他相類的爆裂物爆炸，致生公共危險，法定刑為一年以上七年以下有期徒刑。

本條第2項規定，行為人如果犯第1項之罪，因而致使他人死亡，法定刑為無期徒刑或七年以上有期徒刑；如果因而致使他人受重傷，法定刑為三年以上十年以下有期徒刑。

本條第3項規定，行為人如果因過失而致使炸藥、棉花藥、雷汞或其他相類的爆裂物爆炸而生公共危險，法定刑為處二年以下有期徒刑、拘役或1萬5,000元以下罰金。

本條第4項規定，本條第1項故意使爆裂物爆炸罪的未遂犯，亦須處罰。

關於爆裂物的定義，請參閱本書第176條的說明。關於公共危險的定義，請參閱本書第174條的說明。關於死亡的定義，請參閱本書第271條的說明。關於重傷的定義，請參閱本書第10條的說明。關於過失的定義，請參閱本書第14條的說明。關於拘役的定義，請參閱本書第33條的說明。關於未遂犯的定義，請參閱本書第25條的說明。

第187條（加重危險物罪）
意圖供自己或他人犯罪之用，而製造、販賣、運輸或持有炸藥、棉花藥、雷汞或其他相類之爆裂物或軍用槍砲、子彈者，處五年以下有期徒刑。

解說

行為人如果主觀上意圖供自己或他人犯罪之用,而在客觀上有製造、販賣、運輸、持有炸藥、棉花藥、雷汞或其他相類爆裂物或軍用槍砲、子彈的行為,法定刑為五年以下有期徒刑。

關於爆裂物的定義,請參閱本書第176條的說明。

第187條之1(非法產銷持有核子原料設備及放射性物質罪)
不依法令製造、販賣、運輸或持有核子原料、燃料、反應器、放射性物質或其原料者,處五年以下有期徒刑。

解說

行為人如果不依照法令而製造、販賣、運輸、持有核子原料、燃料、反應器、放射性物質或其原料,法定刑為五年以下有期徒刑。

第187條之2(放逸核能放射線罪)
放逸核能、放射線,致生公共危險者,處五年以下有期徒刑。
因而致人於死者,處無期徒刑或十年以上有期徒刑;致重傷者,處五年以上有期徒刑。
因過失犯第一項之罪者,處二年以下有期徒刑、拘役或一萬五千元以下罰金。
第一項之未遂犯罰之。

解說

本條第1項規定，行為人如果故意放逸核能、放射線，致生公共危險，法定刑為五年以下有期徒刑。

本條第2項規定，行為人如果犯第1項之罪，因而致使他人死亡，法定刑為無期徒刑或十年以上有期徒刑；如果因而致使他人受重傷，法定刑為五年以上有期徒刑。

本條第3項規定，行為人如果因過失而放逸核能、放射線，致生公共危險，法定刑為二年以下有期徒刑、拘役或1萬5,000元以下罰金。

本條第4項規定，本條第1項故意放逸核能、放射線罪的未遂犯，亦須處罰。

關於公共危險的定義，請參閱本書第174條的說明。關於死亡的定義，請參閱本書第271條的說明。關於重傷的定義，請參閱本書第10條的說明。關於過失，請參閱本書第14條的說明。關於拘役的定義，請參閱本書第33條的說明。關於未遂犯的定義，請參閱本書第25條的說明。

第187條之3（使用放射線致傷及致死罪）

無正當理由使用放射線，致傷害人之身體或健康者，處三年以上十年以下有期徒刑。

因而致人於死者，處無期徒刑或十年以上有期徒刑；致重傷者，處五年以上有期徒刑。

第一項之未遂犯罰之。

解說

本條第1項規定，行為人如果無正當理由而使用放射線，導致他人的身體或健康受到傷害，法定刑為三年以上十年以下有期徒刑。

本條第2項規定，行為人如果犯第1項之罪，因而致使他人死亡，法定刑為無期徒刑或十年以上有期徒刑；如果因而致使他人受重傷，法定刑為五年以上有期徒刑。

本條第3項規定，本條第1項犯罪的未遂犯，亦須處罰。

關於傷害的定義，請參閱本書第277條的說明。關於死亡的定義，請參閱本書第271條的說明。關於重傷的定義，請參閱本書第10條的說明。關於未遂犯的定義，請參閱本書第25條的說明。

第188條（妨害公用事業罪）
妨害鐵路、郵務、電報、電話或供公眾之用水、電氣、煤氣事業者，處五年以下有期徒刑拘役或一萬五千元以下罰金。

解說

所謂妨害，指以一切不正方法使該事業陷於不正常狀態的行為。

行為人如果妨害鐵路、郵務、電報、電話或供公眾的用水、電氣、煤氣等公共事業，法定刑為五年以下有期徒刑拘役或1萬5,000元以下罰金。

關於拘役的定義，請參閱本書第33條的說明。

第189條（損壞保護生命設備危害生命罪）

損壞礦坑、工廠或其他相類之場所內關於保護生命之設備，致生危險於他人生命者，處一年以上七年以下有期徒刑。

因而致人於死者，處無期徒刑或七年以上有期徒刑；致重傷者，處三年以上十年以下有期徒刑。

因過失犯第一項之罪者，處二年以下有期徒刑、拘役或二十萬元以下罰金。

第一項之未遂犯罰之。

解說

本條第1項所謂其他相類場所，指與礦坑、工廠相類似，具有高度危險性，且供多數人集合，進行生產作業的場所，例如：海上鑽油平臺、海底隧道坑洞等。

行為人如果故意損壞礦坑、工廠或其他相類場所內關於保護生命的設備，例如：逃生門、安全梯、防毒面具、氧氣筒、滅火器等，致對他人的生命產生危險，法定刑為一年以上七年以下有期徒刑。

本條第2項規定，行為人如果犯第1項之罪，因而致使他人死亡，法定刑為無期徒刑或七年以上有期徒刑；如果因而致使他人受重傷，法定刑為三年以上十年以下有期徒刑。

本條第3項規定，行為人如果因過失而損壞礦坑、工廠或其他相類場所內關於保護生命的設備，致生危險於他人生命，法定刑為二年以下有期徒刑、拘役或20萬元以下罰金。

本條第4項規定，本條第1項犯罪的未遂犯，亦須處罰。

關於死亡的定義，請參閱本書第271條的說明。關於重傷的定義，請參閱本書第10條的說明。關於過失的定義，請參閱

本書第14條的說明。關於拘役的定義，請參閱本書第33條的說明。關於未遂犯的定義，請參閱本書第25條的說明。

第189條之1（損害保護生命設備危害身體、健康罪）

損壞礦場、工廠或其他相類之場所內關於保護生命之設備或致令不堪用，致生危險於他人之身體健康者，處一年以下有期徒刑、拘役或九千元以下罰金。

損壞前項以外之公共場所內關於保護生命之設備或致令不堪用，致生危險於他人之身體健康者，亦同。

解說

本條第1項規定，行為人如果損壞礦場、工廠或其他相類場所內關於保護生命的設備或致令其不堪使用，致對他人的身體、健康產生危險，法定刑為一年以下有期徒刑、拘役或9,000元以下罰金。

本條第2項所謂公共場所，指多數人共同使用並聚集的場所，如：音樂廳、電影院、圖書館、棒球場等。

行為人如果損壞「礦場、工廠或其他相類場所」以外的公共場所內關於保護生命的設備或致令其不堪使用，致對他人的身體、健康產生危險，法定刑亦為一年以下有期徒刑、拘役或9,000元以下罰金。

關於其他相類之場所的定義，請參閱本書第189條的說明。關於身體、健康的定義，請參閱本書第277條的說明。關於拘役的定義，請參閱本書第33條的說明。

第189條之2（阻塞逃生通道罪）
阻塞戲院、商場、餐廳、旅店或其他公眾得出入之場所或公共場所之逃生通道，致生危險於他人生命、身體或健康者，處三年以下有期徒刑。阻塞集合住宅或共同使用大廈之逃生通道，致生危險於他人生命、身體或健康者，亦同。
因而致人於死者，處七年以下有期徒刑；致重傷者，處五年以下有期徒刑。

解說

　　本條第1項所謂阻塞，指阻斷或壅塞逃生通道，使其喪失逃生功能。所謂其他公眾得出入之場所，指戲院、商場、餐廳、旅店以外，一般公眾得進出的場所，例如：夜店、酒吧、KTV等。

　　行為人如果阻塞戲院、商場、餐廳、旅店或其他公眾得出入的場所或公共場所的逃生通道，如：太平門、消防梯等，致對他人的生命、身體或健康產生危險，法定刑為三年以下有期徒刑。

　　行為人如果阻塞集合住宅或共同使用大廈（如：一般常見的公寓、大廈）的逃生通道，致對他人的生命、身體或健康產生危險，法定刑亦為三年以下有期徒刑。

　　本條第2項規定，行為人如果犯第1項之罪，因而致使他人死亡，法定刑為七年以下有期徒刑；如果因而致使他人受重傷，法定刑為五年以下有期徒刑。

　　關於公共場所的定義，請參閱本書第189條之1的說明。關於身體、健康的定義，請參閱本書第277條的說明。關於死亡的定義，請參閱本書第271條的說明。關於重傷的定義，請參閱本書第10條的說明。

第190條（妨害公眾飲水罪）

投放毒物或混入妨害衛生物品於供公眾所飲之水源、水道或自來水池者，處一年以上七年以下有期徒刑。

因而致人於死者，處無期徒刑或七年以上有期徒刑；致重傷者，處三年以上十年以下有期徒刑。

因過失犯第一項之罪者，處六月以下有期徒刑、拘役或九千元以下罰金。

第一項之未遂犯罰之。

解說

　　本條第1項所謂毒物，指有害於人類生命、身體、健康的毒性物質，如：致命毒藥。

　　行為人如果故意投放毒物或混入妨害衛生物品（如：糞便、垃圾）於供公眾所飲用的水源（如：水井、水庫）、水道（如：自來水管線、下水道）或自來水池（如：大樓水塔、蓄水池），法定刑為一年以上七年以下有期徒刑。

　　本條第2項規定，行為人如果犯第1項之罪，因而致使他人死亡，法定刑為無期徒刑或七年以上有期徒刑；如果因而致使他人受重傷，法定刑為三年以上十年以下有期徒刑。

　　本條第3項規定，行為人如果因過失而投放毒物或混入妨害衛生物品於供公眾飲用的水源、水道或自來水池，法定刑為六月以下有期徒刑、拘役或9,000元以下罰金。

　　本條第4項規定，本條第1項故意妨害公眾飲水罪的未遂犯，亦須處罰。

　　關於死亡的定義，請參閱本書第271條的說明。關於重傷的定義，請參閱本書第10條的說明。關於過失的定義，請參閱

本書第14條的說明。關於拘役的定義，請參閱本書第33條的說明。關於未遂犯的定義，請參閱本書第25條的說明。

第190條之1（投放排逸有毒物罪）
投棄、放流、排出、放逸或以他法使毒物或其他有害健康之物污染空氣、土壤、河川或其他水體者，處五年以下有期徒刑、拘役或科或併科一千萬元以下罰金。
廠商或事業場所之負責人、監督策劃人員、代理人、受僱人或其他從業人員，因事業活動而犯前項之罪者，處七年以下有期徒刑，得併科一千五百萬元以下罰金。
犯第一項之罪，因而致人於死者，處三年以上十年以下有期徒刑；致重傷者，處一年以上七年以下有期徒刑。
犯第二項之罪，因而致人於死者，處無期徒刑或七年以上有期徒刑；致重傷者，處三年以上十年以下有期徒刑。
因過失犯第一項之罪者，處一年以下有期徒刑、拘役或科或併科二百萬元以下罰金。
因過失犯第二項之罪者，處三年以下有期徒刑、拘役或科或併科六百萬元以下罰金。
第一項或第二項之未遂犯罰之。
犯第一項、第五項或第一項未遂犯之罪，其情節顯著輕微者，不罰。

解說

本條第1項所謂的污染，係指各種空氣、土壤、河川或其他水體，因物質、生物或能量之介入，而使其外形變得混濁、

污穢，或使得其物理、化學或生物性質發生變化，或者使已受污染之空氣、土壤、河川或其他水體品質更形惡化之意，並不限於已危害國民健康及生活環境之情形。所謂水體，包含地面水體及地下水體，如：湖泊、海洋、地下水、井水等。

行為人如果投棄、放流、排出、放逸或以他法使含有劇毒的物質或其他有害人體健康的物品，污染空氣、土壤、河川或其他水體，法定刑為五年以下有期徒刑、拘役或科或併科1,000萬元以下罰金。

本條第2項規定，行為人如果是廠商、事業場所的負責人、監督策劃的人員、代理人、受僱人或其他從業人員，因自己事業的活動而犯第1項之罪，法定刑為七年以下有期徒刑，得併科1,500萬元以下罰金。

本條第3項規定，行為人如果犯第1項之罪，因而致使他人死亡，法定刑為三年以上十年以下有期徒刑；如果因而致使他人受重傷，法定刑為一年以上七年以下有期徒刑。

本條第4項規定，行為人如果犯第2項之罪，因而致使他人死亡，法定刑為無期徒刑或七年以上有期徒刑；如果因而致使他人受重傷，法定刑為三年以上十年以下有期徒刑。

本條第5項規定，行為人如果因過失而犯第1項之罪，法定刑為一年以下有期徒刑、拘役或科或併科200萬元以下罰金。

本條第6項規定，行為人如果因過失而犯第2項之罪，法定刑為三年以下有期徒刑、拘役或科或併科600萬元以下罰金。

考量行為人已著手於投棄、放流、排出或放逸毒物或其他有害健康之物於空氣、土壤、河川或其他水體行為之實行，如客觀上不足以認定該行為已使上開客體受到污染，仍不能將行為人繩之以法，難免使行為人心生僥倖，無法達到預防污染空

氣、土壤、河川或其他水體之環境犯罪行為的發生，因此本條第7項規定，本條第1項或第2項犯罪的未遂犯，亦須處罰。

考量對於污染空氣、土壤、河川或其他水體的程度顯然輕微或具社會相當性（例如：將極少量的衣物漂白劑或碗盤洗潔劑倒入河川、湖泊中），其侵害的法益及行為均極輕微，在一般社會倫理觀念上尚難認有科以刑罰的必要，且此項行為不予追訴處罰，亦不違反社會共同生活的法律秩序，自得視為無實質違法性，而不應繩之以法（最高法院74年台上字第4225號判例參照），如科以刑罰顯有違比例原則及罪刑相當原則，原非環境破壞犯罪適用的對象，為免解釋及適用本條污染環境行為時，誤將污染空氣、土壤、河川或其他水體程度顯然輕微的個案納入處罰範圍，故參考德國刑法第326條第6項微量廢棄物不罰規定的類似意旨，於本條第8項規定，排除第1項、第5項或第1項未遂犯程度顯然輕微個案的可罰性。

關於公共危險的定義，請參閱本書第174條的說明。關於死亡的定義，請參閱本書第271條的說明。關於重傷的定義，請參閱本書第10條的說明。關於過失的定義，請參閱本書第14條的說明。關於拘役的定義，請參閱本書第33條的說明。

第191條（製造販賣陳列妨害衛生物品罪）
製造、販賣或意圖販賣而陳列妨害衛生之飲食物品或其他物品者，處六月以下有期徒刑、拘役或科或併科三萬元以下罰金。

解說

所謂妨害衛生之飲食物品，如：腐爛的蔬果、肉類、奶

油等。所謂妨害衛生之其他物品，如：過期變質的化粧品、生銹發霉的玩具等。所謂「科」，指不處有期徒刑或拘役，只處以罰金；所謂「併科」，指除處以徒刑或拘役外，同時處以罰金。

　　行為人如果製造、販賣或意圖販賣而陳列妨害衛生的飲食物品或其他物品，法定刑為六月以下有期徒刑、拘役或科或併科3萬元以下罰金。

　　關於拘役的定義，請參閱本書第33條的說明。

第191條之1（毒化飲食物品罪）

對他人公開陳列、販賣之飲食物品或其他物品滲入、添加或塗抹毒物或其他有害人體健康之物質者，處七年以下有期徒刑。

將已滲入、添加或塗抹毒物或其他有害人體健康之飲食物品或其他物品混雜於公開陳列、販賣之飲食物品或其他物品者，亦同。

犯前二項之罪而致人於死者，處無期徒刑或七年以上有期徒刑；致重傷者，處三年以上十年以下有期徒刑。

第一項及第二項之未遂犯罰之。

解說

　　本條第1項規定，行為人如果對於他人公開陳列、販賣的飲食物品或其他物品滲入、添加或塗抹毒物或其他有害人體健康的物質，法定刑為七年以下有期徒刑。

　　本條第2項所謂混雜，指將已毒化的物品與未毒化的物品

併列雜處的行為。

行為人如果將已經滲入、添加或塗抹毒物或其他有害人體健康的飲食物品或其他物品混雜於已公開陳列、販賣的飲食物品或其他物品，法定刑為七年以下有期徒刑。

本條第3項規定，行為人如果犯第1項、第2項之罪，因而致使他人死亡，法定刑為無期徒刑或七年以上有期徒刑；如果因而致使他人受重傷，法定刑為三年以上十年以下有期徒刑。

本條第4項規定，本條第1項、第2項犯罪的未遂犯，亦須處罰。

關於毒物的定義，請參閱本書第190條的說明。關於死亡的定義，請參閱本書第271條的說明。關於重傷的定義，請參閱本書第10條的說明。關於未遂犯的定義，請參閱本書第25條的說明。

第192條（違背預防傳染病法令罪及散布傳染病菌罪）
違背關於預防傳染病所公布之檢查或進口之法令者，處二年以下有期徒刑、拘役或三萬元以下罰金。
暴露有傳染病菌之屍體，或以他法散布病菌，致生公共危險者，亦同。

解說

本條第1項規定，行為人如果違背關於預防傳染病所公布的檢查法令或進口法令，法定刑為二年以下有期徒刑、拘役或3萬元以下罰金。

本條第2項規定，行為人如果暴露具有傳染病菌的屍體，

或以其他方法散布病菌，致生公共危險，法定刑亦為二年以下
有期徒刑、拘役或3萬元以下罰金。

　　關於拘役的定義，請參閱本書第33條的說明。關於公共危
險的定義，請參閱本書第174條的說明。

第193條（違背建築術成規罪）
承攬工程人或監工人於營造或拆卸建築物時，違背建築術成
規，致生公共危險者，處三年以下有期徒刑、拘役或九萬元
以下罰金。

解說

　　負責承攬工程之人或監督施工之人，如果於營造或拆卸建
築物時，違背建築術的一定成規，致生公共危險，法定刑為三
年以下有期徒刑、拘役或9萬元以下罰金。

　　關於公共危險的定義，請參閱本書第174條的說明。關於
拘役的定義，請參閱本書第33條的說明。

第194條（不履行賑災契約罪）
於災害之際，關於與公務員或慈善團體締結供給糧食或其他
必需品之契約，而不履行或不照契約履行，致生公共危險
者，處五年以下有期徒刑，得併科九萬元以下罰金。

解說

　　所謂災害，指天災地變及一切災害而言。

於災害發生之時，行為人如果故意不履行或不依契約內容履行與公務員或慈善團體所締結的供給糧食或其他必需品的契約，致生公共危險，法定刑為五年以下有期徒刑，得併科9萬元以下罰金。

關於公共危險的定義，請參閱本書第174條的說明。關於併科的定義，請參閱本書第191條的說明。

第二節　侵害公共信用之犯罪

侵害社會法益犯罪的第二小類，為侵害公共信用之犯罪，其內容涵蓋刑法分則第十二章偽造貨幣罪、第十三章偽造有價證券罪、第十四章偽造度量衡罪及第十五章偽造文書印文罪。

偽造貨幣罪、偽造有價證券罪、偽造度量衡罪及偽造文書印文罪，均會危害社會的公共信用，進而影響社會的交易安全及經濟發展，所以基於法益保護原則，為了保護社會公共信用的法益，政府（立法院）可以制定法律，處罰這些行為。

偽造貨幣罪

偽造貨幣罪所侵害的法益為貨幣的公共信用與交易安全。

新自話六法
刑法

第195條（偽造變造通用貨幣罪）

意圖供行使之用，而偽造、變造通用之貨幣、紙幣、銀行券者，處五年以上有期徒刑，得併科十五萬元以下罰金。

前項之未遂犯罰之。

解說

　　本條第1項所謂偽造，指無貨幣製造或發行權的人，製成具有使一般人誤信為真幣外形之物的行為。所謂變造，指無貨幣製造或發行權的人，對於真幣予以加工改造的行為。所謂通用，指在國內具有強制流通使用的效力。若為外國貨幣，如：美金、日幣、歐元，因為其在國內並無強制流通使用的效力，所以僅屬於有價證券的一種，非此所謂貨幣。所謂銀行券，指經政府許可而由銀行發行的貨幣兌換券。

　　行為人如果在主觀上意圖供行使之用，而在客觀上有偽造、變造通用貨幣、紙幣、銀行券的行為，法定刑為五年以上有期徒刑，得併科15萬元以下罰金。

　　本條第2項規定，本條第1項犯罪的未遂犯，亦須處罰。

　　關於併科的定義，請參閱本書第191條的說明。關於未遂犯的定義，請參閱本書第25條的說明。

第196條（行使收集或交付偽造變造通用貨幣罪）

行使偽造、變造之通用貨幣、紙幣、銀行券，或意圖供行使之用而收集或交付於人者，處三年以上十年以下有期徒刑，得併科十五萬元以下罰金。

收受後方知為偽造、變造之通用貨幣、紙幣、銀行券而仍行

使，或意圖供行使之用而交付於人者，處一萬五千元以下罰金。

第一項之未遂犯罰之。

解說

本條第1項所謂行使，指以偽充真，於本條的意義，指將偽造的幣券充作真正，而予以流通使用，如：支付價金、返還債務等。所謂收集，指移歸自己持有支配的一切行為。所謂交付，指明示其為偽造、變造幣券，而移交他人持有。

行為人如果行使偽造、變造的通用貨幣、紙幣、銀行券，或在主觀上意圖供行使之用而在客觀上有收集偽幣或交付偽幣於他人的行為，法定刑為三年以上十年以下有期徒刑，得併科15萬元以下罰金。

本條第2項規定，行為人如果是在不知情的情況下收受偽造、變造的通用幣券，事後發現其為偽造、變造，為了避免蒙受損失，而有行使偽造幣券的行為或在主觀上意圖供他人行使之用而在客觀上有交付偽幣於他人的行為，法定刑均為1萬5,000元以下罰金。

本條第3項規定，本條第1項犯罪的未遂犯，亦須處罰。

關於偽造、變造、通用、銀行券的定義，請參閱本書第195條的說明。關於併科的定義，請參閱本書第191條的說明。關於未遂犯的定義，請參閱本書第25條的說明。

第197條（減損通用貨幣罪）

意圖供行使之用而減損通用貨幣之分量者，處五年以下有期

徒刑，得併科九萬元以下罰金。

前項之未遂犯罰之。

解說

本條第1項所謂減損通用貨幣之分量，指不變更硬幣的外形，只削減其分量，尚得供行使之用。

行為人如果在主觀上意圖供行使之用，而在客觀上有減損通用貨幣分量的行為，法定刑為五年以下有期徒刑，得併科9萬元以下罰金。

本條第2項規定，本條第1項犯罪的未遂犯，亦須處罰。

關於通用的定義，請參閱本書第195條的說明。關於併科的定義，請參閱本書第191條的說明。關於未遂犯的定義，請參閱本書第25條的說明。

第198條（行使減損通用幣罪）

行使減損分量之通用貨幣，或意圖供行使之用而收集或交付於人者，處三年以下有期徒刑，得併科三萬元以下罰金。

收受後方知為減損分量之通用貨幣而仍行使，或意圖供行使之用而交付於人者，處三千元以下罰金。

第一項之未遂犯罰之。

解說

本條第1項規定，行為人如果行使減損分量的通用貨幣，或在主觀上意圖供行使之用而在客觀上收集或交付減損分量的通用貨幣於他人，法定刑均為三年以下有期徒刑，得併科3萬

元以下罰金。

本條第2項規定，行為人如果是在不知情的情況下收受減損分量的通用貨幣，事後發現實情，為了避免蒙受損失，而有行使該減損分量通用貨幣的行為或在主觀上意圖供他人行使之用而在客觀上交付該貨幣於他人，法定刑均為3,000元以下罰金。

本條第3項規定，本條第1項犯罪的未遂犯，亦須處罰。

關於通用的定義，請參閱本書第195條的說明。關於收集、交付的定義，請參閱本書第196條的說明。關於併科的定義，請參閱本書第191條的說明。關於未遂犯的定義，請參閱本書第25條的說明。

第199條（預備偽造變造幣券或減損貨幣罪）
意圖供偽造、變造通用之貨幣、紙幣、銀行券或意圖供減損通用貨幣分量之用，而製造、交付或收受各項器械、原料者處五年以下有期徒刑，得併科三萬元以下罰金。

解說

行為人如果主觀上意圖供作偽造、變造通用貨幣、紙幣、銀行券之用，或供作減損通用貨幣分量之用，而在客觀上製造、交付或收受各種器械（如：影印機、鑄造機）、原料（如：紙張、油墨、金屬），法定刑均為五年以下有期徒刑，得併科3萬元以下罰金。

關於偽造、變造、通用、銀行券的定義，請參閱本書第195條的說明。關於減損通用貨幣分量的定義，請參閱本書第

197條的說明。關於併科的定義，請參閱本書第191條的說明。

第200條（沒收物之特例）
偽造、變造之通用貨幣、紙幣、銀行券，減損分量之通用貨幣及前條之器械原料，不問屬於犯人與否，沒收之。

解說

　　本章犯罪中，偽造、變造的通用貨幣、紙幣、銀行券，減損分量的通用貨幣及第199條的器械原料等，不問是否屬於犯人所有，一律沒收。

　　關於沒收的定義，請參閱本書第33條至第40條之2的說明。

偽造有價證券罪

　　偽造有價證券罪所侵害的法益為在經濟交易上具有重要性之財產權利書證（即有價證券）的安全性與正確性。

第201條（偽造變造行使有價證券罪）
意圖供行使之用，而偽造、變造公債票、公司股票或其他有價證券者，處三年以上十年以下有期徒刑，得併科九萬元以下罰金。
行使偽造、變造之公債票、公司股票或其他有價證券，或意圖供行使之用而收集或交付於人者，處一年以上七年以下有期徒刑，得併科九萬元以下罰金。

解說

本條第1項所謂公債票，指政府為補助國庫，向人民募集公債時，所發行的債券。所謂公司股票，指公司為表彰股東權利而發行的證券。所謂其他有價證券，指公債票、公司股票以外，其他一切足以表彰財產權的證券，其特性為權利人於行使或處分證券上所載明的權利時，以占有證券為必要，例如：匯票、本票、支票、倉單、提貨單、獎券、載貨證券、外國貨幣、提糧單、加油票、外國公債券、外國公司股票等。

行為人如果主觀上意圖供行使之用，而在客觀上偽造、變造公債票、公司股票或其他有價證券，法定刑為三年以上十年以下有期徒刑，得併科9萬元以下罰金。

本條第2項規定，行為人如果行使偽造、變造的公債票、公司股票或其他有價證券，或在主觀上意圖供行使之用而在客觀上收集、交付偽造、變造的有價證券於他人，法定刑均為一年以上七年以下有期徒刑，得併科9萬元以下罰金。

關於偽造、變造的定義，請參閱本書第195條的說明。關於行使、收集、交付的定義，請參閱本書第196條的說明。關於併科的定義，請參閱本書第191條的說明。

第201條之1（偽造變造行使支付工具罪）

意圖供行使之用，而偽造、變造信用卡、金融卡、儲值卡或其他相類作為簽帳、提款、轉帳或支付工具之電磁紀錄物者，處一年以上七年以下有期徒刑，得併科九萬元以下罰金。

行使前項偽造、變造之信用卡、金融卡、儲值卡或其他相類

作為簽帳、提款、轉帳或支付工具之電磁紀錄物，或意圖供
行使之用，而收受或交付於人者，處五年以下有期徒刑，得
併科九萬元以下罰金。

解說

　　本條第1項所謂信用卡，指持卡人憑發卡銀行的信用，向
特約第三人（通常為店家）取得金錢、物品、勞務或其他利
益，而得延後或依其他約定方式清償帳款所使用的卡片。所謂
金融卡，指持卡人在金融單位帳戶（如：銀行帳戶、農會帳
戶、郵局帳戶等）中存有存款，得就此存款額度內至自動提款
機提款或轉帳所使用的卡片。所謂儲值卡，指持卡人支付小額
交易（如：搭乘交通工具、撥打公用電話等）時所使用的卡
片。所謂電磁紀錄物，指存有電磁紀錄的物品，亦即存有「以
電子、磁性、光學或其他相類之方式所製成，而供電腦處理之
紀錄」的物品。

　　行為人如果在主觀上意圖供行使之用，而在客觀上偽造、
變造信用卡、金融卡、儲值卡或其他相類作為簽帳、提款、轉
帳或支付工具的電磁紀錄物，法定刑為一年以上七年以下有期
徒刑，得併科9萬元以下罰金。

　　本條第2項規定，行為人如果行使第1項偽造、變造的信用
卡、金融卡、儲值卡或其他相類作為簽帳、提款、轉帳或支付
工具的電磁紀錄物，或在主觀上意圖供行使之用而在客觀上收
受或交付第1項偽造、變造的卡片或電磁紀錄物於他人，法定
刑為五年以下有期徒刑，得併科9萬元以下罰金。

　　關於偽造、變造的定義，請參閱本書第195條的說明。關
於行使、交付的定義，請參閱本書第196條的說明。關於併科

的定義，請參閱本書第191條的說明。

第202條（郵票印花稅票之偽造變造與行使塗抹罪）

意圖供行使之用，而偽造、變造郵票或印花稅票者，處六月以上五年以下有期徒刑，得併科三萬元以下罰金。

行使偽造、變造之郵票或印花稅票，或意圖供行使之用而收集或交付於人者，處三年以下有期徒刑，得併科三萬元以下罰金。

意圖供行使之用，而塗抹郵票或印花稅票上之註銷符號者，處一年以下有期徒刑、拘役或九千元以下罰金；其行使之者，亦同。

解說

本條第1項所謂印花稅票，指由政府發行，證明稅款已繳的印紙。

行為人如果在主觀上意圖供行使之用，而在客觀上偽造、變造郵票或印花稅票，法定刑為六月以上五年以下有期徒刑，得併科3萬元以下罰金。

本條第2項規定，行為人如果行使偽造、變造的郵票或印花稅票，或在主觀上意圖供行使之用而在客觀上收集或交付郵票或印花稅票於他人，法定刑為三年以下有期徒刑，得併科3萬元以下罰金。

本條第3項所謂註銷符號，指為了表示郵票或印花稅票已經因使用而作廢，在其上蓋用的符號。

行為人如果在主觀上意圖供行使之用，而在客觀上塗抹

郵票或印花稅票上的註銷符號，法定刑為一年以下有期徒刑、拘役或9,000元以下罰金；行為人如果行使該等郵票或印花稅票，法定刑亦同。

　　關於偽造、變造的定義，請參閱本書第195條的說明。關於行使、交付的定義，請參閱本書第196條的說明。關於併科的定義，請參閱本書第191條的說明。關於拘役的定義，請參閱本書第33條的說明。

第203條（偽造變造及行使往來客票罪）
意圖供行使之用，而偽造、變造船票、火車、電車票或其他往來客票者，處一年以下有期徒刑、拘役或九千元以下罰金；其行使之者，亦同。

解說

　　所謂其他往來客票，指除船票、火車票、電車票以外，用以證明往來運費已付的一切證券，例如：飛機票、公車票等。

　　行為人如果在主觀上意圖供行使之用，而在客觀上偽造、變造船票、火車、電車票或其他往來客票，法定刑為一年以下有期徒刑、拘役或9,000元以下罰金；行為人如果行使偽造、變造的船票、火車、電車票或其他往來客票，法定刑亦同。

　　關於偽造、變造的定義，請參閱本書第195條的說明。關於行使的定義，請參閱本書第196條的說明。關於拘役的定義，請參閱本書第33條的說明。

第204條（預備偽造變造有價證券或支付工具罪）

意圖供偽造、變造有價證券、郵票、印花稅票、信用卡、金融卡、儲值卡或其他相類作為簽帳、提款、轉帳或支付工具之電磁紀錄物之用，而製造、交付或收受各項器械、原料、或電磁紀錄者，處二年以下有期徒刑，得併科一萬五千元以下罰金。

從事業務之人利用職務上機會犯前項之罪者，加重其刑至二分之一。

解說

　　本條第1項規定，行為人如果主觀上意圖供偽造、變造「有價證券、郵票、印花稅票、信用卡、金融卡、儲值卡或其他相類作為簽帳、提款、轉帳或支付工具的電磁紀錄物」之用，而在客觀上製造、交付或收受各項相關器械、原料或電磁紀錄，法定刑為二年以下有期徒刑，得併科1萬5,000元以下罰金。

　　本條第2項規定，從事業務之人如果利用職務上的機會犯第1項之罪，法定刑加重至二分之一。

　　關於偽造、變造的定義，請參閱本書第195條的說明。關於有價證券的定義，請參閱本書第201條的說明。關於印花稅票的定義，請參閱本書第202條的說明。關於信用卡、金融卡、儲值卡或電磁紀錄物的定義，請參閱本書第201條之1的說明。關於交付的定義，請參閱本書第196條的說明。關於電磁紀錄的定義，請參閱本書第10條的說明。關於併科的定義，請參閱本書第191條的說明。

第205條（本章犯罪之物之沒收）

偽造、變造之有價證券、郵票、印花稅票、信用卡、金融卡、儲值卡或其他相類作為提款、簽帳、轉帳或支付工具之電磁紀錄物及前條之器械原料及電磁紀錄，不問屬於犯人與否，沒收之。

解說

　　偽造、變造的有價證券、郵票、印花稅票、信用卡、金融卡、儲值卡或其他相類作為提款、簽帳、轉帳或支付工具的電磁紀錄物以及第204條的相關器械、原料及電磁紀錄，不問是否屬於犯人，一律沒收之。

　　關於偽造、變造的定義，請參閱本書第195條的說明。關於有價證券的定義，請參閱本書第201條的說明。關於印花稅票的定義，請參閱本書第202條的說明。關於信用卡、金融卡、儲值卡或電磁紀錄物的定義，請參閱本書第201條之1的說明。關於電磁紀錄的定義，請參閱本書第10條的說明。關於沒收的定義，請參閱本書第38條至第40條之2的說明。

偽造度量衡罪

　　偽造度量衡罪所侵害的法益為公共信用與交易安全。

第206條（偽造變更度量衡定程罪）

意圖供行使之用，而製造違背定程之度量衡，或變更度量衡之定程者，處一年以下有期徒刑、拘役或九千元以下罰金。

解說

所謂定程，指度量衡法所規定的標準。所謂「度」，指計算長度的標準，以公尺為一單位；所謂「量」，指計算容量的標準，以公升為一單位；所謂「衡」，指計算重量的標準，以公斤為一單位。所謂度量衡，指尺、桶、秤等。

行為人如果在主觀上意圖供行使之用，而在客觀上製造違背度量衡法所規定標準的度量衡（例如：製作以90公分為一公尺的鐵尺），或將符合度量衡法所規定標準的度量衡加以變更改造（例如：將原本100公分為一公尺的鐵尺改為90公分為一公尺），就會成立本罪，法定刑為一年以下有期徒刑、拘役或9,000元以下罰金。

關於行使的定義，請參閱本書第196條的說明。關於拘役的定義，請參閱本書第33條的說明。

第207條（販賣違背定程之度量衡罪）
意圖供行使之用，而販賣違背定程之度量衡者，處六月以下有期徒刑、拘役或九千元以下罰金。

解說

行為人如果在主觀上意圖供行使之用，而在客觀上販賣違背度量衡法所規定標準的度量衡，法定刑為六月以下有期徒刑、拘役或9,000元以下罰金。

關於度量衡的定義，請參閱本書第206條的說明。關於拘役的定義，請參閱本書第33條的說明。

第208條（行使違背定程之度量衡罪）

行使違背定程之度量衡者，處九千元以下罰金。

從事業務之人，關於其業務犯前項之罪者，處六月以下有期徒刑、拘役或一萬五千元以下罰金。

解說

　　本條第1項規定，行為人如果行使違背度量衡法所規定標準的度量衡，法定刑為9,000元以下罰金。

　　本條第2項規定，從事業務之人，於執行業務時，行使違背定程的度量衡（例如：木材商在販賣木材時，故意使用90公分為一公尺的尺來計算長度），法定刑為六月以下有期徒刑、拘役或1萬5,000元以下罰金。

　　關於行使的定義，請參閱本書第196條的說明。關於度量衡的定義，請參閱本書第206條的說明。關於拘役的定義，請參閱本書第33條的說明。

第209條（沒收物）

違背定程之度量衡，不問屬於犯人與否，沒收之。

解說

　　違背度量衡法所規定標準的度量衡，不論是否屬於犯人，一律沒收之。

　　關於度量衡的定義，請參閱本書第206條的說明。關於沒收的定義，請參閱本書第34條的說明。

偽造文書印文罪

　　偽造文書印文罪所侵害的法益為文書在法律交往中的安全性與可靠性。

第210條（偽造變造私文書罪）
偽造、變造私文書，足以生損害於公眾或他人者，處五年以下有期徒刑。

解說

　　本條所謂偽造，指無製作權限的人冒用他人名義而製作文書。所謂變造，指無製作權限的人就他人所製作的文書予以變更內容。所謂私文書，指公文書（公務員職務上製作的文書）以外的一切文書，例如：統一發票、借據上的簽名、罰單受通知者簽收欄上的簽名等。所謂足以生損害於公眾或他人，指所偽造或變造的文書內容與真實不符，有可能造成公眾或他人的損害。

　　行為人如果偽造、變造私文書，且內容不實，足以生損害於公眾或他人，法定刑為五年以下有期徒刑。

　　關於文書的定義，請參閱本書第220條的說明。

第211條（偽造變造公文書罪）
偽造、變造公文書，足以生損害於公眾或他人者，處一年以上七年以下有期徒刑。

解說

所謂公文書，指公務員職務上製作的文書，例如：戶籍謄本、土地謄本、罰單收據、經濟部商品檢驗合格證書等。

行為人如果偽造、變造公文書，足以生損害於公眾或他人，法定刑為一年以上七年以下有期徒刑。

關於偽造、變造、足以生損害於公眾或他人的定義，請參閱本書第210條的說明。關於文書的定義，請參閱本書第220條的說明。

第212條（偽造變造特種文書罪）

偽造、變造護照、旅券、免許證、特許證及關於品行、能力、服務或其他相類之證書、介紹書，足以生損害於公眾或他人者，處一年以下有期徒刑、拘役或九千元以下罰金。

解說

所謂護照，指外交部發給人民以供其出國查驗的身分證明，例如：出國護照。所謂旅券，指旅行用的書證，例如：通行證。所謂免許證，指免除一定手續或義務的證書，例如：免用統一發票憑證、免稅憑證等。所謂特許證，指政府特別允准特定人得享有一定資格或權利的證書，例如：專利證書、專賣憑證、行車執照、槍枝執照等。所謂關於品行、能力、服務或其他相類之證書、介紹書，例如：畢業證書、成績單、身分證、考試及格證書、退役證明等。

行為人如果偽造、變造護照、旅券、免許證、特許證及關於品行、能力、服務或其他相類的證書、介紹書，且內容不

實，足以生損害於公眾或他人，法定刑為一年以下有期徒刑、拘役或9,000元以下罰金。

關於偽造、變造、足以生損害於公眾或他人的定義，請參閱本書第210條的說明。關於拘役的定義，請參閱本書第33條的說明。

第213條（公文書不實登載罪）
公務員明知為不實之事項，而登載於職務上所掌之公文書，足以生損害於公眾或他人者，處一年以上七年以下有期徒刑。

解說

所謂明知，指行為人對於該不實的事項，具有刑法第13條第1項的直接故意，也就是行為人明知該事項在客觀上違反真實。所謂登載，指有權製作公文書的公務員，將虛偽不實的事項記載於公文書的行為。

公務員如果明知為不實事項，而將該事項登載於其職務上所掌的公文書，足以生損害於公眾或他人，法定刑為一年以上七年以下有期徒刑。

須注意的是，如果行為人是「無權」製作公文書的人，而在公文書上為虛偽不實的記載，則應成立刑法第211條偽造公文書罪，而非成立本條不實登載公文書罪。

關於公務員、公文書的定義，請參閱本書第10條的說明。關於文書的定義，請參閱本書第220條的說明。關於直接故意的定義，請參閱本書第13條的說明。關於足以生損害於公眾或他人的定義，請參閱本書第210條的說明。

第214條（使公務員登載不實罪）

明知為不實之事項，而使公務員登載於職務上所掌之公文書，足以生損害於公眾或他人者，處三年以下有期徒刑、拘役或一萬五千元以下罰金。

解說

　　行為人如果明知為不實的事項，而使公務員登載該事項於其職務上所掌的公文書，並足生損害於公眾或他人，例如：行為人明知殘障手冊並未遺失，卻向政府申請遺失換發新證，其法定刑為三年以下有期徒刑、拘役或1萬5,000元以下罰金。

　　關於公務員、公文書的定義，請參閱本書第10條的說明。關於文書的定義，請參閱本書第220條的說明。關於明知、登載的定義，請參閱本書第213條的說明。關於足以生損害於公眾或他人的定義，請參閱本書第210條的說明。關於拘役的定義，請參閱本書第33條的說明。

第215條（業務上文書不實登載罪）

從事業務之人，明知為不實之事項，而登載於其業務上作成之文書，足以生損害於公眾或他人者，處三年以下有期徒刑、拘役或一萬五千元以下罰金。

解說

　　從事業務之人如果明知為不實的事項，而仍登載該事項於其業務上作成的文書，並足生損害於公眾或他人，例如：商店老闆在開立收據時，故意將金額多填1,000元，以方便消費者

核銷、醫生故意開立虛假的診斷證明，以利病人請假等，其法定刑為三年以下有期徒刑、拘役或1萬5,000元以下罰金。

關於明知、登載的定義，請參閱本書第213條的說明。關於文書的定義，請參閱本書第220條的說明。關於足以生損害於公眾或他人的定義，請參閱本書第210條的說明。關於拘役的定義，請參閱本書第33條的說明。

第216條（行使偽造變造或登載不實之文書罪）
行使第二百十條至第二百十五條之文書者，依偽造、變造文書或登載不實事項或使登載不實事項之規定處斷。

解說

行為人如果行使刑法第210條至第215條偽造、變造的文書，其法定刑與各該偽造、變造文書罪或登載不實事項罪或使公務員登載不實事項罪的法定刑相同。

關於文書的定義，請參閱本書第220條的說明。

第217條（偽造盜用印章印文或署押罪）
偽造印章、印文或署押，足以生損害於公眾或他人者，處三年以下有期徒刑。
盜用印章、印文或署押，足以生損害於公眾或他人者，亦同。

解說

本條第1項所謂偽造,指無權限的人擅自製作他人的印章、印文或署押。所謂印章,指刻有文字或符號而能顯出印文的物體。所謂印文,指印章蓋用後所顯現的文字或符號。所謂署押,指署名畫押,包括簽名、按捺指印或以其他符號代替簽名。

行為人如果偽造印章、印文或署押,足以生損害於公眾或他人,法定刑為三年以下有期徒刑。

本條第2項所謂盜用,指無使用權的人,未經本人同意而擅自使用其印章、印文或署押的行為。

行為人如果盜用印章、印文或署押,足以生損害於公眾或他人,法定刑亦為三年以下有期徒刑。

關於足以生損害於公眾或他人的定義,請參閱本書第210條的說明。

第218條 (偽造盜用公印或公印文罪)
偽造公印或公印文者,處五年以下有期徒刑。
盜用公印或公印文足以生損害於公眾或他人者,亦同。

解說

本條第1項所謂公印,指表示政府機關或公務資格的印信。所謂公印文,指公印蓋用後所顯現的印文。

行為人如果偽造公印或公印文,法定刑為五年以下有期徒刑。

本條第2項規定,行為人如果盜用公印或公印文,足以生

損害於公眾或他人，法定刑亦同。

關於偽造、盜用的定義，請參閱本書第217條的說明。關於足以生損害於公眾或他人的定義，請參閱本書第210條的說明。

第219條（沒收之特例）
偽造之印章、印文或署押，不問屬於犯人與否，沒收之。

解說

偽造的印章、印文或署名畫押，不論是否屬於犯人，一律沒收之。

關於沒收的定義，請參閱本書第38條至第40條之2的說明。

第220條（準文書）
在紙上或物品上之文字、符號、圖畫、照像，依習慣或特約，足以為表示其用意之證明者，關於本章及本章以外各罪，以文書論。
錄音、錄影或電磁紀錄，藉機器或電腦之處理所顯示之聲音、影像或符號，足以為表示其用意之證明者，亦同。

解說

刑法上的文書，依學說見解，具有三大功能，即保證功能、穩固功能及證明功能。所謂保證功能，指文書的作成名義人擔保文書的內容是由其所表示，且要對文書內容的真實性負

責，此又稱為文書的「名義性」特徵。所謂穩固功能，指文書的思想表示必須附著在有體物之上（此又稱為「有體性」特徵）且能夠持續一段時間（此又稱為「持續性」特徵），並具有視覺上的可辨識性（此又稱為「文字性」特徵）。所謂證明功能，指文書的思想表示內容必須能夠證明一定的法律關係或社會活動中的重要事實，此又稱為文書的「意思性」特徵。本章所謂的文書，原則上都必須具備前述三種功能，如果欠缺其一，則不屬於文書。

本條第1項規定，在紙上或物品上的文字、符號、圖畫、照像，依習慣或特約，如果足以為表示其用意之證明，關於本章及本章以外各罪，仍以文書論。換言之，雖然無法直接從該文字、符號、圖畫、照像中認定何人為作成名義人（欠缺名義性特徵）或所要證明的事實為何（欠缺意思性特徵），但是如果依習慣或特約，可得知何人為作成名義人或所要證明的事實為何，則仍可將其視為文書，所以此又稱為「準文書」，例如：稅務機關蓋於物品上，證明已繳納稅款的稅戳、紅十字會會員徽章證書、機車引擎號碼、行動電話的序號等均屬之。

本條第2項規定，錄音、錄影或電磁紀錄，藉機器或電腦的處理所顯示的聲音、影像或符號，如果足以為表示其用意之證明，亦可視為文書。此規定是將原本欠缺「視覺上可辨識性」（即無法透過人的視覺直接辨識其思想表示的內容；屬於文書的「穩固功能」中的「文字性特徵」）的錄音、錄影或電磁紀錄，亦視為文書，此為「準文書」的第二種類型。

關於電磁紀錄的定義，請參閱本書第10條的說明。

第三節　侵害善良風俗之犯罪

　　侵害社會法益犯罪的第三小類，為侵害善良風俗之犯罪，其內容涵蓋刑法分則第十六章之一妨害風化罪、第十七章妨害婚姻及家庭罪、第十八章褻瀆祀典及侵害墳墓屍體罪、第十九章妨害農工商罪、第二十章鴉片罪及第二十一章賭博罪。

　　前述犯罪均會危害社會的善良風俗，所以基於法益保護原則，為了保護社會善良風俗的法益，政府（立法院）可以制定法律，處罰這些行為。

　　至於第十六章妨害性自主罪，本屬於侵害個人法益犯罪中的侵害自由法益之犯罪，但為方便讀者能依照刑法條文的編排順序閱讀本書，故於此將先行說明第221條至第229條之1的妨害性自主罪。

妨害性自主罪

　　妨害性自主罪所侵害的法益為個人的性行為決定自由（性自主權）。

第221條（強制性交罪）
對於男女以強暴、脅迫、恐嚇、催眠術或其他違反其意願之方法而為性交者，處三年以上十年以下有期徒刑。
前項之未遂犯罰之。

解說

　　本條第1項所謂強暴，指施以有形的強制力。所謂脅迫，指施以無形的強制力，以現在施以惡害的通知，使被害人心生恐懼的行為。所謂恐嚇，指施以無形的強制力，以未來施以惡害的通知，使被害人心生恐懼的行為。脅迫與恐嚇的不同在於，脅迫的惡害通知為「現在」，所以較具急迫性；恐嚇的惡害通知為「未來」，所以較不具急迫性。所謂催眠術，指使人喪失知覺而進入昏睡且無自主能力狀態的方法。所謂其他違反其意願之方法，指與前述方法相似而具強制性質的方法。

　　行為人如果對於男女以強暴、脅迫、恐嚇、催眠術或其他違反其意願的方法而為性交行為，法定刑為三年以上十年以下有期徒刑。

　　本條第2項規定，本條第1項犯罪的未遂犯，亦須處罰。

　　關於性交的定義，請參閱本書第10條的說明。關於未遂犯的定義，請參閱本書第25條的說明。

第222條（加重強制性交罪）

犯前條之罪而有下列情形之一者，處七年以上有期徒刑：

一、二人以上共同犯之。

二、對未滿十四歲之男女犯之。

三、對精神、身體障礙或其他心智缺陷之人犯之。

四、以藥劑犯之。

五、對被害人施以凌虐。

六、利用駕駛供公眾或不特定人運輸之交通工具之機會犯之。

七、侵入住宅或有人居住之建築物、船艦或隱匿其內犯之。

八、攜帶兇器犯之。

九、對被害人為照相、錄音、錄影或散布、播送該影像、聲音、電磁紀錄。

前項之未遂犯罰之。

解說

　　本條第1項第4款所謂藥劑，指足使人喪失抵抗力或知覺的藥物。本條第1項第5款所謂凌虐，指凌辱虐待，亦即使被害人精神或肉體感受到相當痛苦的行為。本條第1項第6款所謂供公眾運輸之交通工具，例如：公車、火車、捷運、飛機等。所謂供不特定人（不一定是誰）運輸之交通工具，例如：計程車。本條第1項第8款所謂兇器，指依其原本的使用方式及性質，本即具有危險性的器物，例如：小刀、剪刀等；反之，例如：皮帶、鋼筆等，尚須透過人力加以特別使用才會具有危險性，則非兇器。

　　行為人於犯刑法第221條強制性交罪時，如果同時具備第222條第1項所列各款情事之一，法定刑加重為七年以上有期徒刑。

　　本條第2項規定，本條第1項犯罪的未遂犯，亦須處罰。

　　關於未遂犯的定義，請參閱本書第25條的說明。

第223條（刪除）

第224條（強制猥褻罪）

對於男女以強暴、脅迫、恐嚇、催眠術或其他違反其意願之方法，而為猥褻之行為者，處六月以上五年以下有期徒刑。

解說

　　行為人如果對於男女以強暴、脅迫、恐嚇、催眠術或其他違反其意願的方法，而為猥褻行為，法定刑為六月以上五年以下有期徒刑。

　　關於強暴、脅迫、恐嚇、催眠術、其他違反其意願之方法的定義，請參閱本書第221條的說明。關於猥褻的定義，請參閱本書第231條的說明。

第224條之1（加重強制猥褻罪）

犯前條之罪而有第二百二十二條第一項各款情形之一者，處三年以上十年以下有期徒刑。

解說

　　行為人於犯刑法第224條強制猥褻罪時，如果同時具備第222條第1項所列各款情事之一，法定刑加重為三年以上十年以下有期徒刑。

第225條（乘機性交猥褻罪）

對於男女利用其精神、身體障礙、心智缺陷或其他相類之情形，不能或不知抗拒而為性交者，處三年以上十年以下有期

徒刑。

對於男女利用其精神、身體障礙、心智缺陷或其他相類之情形，不能或不知抗拒而為猥褻之行為者，處六月以上五年以下有期徒刑。

第一項之未遂犯罰之。

解說

本條第1項所謂利用，指被害人原本即處於不能或不知抗拒的狀態，行為人得知後乘機進行犯罪。所謂其他相類之情形，例如：因病喪失意識、因意外而昏迷不醒、酒醉等。

行為人如果利用男女因精神障礙、身體障礙、心智缺陷或其他相類的情形而陷於不能或不知抗拒的狀態，而乘機對其為性交行為，法定刑為三年以上十年以下有期徒刑；如果是對其為猥褻行為，法定刑為六月以上五年以下有期徒刑。

本條第2項規定，本條第1項犯罪的未遂犯，亦須處罰。

關於性交的定義，請參閱本書第10條的說明。關於猥褻的定義，請參閱本書第231條的說明。關於未遂犯的定義，請參閱本書第25條的說明。

第226條（侵害性自主致加重結果罪）

犯第二百二十一條、第二百二十二條、第二百二十四條、第二百二十四條之一或第二百二十五條之罪，因而致被害人於死者，處無期徒刑或十年以上有期徒刑；致重傷者，處十年以上有期徒刑。

因而致被害人羞忿自殺或意圖自殺而致重傷者，處十年以上有期徒刑。

解說

　　本條第1項規定，行為人如果因為犯第221條強制性交罪、第222條加重強制性交罪、第224條強制猥褻罪、第224條之1加重強制猥褻罪、第225條乘機性交猥褻罪，而導致被害人死亡，例如：以強暴手段與被害人性交，為防止其呼喊而以毛巾塞住其嘴巴，行為結束後，發現被害人已氣絕身亡，法定刑為無期徒刑或十年以上有期徒刑；如果因而導致被害人受重傷，法定刑為十年以上有期徒刑。

　　本條第2項規定，行為人的犯罪行為如果並未直接導致被害人死亡或受重傷，而是事後致使被害人因羞愧忿恨而自殺，或意圖自殺致受重傷，法定刑為十年以上有期徒刑。

　　關於死亡的定義，請參閱本書第271條的說明。關於重傷的定義，請參閱本書第10條的說明。

第226條之1（妨害性自主罪結合犯）

犯第二百二十一條、第二百二十二條、第二百二十四條、第二百二十四條之一或第二百二十五條之罪，而故意殺害被害人者，處死刑或無期徒刑；使被害人受重傷者，處無期徒刑或十年以上有期徒刑。

解說

　　行為人如果犯第221條強制性交罪、第222條加重強制性交罪、第224條強制猥褻罪、第224條之1加重強制猥褻罪或第225條乘機性交猥褻罪，而故意殺害被害人，法定刑為死刑或無期徒刑；行為人如果故意使被害人受重傷，法定刑為無期徒刑或

十年以上有期徒刑。

關於死亡的定義，請參閱本書第271條的說明。關於重傷的定義，請參閱本書第10條的說明。

第227條（與未成年人性交猥褻罪）

對於未滿十四歲之男女為性交者，處三年以上十年以下有期徒刑。

對於未滿十四歲之男女為猥褻之行為者，處六個月以上五年以下有期徒刑。

對於十四歲以上未滿十六歲之男女為性交者，處七年以下有期徒刑。

對於十四歲以上未滿十六歲之男女為猥褻之行為者，處三年以下有期徒刑。

第一項、第三項之未遂犯罰之。

解說

本條第1項規定，行為人與未滿14歲的男女合意為性交行為，法定刑為三年以上十年以下有期徒刑。

本條第2項規定，行為人與未滿14歲的男女合意為猥褻行為，法定刑為六個月以上五年以下有期徒刑。

本條第3項規定，行為人與14歲以上未滿16歲的男女合意為性交行為，法定刑為七年以下有期徒刑。

本條第4項規定，行為人與14歲以上未滿16歲的男女合意為猥褻行為，法定刑為三年以下有期徒刑。

本條第5項規定，本條第1項及第3項犯罪的未遂犯，均須處罰。

關於性交的定義，請參閱本書第10條的說明。關於猥褻的定義，請參閱本書第231條的說明。關於未遂犯的定義，請參閱本書第25條的說明。

第227條之1（未成年人之減免）
十八歲以下之人犯前條之罪者，減輕或免除其刑。

解說

第227條犯罪的行為人，如果是18歲以下（含18歲）的人，「必」減輕或免除其刑。

第228條（利用權勢性交猥褻罪）
對於因親屬、監護、教養、教育、訓練、救濟、醫療、公務、業務或其他相類關係受自己監督、扶助、照護之人，利用權勢或機會為性交者，處六個月以上五年以下有期徒刑。
因前項情形而為猥褻之行為者，處三年以下有期徒刑。
第一項之未遂犯罰之。

解說

本條第1項所謂親屬，指尊親屬對卑親屬或家長對家屬，例如：父親對女兒。所謂監護，指民法第1091條對於未成年人的監護及民法第1110條對於成年人的監護。所謂教養，例如：師父對徒弟。所謂訓練，例如：訓練中心的講師對學員。所謂救濟，例如：收容中心負責人對被收容人。所謂醫療，例如：醫師對病人。所謂公務，例如：行政長官對部屬。所謂業務，

例如：老闆對員工。所謂利用權勢，指行為人利用自己足以影響被害人地位、職務、升遷、成績、受教育機會或接受醫療機會的權力，使被害人在承受心理壓力的狀態下，同意與行為人發生性交行為。

　　行為人如果對於因親屬、監護、教養、教育、訓練、救濟、醫療、公務、業務或其他相類關係受自己監督、扶助、照護的人，利用權勢或機會為性交行為，例如：指導教授利用自己具有影響研究生畢業與否的權勢，使研究生在心理壓力下，同意與指導教授發生性交行為，法定刑為六個月以上五年以下有期徒刑。

　　本條第2項規定，行為人如果利用權勢或機會為猥褻行為，法定刑為三年以下有期徒刑。

　　本條第3項規定，本條第1項犯罪的未遂犯，亦須處罰。

　　關於性交的定義，請參閱本書第10條的說明。關於猥褻的定義，請參閱本書第231條的說明。關於未遂犯的定義，請參閱本書第25條的說明。

第229條（詐術性交罪）
以詐術使男女誤信為自己配偶，而聽從其為性交者，處三年以上十年以下有期徒刑。
前項之未遂犯罰之。

解說

　　本條第1項所謂詐術，指將不正確的訊息傳達給他人，使其陷於錯誤的行為。

　　行為人如果以詐術使男女誤信行為人為其配偶，而聽任行為人與其為性交行為，例如：雙胞胎哥哥假冒成弟弟，與弟媳發生性行為，法定刑為三年以上十年以下有期徒刑。

　　本條第2項規定，本條第1項犯罪的未遂犯，亦須處罰。

　　關於性交的定義，請參閱本書第10條的說明。關於猥褻的定義，請參閱本書第231條的說明。關於未遂犯的定義，請參閱本書第25條的說明。

第229條之1（告訴乃論）
對配偶犯第二百二十一條、第二百二十四條之罪者，或未滿十八歲之人犯第二百二十七條之罪者，須告訴乃論。

解說

　　行為人如果對於配偶犯第221條強制性交罪或第224條強制猥褻罪，屬於告訴乃論之罪。

　　未滿18歲的人犯第227條與未成年人性交猥褻罪，亦屬於告訴乃論之罪。

　　關於告訴乃論的定義，請參閱本書第236條的說明。

妨害風化罪

　　妨害風化罪所侵害的法益為社會的倫理秩序與善良風俗。

第230條（血親性交罪）
與直系或三親等內旁系血親為性交者，處五年以下有期徒刑。

解說

所謂直系血親，指己身所從出或從己身所出的血親，例如：祖父、祖母、外祖父、外祖母、父、母等與自己之間，即屬於直系血親；又如：自己與子、女、孫子、孫女、外孫、外孫女等之間，亦屬於直系血親。所謂旁系血親，指非直系血親，而與己身出於同源的血親。例如：自己與兄、弟、姊、妹之間，因為均出於同源的血親（父、母），所以屬於旁系血親。

至於親等的計算方式，如果是直系血親，應從己身上下數，以一世為一親等，例如：自己與父，只隔一世，所以為一親等直系血親；自己與外祖父，隔了二世，所以為二親等直系血親。如果是旁系血親，應從己身數至同源的直系血親，再由同源的直系血親，數至與其計算親等的血親，以其總世數為親等之數，例如：自己與哥哥的親等，應該從自己數至父親，再由父親數至哥哥，總世數為二世，所以是二親等旁系血親；自己與伯父的親等，應該從自己數至祖父（二世），再由祖父數至伯父（一世），總世數為三世，所以是三親等旁系血親。

行為人如果與直系血親或三親等內旁系血親為性交之行為，法定刑為五年以下有期徒刑。

關於性交的定義，請參閱本書第10條的說明。

第231條（媒介性交及猥褻罪）
意圖使男女與他人為性交或猥褻之行為，而引誘、容留或媒介以營利者，處五年以下有期徒刑，得併科十萬元以下罰金。以詐術犯之者，亦同。
公務員包庇他人犯前項之罪者，依前項之規定加重其刑至二分之一。

解說

本條第1項所謂猥褻之行為，指在客觀上（對一般人而言）足以刺激、興奮或滿足性慾的行為，例如：愛撫下體、舔觸胸部等。所謂引誘，指勸導或誘惑原本無意與他人為性交、猥褻行為的人，與他人為性交或猥褻行為。所謂容留，指提供處所，容許他人停留其間，使其得以為性交或猥褻行為。所謂媒介，指居間介紹，使他人因介紹而能與另外的人為性交或猥褻行為。所謂營利，指取得財產利益的行為。所謂詐術，指將不正確的訊息傳達給他人，使其陷於錯誤的行為。

行為人如果在主觀上意圖使男、女與他人為性交或猥褻行為，而在客觀上有引誘、容留、媒介或實施詐術的行為，並因此取得財產利益，法定刑為五年以下有期徒刑，得併科十萬元以下罰金。

本條第2項所謂包庇，指包容庇護，亦即保障他人的犯罪不致被阻撓或發覺，或是從旁予以便利援助。

行為人如果是公務員，而包庇他人犯本條第1項之罪，其法定刑加重至二分之一，亦即七年六個月以下有期徒刑，得併科15萬元以下罰金。

關於性交、公務員的定義，請參閱本書第10條的說明。關

於併科的定義，請參閱本書第191條的說明。

第231條之1（意圖營利強制使人為性交或猥褻行為罪）

意圖營利，以強暴、脅迫、恐嚇、監控、藥劑、催眠術或其他違反本人意願之方法使男女與他人為性交或猥褻之行為者，處七年以上有期徒刑，得併科三十萬元以下罰金。

媒介、收受、藏匿前項之人或使之隱避者，處一年以上七年以下有期徒刑。

公務員包庇他人犯前二項之罪者，依各該項之規定加重其刑至二分之一。

第一項之未遂犯罰之。

解說

本條第1項所謂強暴，指施以有形的強制力。所謂脅迫，指施以無形的強制力，亦即以現在施以惡害的通知，使被害人心生恐懼的行為。所謂恐嚇，指施以無形的強制力，亦即以將來施以惡害的通知，使被害人心生恐懼的行為；相較於脅迫，恐嚇較不具急迫性。所謂藥劑，指足使人喪失抵抗力或知覺的藥物。所謂催眠術，指使人喪失知覺而進入昏睡且無自主能力狀態的方法。所謂其他違反本人意願之方法，指與強暴、脅迫、恐嚇、監控、藥劑、催眠術等方法性質接近，而違反本人意願的強制方法。

行為人如果主觀上意圖取得財產利益，而在客觀上以強暴、脅迫、恐嚇、監控、藥劑、催眠術或其他違反本人意願的方法，強制男、女與他人為性交或猥褻行為，法定刑為七年以

上有期徒刑，得併科30萬元以下罰金。

本條第2項所謂媒介，指居間介紹。所謂收受，指從他人之處將男、女移置自己實力支配之下。所謂藏匿，指將其隱藏，使他人不能或難於發現。所謂使之隱避，指以藏匿以外的方法，使其隱藏逃避的一切行為。

行為人如果媒介、收受、藏匿第1項被強制的人或使其隱避，法定刑為一年以上七年以下有期徒刑。

本條第3項規定，行為人如果是公務員，而包庇他人犯本條第1項、第2項之罪，法定刑依各項犯罪原定的法定刑加重至二分之一。

本條第4項規定，本條第1項犯罪的未遂犯，亦須處罰。

關於性交的定義，請參閱本書第10條的說明。關於猥褻、包庇的定義，請參閱本書第231條的說明。關於併科的定義，請參閱本書第191條的說明。

第232條（有監督照顧義務者加重規定）
對於第二百二十八條所定受自己監督、扶助、照護之人，或夫對於妻，犯第二百三十一條第一項、第二百三十一條之一第一項、第二項之罪者，依各該條項之規定加重其刑至二分之一。

解說

行為人如果對於因親屬、監護、教養、教育、訓練、救濟、醫療、公務、業務或其他相類關係受自己監督、扶助、照護的人，或是先生對於妻子，犯刑法第231條第1項媒介性交、

猥褻罪、第231條之1第1項意圖營利強制使人為性交、猥褻罪或同條第2項媒介、收受、藏匿、隱避被強制之人罪，法定刑依各項犯罪原定的法定刑加重至二分之一。

第233條（媒介未成年人性交猥褻罪）
意圖使未滿十六歲之男女與他人為性交或猥褻之行為，而引誘、容留或媒介之者，處五年以下有期徒刑、拘役或一萬五千元以下罰金。以詐術犯之者，亦同。
意圖營利犯前項之罪者，處一年以上七年以下有期徒刑，得併科十五萬元以下罰金。

解說

　　本條第1項所謂未滿16歲，指實歲未滿16歲，例如：民國82年1月1日出生之人，於民國97年2月1日時，實歲為15歲一個月，而非16歲（16歲為虛歲）。

　　行為人如果在主觀上意圖使未滿16歲的男、女與他人為性交或猥褻行為，而在客觀上有引誘、容留、媒介、實施詐術的行為，法定刑為五年以下有期徒刑、拘役或1萬5,000元以下罰金。

　　本條第2項規定，行為人如果在主觀上意圖取得財產利益且意圖使未滿16歲的男、女與他人為性交或猥褻行為，而在客觀上有引誘、容留、媒介、實施詐術的行為，法定刑為一年以上七年以下有期徒刑，得併科15萬元以下罰金。

　　關於性交的定義，請參閱本書第10條的說明。關於猥褻、引誘、容留、媒介、詐術之定義，請參閱本書第231條的說

明。關於併科的定義，請參閱本書第191條的說明。關於拘役的定義，請參閱本書第33條的說明。

第234條（公然猥褻罪）
意圖供人觀覽，公然為猥褻之行為者，處一年以下有期徒刑、拘役或九千元以下罰金。
意圖營利犯前項之罪者，處二年以下有期徒刑、拘役或科或併科三萬元以下罰金。

解說

　　本條第1項規定，行為人如果在主觀上意圖供他人觀覽，而在客觀上公然為猥褻的行為，法定刑為一年以下有期徒刑、拘役或9,000元以下罰金。

　　本條第2項規定，行為人如果在主觀上意圖取得財產利益且意圖供他人觀覽，而在客觀上公然為猥褻的行為，法定刑為二年以下有期徒刑、拘役或科或併科3萬元以下罰金。

　　關於公然的定義，請參閱本書第118條的說明。關於猥褻的定義，請參閱本書第231條的說明。關於併科的定義，請參閱本書第191條的說明。關於拘役的定義，請參閱本書第33條的說明。

第235條（散布猥褻物罪）
散布、播送或販賣猥褻之文字、圖畫、聲音、影像或其他物品，或公然陳列，或以他法供人觀覽、聽聞者，處二年以下

有期徒刑、拘役或科或併科九萬元以下罰金。

意圖散布、播送、販賣而製造、持有前項文字、圖畫、聲音、影像及其附著物或其他物品者，亦同。

前二項之文字、圖畫、聲音或影像之附著物及物品，不問屬於犯人與否，沒收之。

解說

本條第1項所謂散布，指對不特定人或多數人為無償的交付。所謂播送，指以機械設備使不特定人或多數人收聽收看的行為。所謂公然陳列，指置於不特定人或多數人可得觀覽的狀態。所謂他法，指與散布、播送、販賣、公然陳列等方法性質接近，其他足以使不特定人或多數人觀覽、聽聞的公然方法。

依釋字第617號解釋文，行為人如果對含有暴力、性虐待或人獸性交等而無藝術性、醫學性或教育性價值之猥褻資訊（包括：文字、圖畫、聲音、影像）或物品為傳布（包括：散布、播送、販賣、公然陳列、他法），使不特定人或多數人觀覽、聽聞；或對其他客觀上足以刺激或滿足性慾，而令一般人感覺不堪呈現於眾或不能忍受而排拒的猥褻資訊或物品，未採取適當的安全隔絕措施而傳布，使不特定人或多數人觀覽、聽聞，例如：在社群媒體公開發布成人影片，法定刑為二年以下有期徒刑、拘役或科或併科9萬元以下罰金。

本條第2項所謂附著物，指聲音、影像所附著之物，例如：光碟片、錄影帶等。

行為人如果在主觀上意圖散布、播送、販賣第1項的猥褻物品，而在客觀上製造、持有第1項的猥褻文字、圖畫、聲音、影像及其附著物或其他物品，法定刑亦為二年以下有期徒

刑、拘役或科或併科9萬元以下罰金。

　　本條第3項規定，本條第1項、第2項的猥褻文字、圖畫、聲音或影像的附著物及物品，不問是否屬於犯人，一律沒收之。

　　關於併科的定義，請參閱本書第191條的說明。關於拘役的定義，請參閱本書第33條的說明。關於沒收的定義，請參閱本書第38條至第40條之2的說明。

第236條（告訴乃論）
第二百三十條之罪，須告訴乃論。

解說

　　第230條的血親性交罪，必須由有權提出告訴者提出告訴，檢察官才會偵查、起訴，法院才會審判。所謂告訴，指有權提出告訴者向偵查機關申告犯罪事實並請求訴追。依據刑事訴訟法第234條的規定，刑法第230條犯罪的有權提出告訴者，指：一、行為人的直系血親尊親屬，如：行為人的父、母、祖父、祖母等；二、行為人的配偶或配偶的直系血親尊親屬，如：行為人的妻子、岳父（妻子的父）、岳母（妻子的母）等。

　　刑法規定的犯罪，除非特別規定為告訴乃論之罪，否則原則上均屬於非告訴乃論之罪（一般所稱的「公訴罪」是錯誤用語）。告訴乃論之罪必須由被害人或有權提出告訴者提出告訴，國家才會追訴、審判；非告訴乃論之罪無須由任何人提出告訴，國家就必須追訴、審判。一般而言，侵害人格或身分法

益程度較輕微的犯罪，如：誹謗罪、公然侮辱罪、普通傷害罪、過失傷害罪、妨害秘密罪、通姦罪等，均屬於告訴乃論之罪；而侵害法益程度較重大，且與公益有關的犯罪，如：殺人罪、強制性交罪、公共危險罪、內亂罪、外患罪、公然猥褻罪、散布猥褻物品罪等，則屬於非告訴乃論之罪。

須注意的是，一般民眾常誤將非告訴乃論之罪稱為「公訴罪」，但這是錯誤的用法。在刑事訴訟法上，只要是由檢察官擔任原告的訴訟，就屬於公訴程序，其相對概念為由被害人或告訴權人自行擔任原告的自訴程序。不論是公訴或自訴程序，起訴的內容均可包括刑法上的告訴乃論之罪及非告訴乃論之罪，因此直接以「公訴罪」來表示「非告訴乃論之罪」的內涵，並不正確。

妨害婚姻及家庭罪

妨害婚姻及家庭罪所侵害的法益為家庭結構的安全及家庭對於子女的監督權。

> **第237條**（重婚罪）
> 有配偶而重為婚姻或同時與二人以上結婚者，處五年以下有期徒刑。相婚者亦同。

解說

所謂有配偶，指行為人已經結婚，且婚姻關係尚在存續

中。所謂結婚，依民法第982條的規定，應以書面為之，且必須有二人以上證人的簽名，並經由雙方當事人向戶政機關辦理結婚登記。所謂重為婚姻，指行為人已有婚姻，後又與配偶以外的第三人結婚。所謂同時與二人以上結婚，指行為人本無婚姻，但卻同時與二人以上結婚。所謂相婚者，指與重婚者結婚的人。

　　行為人如果已有婚姻而與配偶以外的第三人結婚，或是同時與二個人以上結婚，會成立重婚罪，法定刑為五年以下有期徒刑。與重婚者結婚的相婚者，法定刑亦同。

第238條（詐術結婚罪）

以詐術締結無效或得撤銷之婚姻，因而致婚姻無效之裁判或撤銷婚姻之裁判確定者，處三年以下有期徒刑。

解說

　　所謂詐術，指將不正確的訊息傳達給他人，使其陷於錯誤的行為。所謂無效之婚姻，依據民法第988條的規定，指：一、結婚不具備「應以書面為之，有二人以上證人的簽名，並由雙方當事人向戶政機關為結婚登記」的形式要件；二、違反近親不能結婚的規定；三、違反不得重婚及不得同時與二人以上結婚的規定。所謂得撤銷之婚姻，指具備民法第989條、第991條、第995條至第997條所規定得撤銷婚姻事由的婚姻，例如：未達法定結婚年齡等。所謂裁判確定，指該案件經法院裁定或判決，依法不得再上訴。

行為人如果以詐術與他人締結無效或得撤銷的婚姻，並因而導致法院作出婚姻無效裁判或撤銷婚姻裁判，且該裁判業經確定，不得上訴，法定刑為三年以下有期徒刑。

第239條（刪除）

第240條（和誘罪）
和誘未成年人脫離家庭或其他有監督權之人者，處三年以下有期徒刑。
和誘有配偶之人脫離家庭者，亦同。
意圖營利，或意圖使被誘人為猥褻之行為或性交，而犯前二項之罪者，處六月以上五年以下有期徒刑，得併科五十萬元以下罰金。
前三項之未遂犯罰之。

解說

本條第1項所謂和誘，指透過強暴、脅迫、詐術以外的方法，對被誘人施以引誘，使其同意，而將被誘人置於自己實力支配之下。所謂脫離，指被誘人與其家庭或其他有監督權的人（如：監護人）完全斷絕聯絡，亦即家庭或有監督權的人陷於無法對被誘人行使親權或監護權的狀態。

行為人如果和誘未成年人脫離家庭或其他有監督權的人，成立和誘罪，法定刑為三年以下有期徒刑。

　　本條第2項規定，行為人如果和誘已經結婚的人脫離其家庭，法定刑亦為三年以下有期徒刑。

　　本條第3項規定，行為人如果在主觀上意圖取得財產利益或是意圖使被誘人與自己或他人為猥褻或性交行為，而在客觀上有本條第1項、第2項的和誘行為，其法定刑加重至六月以上五年以下有期徒刑，得併科50萬元以下罰金。

　　本條第4項規定，本條第1項至第3項犯罪的未遂犯，亦須處罰。

　　關於有配偶的定義，請參閱本書第237條的說明。關於猥褻的定義，請參閱本書第231條的說明。關於性交的定義，請參閱本書第10條的說明。關於併科的定義，請參閱本書第191條的說明。關於未遂犯的定義，請參閱本書第25條的說明。

第241條（略誘罪）

略誘未成年人脫離家庭或其他有監督權之人者，處一年以上七年以下有期徒刑。

意圖營利，或意圖使被誘人為猥褻之行為或性交，而犯前項之罪者，處三年以上十年以下有期徒刑，得併科二百萬元以下罰金。

和誘未滿十六歲之人，以略誘論。

前三項之未遂犯罰之。

解說

　　本條第1項所謂略誘，指透過強暴、脅迫、詐術等方法，直接違反被誘人的意思，而將被誘人置於自己實力支配之下。

行為人如果略誘未成年人脫離家庭或其他有監督權的人，成立略誘罪，法定刑為一年以上七年以下有期徒刑。

本條第2項規定，行為人如果在主觀上意圖取得財產利益或是意圖使被誘人與自己或他人為猥褻或性交行為，而在客觀上有第1項略誘行為，法定刑加重至三年以上十年以下有期徒刑，得併科200萬元以下罰金。

本條第3項規定行為人如果和誘未滿16歲的男女脫離家庭或其他有監督權的人，視為成立略誘罪，而非僅成立和誘罪。

本條第4項規定，本條第1項至第3項犯罪的未遂犯，亦須處罰。

關於脫離的定義，請參閱本書第240條的說明。關於猥褻的定義，請參閱本書第231條的說明。關於性交的定義，請參閱本書第10條的說明。關於併科的定義，請參閱本書第191條的說明。關於未遂犯的定義，請參閱本書第25條的說明。

第242條（移送被誘人出國罪）
移送前二條之被誘人出中華民國領域外者，處無期徒刑或七年以上有期徒刑。
前項之未遂犯罰之。

解說

行為人如果移送第240條、第241條的被誘人出我國領域之外，法定刑為無期徒刑或七年以上有期徒刑。

本條第2項規定，本條第1項犯罪的未遂犯，亦須處罰。

關於未遂犯的定義，請參閱本書第25條的說明。

第243條（藏匿被誘人罪）

意圖營利、或意圖使第二百四十條或第二百四十一條之被誘人為猥褻之行為或性交，而收受、藏匿被誘人或使之隱避者，處六月以上五年以下有期徒刑，得併科一萬五千元以下罰金。

前項之未遂犯罰之。

解說

行為人如果在主觀上意圖營利，或是意圖使第240條或第241條的被誘人為猥褻或性交行為，而在客觀上有收受、藏匿被誘人或使其隱避的行為，法定刑為六月以上五年以下有期徒刑，得併科1萬5,000元以下罰金。

本條第2項規定，本條第1項犯罪的未遂犯，亦須處罰。

關於收受、藏匿、使之隱避的定義，請參閱本書第231條之1的說明。關於併科的定義，請參閱本書第191條的說明。關於未遂犯的定義，請參閱本書第25條的說明。

第244條（減刑之特例）

犯第二百四十條至第二百四十三條之罪，於裁判宣告前送回被誘人或指明所在地因而尋獲者，得減輕其刑。

解說

所謂裁判宣告前，指法院最終審裁判宣告以前。

犯刑法第240條至第243條犯罪的行為人，如果能在該案件

的裁判宣告以前，送回被誘人或指明其所在地並因而尋獲，「得」減輕其法定刑。

關於減刑，請參閱本書第64條至第73條的說明。

第245條（告訴乃論與不得告訴）
第二百三十八條、第二百四十條第二項之罪，須告訴乃論。

解說

本條第1項規定，刑法第238條的詐術結婚罪、第239條的通姦罪及相姦罪、第240條第2項的和誘有配偶之人脫離家庭罪，均屬於告訴乃論之罪。

關於告訴乃論的定義，請參閱本書第236條的說明。

褻瀆祀典及侵害墳墓屍體罪

褻瀆祀典及侵害墳墓屍體罪所侵害的法益為宗教信仰自由。

第246條（侮辱宗教建築物或紀念場所罪、妨害祭禮罪）
對於壇廟、寺觀、教堂、墳墓或公眾紀念處所，公然侮辱者，處六月以下有期徒刑、拘役或九千元以下罰金。
妨害喪、葬、祭禮、說教、禮拜者，亦同。

解說

　　本條第1項所謂壇廟、寺觀、教堂均為宗教建築物，是信徒舉行宗教活動的場所。所謂公眾紀念處所，指一切供公眾紀念之建築物，例如：二二八紀念公園、國父紀念館等。

　　行為人如果對於壇廟、寺觀、教堂、墳墓、公眾紀念處所，公然為侮辱的行為，法定刑為六月以下有期徒刑、拘役或9,000元以下罰金。

　　本條第2項所謂喪，指喪禮。所謂葬，指葬禮。所謂祭禮，指祭祀天地、神明、祖先等的儀式。所謂說教，指解說宗教教義的行為。所謂禮拜，指對於天地、神明、祖先等，表明崇敬意思的動作。

　　行為人如果妨害喪、葬、祭禮、說教、禮拜，法定刑亦為六月以下有期徒刑、拘役或9,000元以下罰金。

　　關於公然、侮辱的定義，請參閱本書第140條的說明。關於拘役的定義，請參閱本書第33條的說明。

第247條（侵害屍體遺骨遺髮殮物遺灰罪）
損壞、遺棄、污辱或盜取屍體者，處六月以上五年以下有期徒刑。
損壞、遺棄或盜取遺骨、遺髮、殮物或火葬之遺灰者，處五年以下有期徒刑。
前二項之未遂犯罰之。

解說

　　本條第1項所謂損壞，指損傷、破壞屍體。所謂遺棄，指

不依習俗埋葬屍體。所謂污辱，指污穢、侮辱屍體。所謂盜取，指以不法方法將屍體移入自己實力支配下。所謂屍體，指人死後的遺骸，且其筋絡尚未分離，如果已經蛻化分離，則為遺骨、遺髮。

行為人如果損壞、遺棄、污辱或盜取屍體，法定刑為六月以上五年以下有期徒刑。

本條第2項所謂遺骨，指屍體蛻化後殘存的骸骨。所謂遺髮，指屍體蛻化後殘存的毛髮。所謂殮物，指與屍體共同埋葬的物品。所謂火葬之遺灰，指屍體經火葬焚化後殘存的灰燼。

行為人如果損壞、遺棄或盜取遺骨、遺髮、殮物或火葬的遺灰，法定刑為五年以下有期徒刑。

本條第3項規定，本條第1項、第2項犯罪的未遂犯，亦須處罰。

關於未遂犯的定義，請參閱本書第25條的說明。

第248條（發掘墳墓罪）
發掘墳墓者，處六月以上五年以下有期徒刑。
前項之未遂犯罰之。

解說

本條第1項所謂發掘，指除去墳墓上的覆土或墓石，而暴露屍棺的行為。

行為人如果發掘墳墓，法定刑為六月以上五年以下有期徒刑。

本條第2項規定，本條第1項犯罪的未遂犯，亦須處罰。

新白話六法
刑法

關於未遂犯的定義，請參閱本書第25條的說明。

第249條（發掘墳墓結合罪）
發掘墳墓而損壞、遺棄、污辱或盜取屍體者，處三年以上十年以下有期徒刑。
發掘墳墓而損壞、遺棄、或盜取遺骨、遺髮、殮物或火葬之遺灰者，處一年以上七年以下有期徒刑。

解說

　　本條第1項規定，行為人如果發掘墳墓，並損壞、遺棄、污辱或盜取屍體，法定刑為三年以上十年以下有期徒刑。

　　本條第2項規定，行為人如果發掘墳墓，並損壞、遺棄或盜取遺骨、遺髮、殮物或火葬的遺灰，法定刑為一年以上七年以下有期徒刑。

　　關於發掘的定義，請參閱本書第248條的說明。關於損壞、遺棄、污辱、盜取、屍體、遺骨、遺髮、殮物、火葬之遺灰的定義，請參閱本書第247條的說明。

第250條（侵害直系血親尊親屬屍體墳墓罪）
對於直系血親尊親屬犯第二百四十七條至第二百四十九條之罪者，加重其刑至二分之一。

解說

　　行為人如果對於自己的直系血親尊親屬（如：自己的祖

父、祖母、外祖父、外祖母、父、母等）犯第247條至第249條
之罪，法定刑加重至各該犯罪法定刑的二分之一。

妨害農工商罪

　　妨害農工商罪所侵害的法益為農工商業的經濟活動。

第251條（妨害販運農工物品罪）

意圖抬高交易價格，囤積下列物品之一，無正當理由不應市
銷售者，處三年以下有期徒刑、拘役或科或併科三十萬元以
下罰金：

一、糧食、農產品或其他民生必需之飲食物品。

二、種苗、肥料、原料或其他農業、工業必需之物品。

三、前二款以外，經行政院公告之生活必需用品。

以強暴、脅迫妨害前項物品之販運者，處五年以下有期徒
刑、拘役或科或併科五十萬元以下罰金。

意圖影響第一項物品之交易價格，而散布不實資訊者，處二
年以下有期徒刑、拘役或科或併科二十萬元以下罰金。

以廣播電視、電子通訊、網際網路或其他傳播工具犯前項之
罪者，得加重其刑至二分之一。

第二項之未遂犯罰之。

解說

　　本條第1項規定，行為人如果意圖抬高交易價格，囤積下

列物品之一,無正當理由而不在市場上銷售,法定刑為三年以下有期徒刑、拘役或科或併科30萬元以下罰金:

一、糧食、農產品或其他民生必需之飲食物品。

二、種苗、肥料、原料或其他農業、工業必需之物品。

三、前二款以外,經行政院公告之生活必需用品。

　　本條第2項規定,行為人如果以強暴、脅迫妨礙阻害前項民生、農工必需物品的販賣及運送,法定刑為五年以下有期徒刑、拘役或科或併科50萬元以下罰金。

　　本條第3項規定,行為人如果意圖影響第1項物品的交易價格,而散布不實資訊,法定刑為二年以下有期徒刑、拘役或科或併科20萬元以下罰金。

　　以廣播電視、電子通訊、網際網路或其他傳播工具等傳播方式,同時或長期對社會多數公眾發送訊息傳送影響物價的不實資訊,往往造成廣大民眾恐慌及市場交易動盪更鉅,故本條第4項規定,行為人如果以廣播電視、電子通訊、網際網路或其他傳播工具犯第3項之罪,得加重其刑至二分之一。

　　本條第5項規定,本條第2項的未遂犯,亦須處罰。

　　關於強暴、脅迫的定義,請參閱本書第135條的說明。關於詐術的定義,請參閱本書第238條的說明。關於拘役的定義,請參閱本書第33條的說明。關於未遂犯的定義,請參閱本書第25條的說明。

第252條 （妨害農事水利罪）
意圖加損害於他人而妨害其農事上之水利者,處二年以下有期徒刑、拘役或九千元以下罰金。

解說

　　所謂妨害他人農事上之水利，例如：阻塞水道而使他人的田畝無河水灌溉。

　　行為人如果主觀上意圖加損害於他人，而在客觀上妨礙阻害其農事上的水利，法定刑為二年以下有期徒刑、拘役或9,000元以下罰金。

　　關於拘役的定義，請參閱本書第33條的說明。

第253條（偽造仿造商標商號罪）
意圖欺騙他人而偽造或仿造已登記之商標、商號者，處二年以下有期徒刑、拘役或併科九萬元以下罰金。

解說

　　所謂欺騙他人，指傳遞不實的訊息使他人陷於錯誤。所謂偽造，指無製作權人製造形式上與他人「完全相同」的商標、商號，而足使一般人誤認其為真正。所謂仿造，指無製作權人製造形式上與他人「類似」的商標、商號，而足使一般人誤認其為真正。所謂已登記，指該商標已依商標法完成註冊或該商號已依商業登記法完成登記。所謂商標，指商人用以表彰其商品的標誌、文字或圖形。所謂商號，指商人用以表彰其營業的名稱。

　　行為人如果意圖欺騙他人而偽造或仿造已依法登記的商標、商號，法定刑為二年以下有期徒刑、拘役或併科9萬元以下罰金。

　　另商標法第95條規定：「未得商標權人或團體商標權人同

意，有下列情形之一，處三年以下有期徒刑、拘役或科或併科新臺幣二十萬元以下罰金：一、於同一商品或服務，使用相同於註冊商標或團體商標之商標者。二、於類似之商品或服務，使用相同於註冊商標或團體商標之商標，有致相關消費者混淆誤認之虞者。三、於同一或類似之商品或服務，使用近似於註冊商標或團體商標之商標，有致相關消費者混淆誤認之虞者。意圖供自己或他人用於與註冊商標或團體商標同一商品或服務，未得商標權人或團體商標權人同意，為行銷目的而製造、販賣、持有、陳列、輸出或輸入附有相同或近似於註冊商標或團體商標之標籤、吊牌、包裝容器或與服務有關之物品者，處一年以下有期徒刑、拘役或科或併科新臺幣五萬元以下罰金。前項之行為透過電子媒體或網路方式為之者，亦同。」

依特別法優先適用原則，此時應適用商標法第95條的規定加重處罰。

關於併科的定義，請參閱本書第191條的說明。關於拘役的定義，請參閱本書第33條的說明。

第254條（販賣陳列輸入偽造仿造商標商號之貨物罪）
明知為偽造或仿造之商標、商號之貨物而販賣，或意圖販賣而陳列，或自外國輸入者，處六萬元以下罰金。

解說

行為人如果明知某貨物為偽造或仿造商標、商號的貨物，而販賣該貨物或意圖販賣而公開陳列該貨物或自外國輸入該貨物，法定刑為6萬元以下罰金。

　　另商標法第97條規定：「販賣或意圖販賣而持有、陳列、輸出或輸入他人所為之前二條第一項商品者，處一年以下有期徒刑、拘役或科或併科新臺幣五萬元以下罰金。前項之行為透過電子媒體或網路方式為之者，亦同。」依特別法優先適用原則，此時應適用商標法第97條的規定加重處罰。

　　關於明知的定義，請參閱本書第125條的說明。關於偽造、仿造、商標、商號的定義，請參閱本書第253條的說明。關於商標法第95條規定，請參閱本書第253條的說明。

第255條（對商品為虛偽標記與販賣陳列輸入該商品罪）
意圖欺騙他人，而就商品之原產國或品質，為虛偽之標記或其他表示者，處一年以下有期徒刑、拘役或三萬元以下罰金。
明知為前項商品而販賣，或意圖販賣而陳列，或自外國輸入者，亦同。

解說

　　本條第1項規定，行為人如果主觀上意圖欺騙他人，而在客觀上就商品的原產國或品質，為虛偽不實的標記或為其他表示，法定刑為一年以下有期徒刑、拘役或3萬元以下罰金。

　　本條第2項規定，行為人如果明知某商品為前述經虛偽標示的商品，而販賣、意圖販賣而公然陳列或自外國輸入該商品，法定刑亦為一年以下有期徒刑、拘役或3萬元以下罰金。

　　關於欺騙他人的定義，請參閱本書第253條的說明。關於明知的定義，請參閱本書第125條的說明。關於拘役的定義，請參閱本書第33條的說明。

鴉片罪

　　鴉片罪所侵害的法益為全體國民健康、整體社會安全及國家前途。

第256條（製造鴉片、毒品罪）
製造鴉片者，處七年以下有期徒刑，得併科九萬元以下罰金。
製造嗎啡、高根、海洛因或其化合質料者，處無期徒刑或五年以上有期徒刑，得併科十五萬元以下罰金。
前二項之未遂犯罰之。

解說

　　本條第1項所謂鴉片，指將罌粟果實中的乳液曬乾後，生成的褐色塊狀物，具有麻醉作用。

　　行為人如果製作鴉片，法定刑為七年以下有期徒刑，得併科9萬元以下罰金。

　　本條第2項所謂嗎啡，指將鴉片蒸發而製作的無色細柱狀結晶，具有麻醉作用。所謂高根，指由高加樹葉提煉而成的白色結晶體，具有麻醉作用。所謂海洛因，為嗎啡的衍生物，呈白色粉末狀，具有麻醉作用。所謂化合質料，指以嗎啡、高根、海洛因與其他物體化合而成的質料。

　　行為人如果製造嗎啡、高根、海洛因或其化合質料，法定刑為無期徒刑或五年以上有期徒刑，得併科15萬元以下罰金。

　　本條第3項規定，本條第1項、第2項犯罪的未遂犯，亦須

處罰。

　　另本條所規定的鴉片、嗎啡、高根（古柯鹼）、海洛因等均屬於毒品危害防制條例第2條所規定的第一級毒品，依該法第4條第1項規定，製造第一級毒品者，處死刑或無期徒刑；處無期徒刑者，得併科新臺幣3,000萬元以下罰金（未遂犯亦罰之），因此依特別法優先適用原則，此時應適用毒品危害防制條例的規定加重處罰。

　　關於併科的定義，請參閱本書第191條的說明。關於未遂犯的定義，請參閱本書第25條的說明。

第257條（販賣運輸鴉片、毒品罪）
販賣或運輸鴉片者，處七年以下有期徒刑，得併科九萬元以下罰金。
販賣或運輸嗎啡、高根、海洛因或其化合質料者，處三年以上十年以下有期徒刑，得併科十五萬元以下罰金。
自外國輸入前二項之物者，處無期徒刑或五年以上有期徒刑，得併科三十萬元以下罰金。
前三項之未遂犯罰之。

解說

　　本條第1項規定，行為人如果販賣或運輸鴉片，法定刑為七年以下有期徒刑，得併科9萬元以下罰金。

　　本條第2項規定，行為人如果販賣或運輸嗎啡、高根、海洛因或其化合質料，法定刑為三年以上十年以下有期徒刑，得併科15萬元以下罰金。

本條第3項規定，行為人如果自外國輸入鴉片、嗎啡、高根、海洛因或其化合質料，法定刑為無期徒刑或五年以上有期徒刑，得併科30萬元以下罰金。

本條第4項規定，本條第1項至第3項犯罪的未遂犯，亦須處罰。

另本條所規定的鴉片、嗎啡、高根（古柯鹼）、海洛因等均屬於毒品危害防制條例第2條所規定的第一級毒品，而依該法第4條第1項規定，販賣、運輸第一級毒品者，處死刑或無期徒刑；處無期徒刑者，得併科新臺幣3,000萬元以下罰金（未遂犯亦罰之），依特別法優先適用原則，此時應適用毒品危害防制條例的規定加重處罰。

關於鴉片、嗎啡、高根、海洛因或其化合質料的定義，請參閱本書第256條的說明。關於併科的定義，請參閱本書第191條的說明。關於未遂犯的定義，請參閱本書第25條的說明。

第258條（製造販運吸食鴉片器具罪）
製造、販賣或運輸專供吸食鴉片之器具者，處三年以下有期徒刑，得併科一萬五千元以下罰金。
前項之未遂犯罰之。

解說

本條第1項規定，行為人如果製造、販賣或運輸專門供以吸食鴉片的器具，如：煙槍、煙斗等，法定刑為三年以下有期徒刑，得併科1萬5,000元以下罰金。

本條第2項規定，本條第1項犯罪的未遂犯，亦須處罰。

另毒品危害防制條例第4條第5項規定：「製造、運輸、販賣專供製造或施用毒品之器具者，處一年以上七年以下有期徒刑，得併科新臺幣一百五十萬元以下罰金」（未遂犯亦罰之），依特別法優先適用原則，此時應適用毒品危害防制條例的規定加重處罰。

關於鴉片的定義，請參閱本書第256條的說明。關於併科的定義，請參閱本書第191條的說明。關於未遂犯的定義，請參閱本書第25條的說明。

第259條（為人施打嗎啡或以館舍供人吸食鴉片罪）

意圖營利，為人施打嗎啡或以館舍供人吸食鴉片或其化合質料者，處一年以上七年以下有期徒刑，得併科三萬元以下罰金。

前項之未遂犯罰之。

解說

本條第1項規定，行為人如果主觀上意圖取得財產利益，而在客觀上為他人施打嗎啡，或是提供住宅、旅館、房舍等建築物供他人吸食鴉片或「鴉片與其他物品化合而成的質料」，法定刑為一年以上七年以下有期徒刑，得併科3萬元以下罰金。

本條第2項規定，本條第1項犯罪的未遂犯，亦須處罰。

關於嗎啡、鴉片的定義，請參閱本書第256條的說明。關於併科的定義，請參閱本書第191條的說明。關於未遂犯的定義，請參閱本書第25條的說明。

第260條（栽種與販運罌粟種子罪）

意圖供製造鴉片、嗎啡之用而栽種罌粟者，處五年以下有期徒刑，得併科九萬元以下罰金。

意圖供製造鴉片、嗎啡之用而販賣或運輸罌粟種子者，處三年以下有期徒刑，得併科九萬元以下罰金。

前二項之未遂犯罰之。

解說

　　本條第1項規定，行為人如果主觀上意圖供製作鴉片、咖啡之用，而在客觀上栽種罌粟，法定刑為五年以下有期徒刑，得併科9萬元以下罰金。

　　本條第2項規定，行為人如果主觀上意圖供製作鴉片、咖啡之用，而在客觀上販賣或運輸罌粟種子，法定刑為三年以下有期徒刑，得併科9萬元以下罰金。

　　本條第3項規定，本條第1項、第2項犯罪的未遂犯，亦須處罰。

　　另毒品危害防制條例第12條第1項規定，行為人如果主觀上意圖供製造毒品之用，而在客觀上栽種罌粟，法定刑為無期徒刑或七年以上有期徒刑，得併科新臺幣700萬元以下罰金（未遂犯亦罰之）；依同法第13條第1項規定，行為人如果主觀上意圖供栽種之用，而在客觀上運輸或販賣罌粟種子，法定刑為五年以下有期徒刑，得併科新臺幣50萬元以下罰金。依特別法優先適用原則，此時均應適用毒品危害防制條例的規定加重處罰。

　　關於鴉片、嗎啡的定義，請參閱本書第256條的說明。關

於併科的定義，請參閱本書第191條的說明。關於未遂犯的定義，請參閱本書第25條的說明。

第261條（公務員強迫他人栽種或販運罌粟種子罪）
公務員利用權力強迫他人犯前條之罪者，處死刑或無期徒刑。

解說

行為人如果是公務員，而利用其職務上的權威勢力，強迫他人犯第260條栽種罌粟或販賣、運輸罌粟種子罪，法定刑為死刑或無期徒刑。

關於公務員的定義，請參閱本書第10條的說明。

第262條（吸用煙毒罪）
吸食鴉片或施打嗎啡或使用高根、海洛因或其化合質料者，處六月以下有期徒刑、拘役或一萬五千元以下罰金。

解說

行為人如果吸食鴉片或施打嗎啡或使用高根、海洛因或其化合質料，法定刑為六月以下有期徒刑、拘役或1萬5,000元以下罰金。

另毒品危害防制條例第10條第1項規定，行為人如果施用第一級毒品（鴉片、嗎啡、高根、海洛因），法定刑為六月以上五年以下有期徒刑。依特別法優先適用原則，此時應適用毒

品危害防制條例的規定加重處罰。

關於鴉片、嗎啡、高根、海洛因或其化合質料的定義，請參閱本書第256條的說明。關於拘役的定義，請參閱本書第33條的說明。

第263條（持有煙毒或吸食鴉片器具罪）
意圖供犯本章各罪之用，而持有鴉片、嗎啡、高根、海洛因或其化合質料，或專供吸食鴉片之器具者，處拘役或一萬五千元以下罰金。

解說

行為人如果在主觀上意圖供本章各條犯罪使用，而在客觀上持有鴉片、嗎啡、高根、海洛因、其化合質料或專供吸食鴉片的器具，法定刑為拘役或1萬5,000元以下罰金。

另毒品危害防制條例第11條第1項規定，行為人如果持有第一級毒品（鴉片、嗎啡、高根、海洛因），法定刑為三年以下有期徒刑、拘役或新臺幣30萬元以下罰金；同條第7項規定，行為人如果持有專供製造或施用第一級毒品之器具，法定刑為一年以下有期徒刑、拘役或新臺幣10萬元以下罰金。依特別法優先適用原則，此時均應適用毒品危害防制條例的規定加重處罰。

關於鴉片、嗎啡、高根、海洛因或其化合質料的定義，請參閱本書第256條的說明。關於拘役的定義，請參閱本書第33條的說明。

第264條（公務員包庇煙毒罪）
公務員包庇他人犯本章各條之罪者，依各該條之規定，加重
其刑至二分之一。

解說

　　所謂包庇，指包容庇護，亦即保障他人的犯罪不致被阻撓
或發覺，或是從旁予以便利援助。

　　行為人如果是公務員，而包庇他人犯本章各條的犯罪，其
法定刑依各該犯罪規定，加重其刑至二分之一。

　　另毒品危害防制條例第15條第2項規定，公務員如果明知
他人犯前述之罪（指製造、販賣、運輸第一級毒品及其器具
罪、栽種與販運罌粟種子罪、施用及持有第一級毒品罪等）而
予以庇護，法定刑均為一年以上七年以下有期徒刑。依特別法
優先適用原則，此時應適用毒品危害防制條例的規定加重處
罰。

　　關於公務員的定義，請參閱本書第10條的說明。

第265條（沒收物）
犯本章各條之罪者，其鴉片、嗎啡、高根、海洛因或其化合
質料，或種子或專供吸食鴉片之器具，不問屬於犯人與否，
沒收之。

解說

　　行為人如果犯本章各條的犯罪，其鴉片、嗎啡、高根、海

洛因、其化合質料、種子或專供吸食鴉片的器具，不問是否屬於犯人所有，一律沒收之。

關於鴉片、嗎啡、高根、海洛因或其化合質料的定義，請參閱本書第256條的說明。關於沒收的定義，請參閱本書第38條至第40條之2的說明。

賭博罪

賭博罪所侵害的法益為社會的公序良俗及個人經濟狀況的穩定。

第266條（普通賭博罪與沒收物）

在公共場所或公眾得出入之場所賭博財物者，處五萬元以下罰金。

以電信設備、電子通訊、網際網路或其他相類之方法賭博財物者，亦同。

前二項以供人暫時娛樂之物為賭者，不在此限。

犯第一項之罪，當場賭博之器具、彩券與在賭檯或兌換籌碼處之財物，不問屬於犯罪行為人與否，沒收之。

解說

本條第1項所謂公共場所，指多數人公共使用、聚集的場所，如：道路、公園等。所謂公眾得出入之場所，指不特定人得隨時出入的場所，如防空洞、餐廳、飯店、百貨公司等。所

謂賭博，指依偶然的事實，決定財物得失的行為，只須部分具有偶然性即足，不以全部具有偶然性為必要，例如：麻將、撲克牌、撞球等，雖亦有技術成分在內，但仍具有部分偶然性，所以如果有以其勝敗為財物得失的依據，仍屬於賭博。行為人如果在公共場所或公眾得出入的場所賭博財物，法定刑為5萬元以下罰金。

　　本條第2項規定，行為人如果以電信設備、電子通訊、網際網路或其他相類的方法賭博財物，法定刑亦為5萬元以下罰金。

　　本條第3項所謂供人暫時娛樂之物，指該物品同時具有消費的即時性及價值的輕微性，亦即賭資不可累積，且金額甚微。關於此，電子遊戲場業管理條例第14條第1項的規定可供參考：「電子遊戲場業得提供獎品，供人兌換或直接操作取得；限制級電子遊戲場每次兌換或取得獎品之價值不得超過新臺幣二千元……」依此規定，所謂價值的輕微性應指至多不得超過新臺幣2,000元。行為人如果是以供人暫時娛樂的物品為賭博財物，則不予處罰。

　　本條第4項規定，當場賭博的器具，如：撲克牌、麻將、骰子等，以及在賭檯或兌換籌碼處的財物，不問是否屬於犯人所有，一律沒收。

　　關於沒收的定義，請參閱本書第38條至第40條之2的說明。

第267條（刪除）

第268條（圖利供給賭場或聚眾賭博罪）
意圖營利，供給賭博場所或聚眾賭博者，處三年以下有期徒刑，得併科九萬元以下罰金。

解說

　　所謂供給賭博場所，指提供一定場所供他人賭博。所謂聚眾賭博，指主動集合不特定多數人參與賭博。

　　行為人如果在主觀上意圖取得財產利益，而在客觀上提供賭博場所予他人賭博或主動聚集不特定多數人參與賭博，法定刑為三年以下有期徒刑，得併科9萬元以下罰金。

　　關於併科的定義，請參閱本書第191條的說明。

第269條（辦理有獎儲蓄或發行彩券罪、經營或媒介之罪）
意圖營利，辦理有獎儲蓄或未經政府允准而發行彩票者，處一年以下有期徒刑或拘役，得併科九萬元以下罰金。
經營前項有獎儲蓄或為買賣前項彩票之媒介者，處六月以下有期徒刑、拘役或科或併科三萬元以下罰金。

解說

　　本條第1項所謂辦理有獎儲蓄，指以定期開獎的方法，吸收他人的儲款，而給與中獎者一定獎金。所謂發行彩票，指預先發售一定彩券，以抽籤或其他偶然方法，給與中彩者一定彩金，未中彩者即喪失其財產利益。

　　行為人如果在主觀上意圖取得財產利益，而在客觀上辦理

有獎儲蓄或未經政府允准而自行發行彩票，法定刑為一年以下有期徒刑或拘役，得併科9萬元以下罰金。

　　本條第2項所謂經營前項有獎儲蓄，指於他人辦理有獎儲蓄後，代為經理營運。所謂為買賣前項彩票之媒介，指於他人未經政府允准而發行彩票後，為買賣彩票的媒介。

　　行為人如果經營第1項的有獎儲蓄或媒介買賣第1項的彩票，法定刑為六月以下有期徒刑、拘役或科或併科3萬元以下罰金。

　　關於併科的定義，請參閱本書第191條的說明。關於拘役的定義，請參閱本書第33條的說明。

第270條（公務員包庇賭博罪）
公務員包庇他人犯本章各條之罪者，依各該條之規定，加重其刑至二分之一。

解說

　　行為人如果是公務員，而包庇他人犯本章各條犯罪，其法定刑依各該犯罪規定，加重其刑至二分之一。

　　關於公務員的定義，請參閱本書第10條的說明。關於包庇的定義，請參閱本書第264條的說明。

第三章
侵害個人法益之犯罪

第一節　侵害生命法益之犯罪

　　侵害個人法益犯罪的第一小類，為侵害生命法益之犯罪，其內容涵蓋刑法分則第二十二章的殺人罪、第二十四章的墮胎罪及第二十五章的遺棄罪。

　　殺人罪、墮胎罪及遺棄罪，均會危害到個人的生命，所以基於法益保護原則，為了保護個人的生命法益，政府（立法院）可以制定法律，處罰這些行為。

殺人罪

　　殺人罪所侵害的法益為個人生命。

第271條（普通殺人罪）

殺人者，處死刑、無期徒刑或十年以上有期徒刑。

前項之未遂犯罰之。

預備犯第一項之罪者，處二年以下有期徒刑。

解說

　　本條第1項所謂殺人，指透過一切手段使他人死亡的行為。所謂死亡，指一個人的腦幹機能永久停止，意識全失，呼吸及心跳停止，瞳孔放大，光反應消失。

　　行為人如果殺害他人，法定刑為死刑、無期徒刑或十年以上有期徒刑。

　　本條第2項規定，本條第1項普通殺人罪的未遂犯，亦須處罰。

　　本條第3項規定，行為人雖未至著手實行殺人行為的程度，但若已有預備殺人的行為，例如：購買兇器、配製毒藥、繪製暗殺及逃亡路線圖等，法定刑為二年以下有期徒刑。

　　關於未遂犯、預備犯的定義，請參閱本書第25條的說明。

第272條（殺直系血親尊親屬罪）
對於直系血親尊親屬，犯前條之罪者，加重其刑至二分之一。

解說

　　行為人所殺害的對象，如果是其直系血親尊親屬，例如：子女殺害父母、孫子女殺害祖父母、孫子女殺害外祖父母等，此等行為除侵害生命法益外，更違反我國倫常孝道而屬嚴重的逆倫行為，故法定刑為依第271條加重其刑至二分之一。

第273條（義憤殺人罪）
當場激於義憤而殺人者，處七年以下有期徒刑。
前項之未遂犯罰之。

解說

　　本條第1項所謂當場，指被害人的不義行為與加害人的殺人行為在時間、空間上具有緊密性，但不限於一定要在同一個場所，例如：甲男發現妻子乙女在和丙男通姦，丙男見狀逃跑，甲男追殺500公尺後將丙男殺害，此時仍屬於「當場」。所謂激於義憤，指行為人突然目睹他人的不義行為，而該不義行為在客觀上無可容忍，足以引起公憤，並致使行為人基於道義上的理由而產生憤怒，例如：抓姦在床。

　　行為人如果當場激於義憤而殺人，法定刑為七年以下有期徒刑。

　　本條第2項規定，本條第1項犯罪的未遂犯，亦須處罰。

　　關於未遂犯的定義，請參閱本書第25條的說明。

第274條（母殺嬰兒罪）
母因不得已之事由，於生產時或甫生產後，殺其子女者，處六月以上五年以下有期徒刑。
前項之未遂犯罰之。

解說

　　本條第1項所謂不得已之事由，由司法實務審酌具體個案情事認定，例如：是否係遭性侵害受孕、是否係生產後始發現

嬰兒有嚴重身心缺陷障礙或難以治療之疾病,並考量家庭背景、經濟條件等綜合判斷之。所謂生產時,指分娩開始(陣痛開始)後,直到胎兒脫離母體前。所謂甫生產後,指胎兒脫離母體後,但尚未經過相當時間。

母親如果因不得已的事由,在生產時或甫生產後,殺害其子女,法定刑為六月以上五年以下有期徒刑。

本條第2項規定,本條第1項犯罪的未遂犯,亦須處罰。

關於未遂犯的定義,請參閱本書第25條的說明。

第275條(加工自殺罪)
受他人囑託或得其承諾而殺之者,處一年以上七年以下有期徒刑。
教唆或幫助他人使之自殺者,處五年以下有期徒刑。
前二項之未遂犯罰之。
謀為同死而犯前三項之罪者,得免除其刑。

解說

本條第1項所謂受其囑託,指被害人主動要求行為人將其殺害。所謂得其承諾,指被害人被動的同意,允許行為人將其殺害。

行為人如果受他人囑託或得其承諾而加以殺害,法定刑為一年以上七年以下有期徒刑。

本條第2項所謂教唆,指行為人使一個原本沒有自殺意思的人產生自殺決意。所謂幫助,指行為人對一個原本即有自殺意思的人提供助力。所謂受其囑託,指被害人主動要求行為人

將其殺害。所謂得其承諾，指被害人被動的同意，允許行為人將其殺害。

行為人如果教唆或幫助他人使其自殺，或受其囑託或得其承諾而加以殺害，法定刑為五年以下有期徒刑。

本條第3項規定，本條第1項犯罪的未遂犯，亦須處罰。

本條第4項所謂謀為同死，指行為人與被害人同具有自殺的意思，互相謀議而實施殺害對方的行為，例如：羅密歐打算與茱麗葉一起殉情，於是先以毒藥餵食茱麗葉，使其死亡。

行為人如果與被害人謀為同死，而犯本條第1項至第3項之罪，因其情得憫，故得免除其刑罰。

關於教唆的要件，請參閱本書第29條的說明。關於幫助的要件，請參閱本書第30條的說明。關於未遂犯的定義，請參閱本書第25條的說明。

第276條（過失致死罪）

因過失致人於死者，處五年以下有期徒刑、拘役或五十萬元以下罰金。

解說

行為人如果因自己的過失行為導致他人死亡，例如：開車違規而撞死行人，法定刑為五年以下有期徒刑、拘役或50萬元以下罰金。

關於過失的定義，請參閱本書第14條的說明。關於死亡的定義，請參閱本書第271條的說明。關於拘役的定義，請參閱本書第33條的說明。

傷害罪

傷害罪會危害到個人的身體完整性、生理機能健全與心理狀態健康等，所以基於法益保護原則，為了保護個人的身體健康法益，政府（立法院）可以制定法律，處罰傷害行為。

第277條 （普通傷害罪）
傷害人之身體或健康者，處五年以下有期徒刑、拘役或五十萬元以下罰金。
犯前項之罪，因而致人於死者，處無期徒刑或七年以上有期徒刑；致重傷者，處三年以上十年以下有期徒刑。

解說

本條第1項所謂傷害，指使他人的生理機能發生障礙，或使其健康狀態不良變更。

行為人如果傷害他人的外在身體或內在健康，會成立普通傷害罪，法定刑為五年以下有期徒刑、拘役或50萬元以下罰金。

本條第2項規定，行為人如果因犯第1項之罪，致使他人死亡，法定刑為無期徒刑或七年以上有期徒刑；如果因此致使他人受重傷，法定刑為三年以上十年以下有期徒刑。

關於拘役的定義，請參閱本書第33條的說明。關於死亡的定義，請參閱本書第271條的說明。關於重傷的定義，請參閱本書第10條的說明。

第278條（重傷罪）
使人受重傷者，處五年以上十二年以下有期徒刑。
犯前項之罪因而致人於死者，處無期徒刑或十年以上有期徒刑。
第一項之未遂犯罰之。

解說

　　本條第1項規定，行為人如果使他人受重傷，法定刑為五年以上十二年以下有期徒刑。本條第1項犯罪與第277條第2項後段傷害致重傷罪的差異在於，本條第1項犯罪的行為人是基於使他人受重傷害的故意而有傷害行為，而第277條第2項後段犯罪的行為人則是基於使他人受普通傷害的故意而有傷害行為，但後來因故導致被害人受重傷。

　　本條第2項規定，行為人如果因犯第1項之罪，致使他人死亡，法定刑為無期徒刑或十年以上有期徒刑。

　　本條第3項規定，本條第1項犯罪的未遂犯，亦須處罰。

　　關於重傷的定義，請參閱本書第10條的說明。關於死亡的定義，請參閱本書第271條的說明。關於未遂犯的定義，請參閱本書第25條的說明。

第279條（義憤傷害罪）
當場激於義憤犯前二條之罪者，處二年以下有期徒刑、拘役或二十萬元以下罰金。但致人於死者，處五年以下有期徒刑。

解說

　　本條第1項規定，行為人如果當場激於義憤而犯普通傷害罪或重傷害罪，法定刑為二年以下有期徒刑、拘役或20萬元以下罰金。但行為人如果因前述行為致使他人死亡，法定刑為五年以下有期徒刑。

　　關於當場、激於義憤的定義，請參閱本書第273條的說明。關於拘役的定義，請參閱本書第33條的說明。關於死亡的定義，請參閱本書第271條的說明。

第280條（傷害直系血親尊親屬罪）
對於直系血親尊親屬，犯第二百七十七條或第二百七十八條之罪者，加重其刑至二分之一。

解說

　　行為人如果對於自己的直系血親尊親屬，犯第277條普通傷害罪或第278條重傷害罪，法定刑加重至各該犯罪的二分之一。

　　關於直系血親尊親屬的定義，請參閱本書第295條的說明。

第281條（加暴行於直系血親尊親屬罪）
施強暴於直系血親尊親屬，未成傷者，處一年以下有期徒刑、拘役或十萬元以下罰金。

解說

　　所謂施強暴，指以有形的強制力加以攻擊，而有發生傷害的危險。

　　行為人如果施強暴於其直系血親尊親屬，但是沒有造成傷害，法定刑為一年以下有期徒刑、拘役或10萬元以下罰金。

　　關於直系血親尊親屬的定義，請參閱本書第295條的說明。關於拘役的定義，請參閱本書第33條的說明。

第282條（加工自傷罪）

受他人囑託或得其承諾而傷害之，因而致死者，處六月以上五年以下有期徒刑；致重傷者，處三年以下有期徒刑。

教唆或幫助他人使之自傷，因而致死者，處五年以下有期徒刑；致重傷者，處二年以下有期徒刑。

解說

　　本條第1項所謂受其囑託，指行為人被動地接受被害人的要求，而將其傷害。所謂得其承諾，指行為人主動地取得被害人的同意，而將其傷害。

　　行為人如果接受他人囑託或取得他人承諾而傷害之，並導致該他人死亡，法定刑為六月以上五年以下有期徒刑。行為人如果因前述行為導致該他人受重傷，法定刑為三年以下有期徒刑。

　　本條第2項所謂教唆，指行為人使原本沒有自傷意思的人，產生自傷決意。所謂幫助，指行為人對原本即有自傷意思的人，提供助力。

行為人如果教唆他人或幫助他人使其自傷並導致死亡，法定刑為五年以下有期徒刑。行為人如果因前述行為導致他人受重傷，法定刑為二年以下有期徒刑。

關於重傷的定義，請參閱本書第10條的說明。關於死亡的定義，請參閱本書第271條的說明。

第283條（聚眾鬥毆罪）
聚眾鬥毆致人於死或重傷者，在場助勢之人，處五年以下有期徒刑。

解說

所謂聚眾鬥毆，指結合多數人於相同的時地打群架，且處於隨時可能增加人數的狀態；如果只是結合特定的多數人，沒有隨時增加人數的可能，則不屬於聚眾鬥毆。所謂在場助勢之人，指於他人聚眾鬥毆時，在場助長聲勢，而未下手實施傷害的人。

於多數人打群架且有人因此而死亡或受重傷的場合中，行為人如果於現場助長聲勢，法定刑為五年以下有期徒刑。

關於死亡的定義，請參閱本書第271條的說明。關於重傷的定義，請參閱本書第10條的說明。

第284條（過失傷害罪）
因過失傷害人者，處一年以下有期徒刑、拘役或十萬元以下罰金；致重傷者，處三年以下有期徒刑、拘役或三十萬元以下罰金。

解說

　　行為人如果因過失行為致使他人受傷害，法定刑為一年以下有期徒刑、拘役或10萬元以下罰金；如果致使他人受重傷害，法定刑為三年以下有期徒刑、拘役或30萬元以下罰金。

　　關於過失的定義，請參閱本書第14條的說明。關於拘役的定義，請參閱本書第33條的說明。關於重傷的定義，請參閱本書第10條的說明。

第285條（刪除）

第286條（妨害幼童發育罪）
對於未滿十八歲之人，施以凌虐或以他法足以妨害其身心之健全或發育者，處六月以上五年以下有期徒刑。
意圖營利，而犯前項之罪者，處五年以上有期徒刑，得併科三百萬元以下罰金。
犯第一項之罪，因而致人於死者，處無期徒刑或十年以上有期徒刑；致重傷者，處五年以上十二年以下有期徒刑。
犯第二項之罪，因而致人於死者，處無期徒刑或十二年以上有期徒刑；致重傷者，處十年以上有期徒刑。

解說

　　本條第1項所謂凌虐，指以強暴、脅迫或其他違反人道之方法，對他人施以凌辱虐待行為（刑法第10條第7項）。所謂足以妨害其身心之健全或發育，例如：使內心人格違常、產生

精神疾病，或使身體無法自然成長、雙臂變形、腳不能伸直、脊椎彎曲等。

　　行為人如果對於未滿18歲的人施以凌虐或以他法足以妨害其身體或心理的健全或發育，法定刑為六月以上五年以下有期徒刑。

　　本條第2項規定，行為人如果主觀上意圖取得財產利益，而對於未滿18歲的人施以凌虐或以他法足以妨害其身體或心理的健全或發育，法定刑為五年以上有期徒刑，得併科300萬元以下罰金。

　　本條第3項規定，行為人如果犯第1項之罪，因而導致他人死亡，法定刑為無期徒刑或十年以上有期徒刑；導致他人受重傷，法定刑為五年以上十二年以下有期徒刑。

　　本條第4項規定，行為人如果犯第2項之罪，因而導致他人死亡，法定刑為無期徒刑或十二年以上有期徒刑；導致他人受重傷，法定刑為十年以上有期徒刑。

　　關於併科的定義，請參閱本書第191條的說明。

第287條（告訴乃論）
第二百七十七條第一項、第二百八十一條及第二百八十四條，須告訴乃論。但公務員於執行職務時，犯第二百七十七條第一項之罪者，不在此限。

解說

　　第277條第1項的普通傷害罪、第281條的加暴行於直系血親尊親屬罪、第284條的過失傷害罪，均屬於告訴乃論之罪。

但是行為人若是公務員，而於執行職務時，犯第277條第1項的普通傷害罪，則為非告訴乃論之罪。

關於告訴乃論的定義，請參閱本書第236條的說明。

墮胎罪

墮胎罪所侵害的法益為母體內成長中胎兒的生命。

第288條（自行或聽從墮胎罪）
懷胎婦女服藥或以他法墮胎者，處六月以下有期徒刑、拘役或三千元以下罰金。
懷胎婦女聽從他人墮胎者，亦同。
因疾病或其他防止生命上危險之必要，而犯前二項之罪者，免除其刑。

解說

本條第1項所謂懷胎，指女性受孕後至陣痛開始前。所謂墮胎，指使胎兒死亡或早產。

懷胎的女性如果服藥或以其他一切方法墮胎，法定刑為六月以下有期徒刑、拘役或3,000元以下罰金。

本條第2項所謂聽從他人墮胎，指配合他人，聽任其為自己進行墮胎行為。

懷胎的女性如果聽任他人為自己墮胎，法定刑亦為六月以下有期徒刑、拘役或3,000元以下罰金。

本條第3項規定，懷胎的女性如果是因為疾病或其他防止生命上危險的必要而進行墮胎（例如：出現難產情況，必須墮胎，否則將危及母親生命），「必」免除其刑。

另優生保健法第9條規定，懷孕女性如果具備以下情形之一，即可墮胎：

一、本人或先生患有礙優生的遺傳性、傳染性疾病或精神疾病。

二、本人或先生的四親等內血親患有礙優生的遺傳性疾病。

三、有醫學上理由，足以認定懷孕或分娩有招致生命危險或危害身體或精神健康。

四、有醫學上理由，足以認定胎兒有畸型發育之可能。

五、因被強制性交、誘姦或與依法不得結婚者發生性行為而受孕。

六、因懷孕或生產將會影響其心理健康或家庭生活。

行為人如果因具有上述情形之一而墮胎，屬於刑法第21條第1項依法令的行為，不須處罰，不會成立墮胎罪（阻卻違法）。

關於拘役的定義，請參閱本書第33條的說明。關於親等的計算方式，請參閱本書第230條的說明。

第289條（加工墮胎罪）
受懷胎婦女之囑託或得其承諾，而使之墮胎者，處二年以下有期徒刑。
因而致婦女於死者，處六月以上五年以下有期徒刑。致重傷者，處三年以下有期徒刑。

解說

本條第1項規定，行為人如果未依法令，被動地接受懷胎女性的囑託而為其進行墮胎，或是主動地取得懷胎女性的承諾而為其進行墮胎，法定刑均為二年以下有期徒刑。

本條第2項規定，行為人如果因第1項犯罪行為，導致懷胎女性死亡，法定刑為六月以上五年以下有期徒刑；如果因此致使其受重傷，法定刑為三年以下有期徒刑。

關於懷胎、墮胎的定義，請參閱本書第288條的說明。關於死亡的定義，請參閱本書第271條的說明。關於重傷的定義，請參閱本書第10條的說明。

第290條（意圖營利加工墮胎罪）

意圖營利而犯前條第一項之罪者，處六月以上五年以下有期徒刑，得併科一萬五千元以下罰金。

因而致婦女於死者，處三年以上十年以下有期徒刑，得併科一萬五千元以下罰金；致重傷者，處一年以上七年以下有期徒刑，得併科一萬五千元以下罰金。

解說

本條第1項規定，行為人如果主觀上意圖取得財產利益，被動地接受懷胎女性的囑託而為其墮胎，或是主動地取得懷胎女性的承諾而為其墮胎，法定刑均為六月以上五年以下有期徒刑，得併科1萬5,000元以下罰金。

本條第2項規定，行為人如果因第1項犯罪行為，導致懷胎

女性死亡，法定刑為三年以上十年以下有期徒刑，得併科1萬5,000元以下罰金；如果因此致使其受重傷，法定刑為一年以上七年以下有期徒刑，得併科1萬5,000元以下罰金。

　　關於死亡的定義，請參閱本書第271條的說明。關於重傷的定義，請參閱本書第10條的說明。關於併科的定義，請參閱本書第191條的說明。

第291條（未得孕婦同意使之墮胎罪）
未受懷胎婦女之囑託或未得其承諾，而使之墮胎者，處一年以上七年以下有期徒刑。
因而致婦女於死者，處無期徒刑或七年以上有期徒刑。致重傷者，處三年以上十年以下有期徒刑。
第一項之未遂犯罰之。

解說

　　本條第1項規定，行為人如果並未接受懷胎女性的囑託或取得其承諾，而違反其意願為其墮胎，法定刑為一年以上七年以下有期徒刑。

　　本條第2項規定，行為人如果因第1項犯罪行為，致使懷胎女性死亡，法定刑為無期徒刑或七年以上有期徒刑；如果因此致使其受重傷，法定刑為三年以上十年以下有期徒刑。

　　本條第3項規定，本條第1項犯罪的未遂犯，亦須處罰。

　　關於懷胎、墮胎的定義，請參閱本書第288條的說明。關於死亡的定義，請參閱本書第271條的說明。關於重傷的定義，請參閱本書第10條的說明。關於未遂犯的定義，請參閱本

書第25條的說明。

第292條（介紹墮胎罪）
以文字、圖畫或他法，公然介紹墮胎之方法或物品，或公然介紹自己或他人為墮胎之行為者，處一年以下有期徒刑、拘役或科或併科三萬元以下罰金。

解說

　　所謂公然，指不特定人（不一定是誰）或多數人得共見共聞的狀態。所謂介紹自己或他人為墮胎之行為，指推薦、媒介自己或他人為人從事墮胎行為。

　　行為人如果以文字、圖畫或其他方法，公然介紹墮胎的方法或物品，或公然介紹自己或他人為墮胎的行為，法定刑為一年以下有期徒刑、拘役或科或併科3萬元以下罰金。

　　關於併科的定義，請參閱本書第191條的說明。關於拘役的定義，請參閱本書第33條的說明。

遺棄罪

　　遺棄罪所侵害的法益為個人的生命。

第293條（無義務者之遺棄罪）
遺棄無自救力之人者，處六月以下有期徒刑、拘役或三千元以下罰金。

因而致人於死者，處五年以下有期徒刑；致重傷者，處三年以下有期徒刑。

解說

本條第1項所謂遺棄，指將沒有自救能力的人，置於無法受保護的狀態，使其產生生命危險。其方式可能為移置或棄置，前者指將沒有自救能力的人自原來場所移置於其他場所，而產生生命危險；後者指將無自救能力的人所處的原來場所與外界隔絕，使其無法得到保護救助而產生生命危險。所謂無自救力之人，指不具備自行維持生存所必要能力的人，例如：嬰兒、殘障人士、病人、老人等。

行為人如果遺棄沒有自救能力的人，法定刑為六月以下有期徒刑、拘役或3,000元以下罰金。

本條第2項規定，行為人如果因犯第1項之罪，致使沒有自救能力的人死亡，法定刑為五年以下有期徒刑；如果因此致使其受重傷，法定刑為三年以下有期徒刑。

關於拘役的定義，請參閱本書第33條的說明。關於死亡的定義，請參閱本書第271條的說明。關於重傷的定義，請參閱本書第10條的說明。

第294條（違背法令契約義務遺棄罪）

對於無自救力之人，依法令或契約應扶助、養育或保護而遺棄之，或不為其生存所必要之扶助、養育或保護者，處六月以上五年以下有期徒刑。

因而致人於死者，處無期徒刑或七年以上有期徒刑；致重傷者，處三年以上十年以下有期徒刑。

解說

本條第1項所謂依法令或契約應扶助、養育或保護，指行為人依法令（如：民法第1114條、第1084條、第1116條之1等）或依契約（如：受僱護士、受僱保母等）對於沒有自救能力的人負有扶助、養育、保護的義務。所謂不為其生存所必要之扶助、養育或保護，指行為人所提供的扶助、養育或保護，不足以維持沒有自救能力人的生存所需。

行為人如果依法令或契約，對於沒有自救能力的人負有扶助、養育或保護的義務，而積極地遺棄之，或消極地不為其生存所必要之扶助、養育或保護，法定刑為六月以上五年以下有期徒刑。

本條第2項規定，行為人如果因犯第1項之罪，致使沒有自救能力的人死亡，法定刑為無期徒刑或七年以上有期徒刑；如果因此致使其受重傷，法定刑為三年以上十年以下有期徒刑。

關於無自救力之人、遺棄的定義，請參閱本書第293條的說明。關於死亡的定義，請參閱本書第271條的說明。關於重傷的定義，請參閱本書第10條的說明。

第294條之1（違背法令義務遺棄罪之阻卻違法事由）

對於無自救力之人，依民法親屬編應扶助、養育或保護，因有下列情形之一，而不為無自救力之人生存所必要之扶助、養育或保護者，不罰：

一、無自救力之人前為最輕本刑六月以上有期徒刑之罪之行為，而侵害其生命、身體或自由者。

二、無自救力之人前對其為第二百二十七條第三項、第

二百二十八條第二項、第二百三十一條第一項、第
二百八十六條之行為或人口販運防制法第三十二條、第
三十三條之行為者。

三、無自救力之人前侵害其生命、身體、自由，而故意犯前
二款以外之罪，經判處逾六月有期徒刑確定者。

四、無自救力之人前對其無正當理由未盡扶養義務持續逾二
年，且情節重大者。

解說

　　行為人對於沒有自救能力的人，如果依民法親屬編（例
如：民法第1114條、第1084條、第1116條之1等）本應提供其
扶助、養育或保護，但因具有下列情形之一，而未提供沒有自
救能力的人維持生存所必要的扶助、養育或保護時，不須處
罰：

一、沒有自救能力的人之前曾對行為人施以最輕本刑為六月以
上有期徒刑的犯罪行為，而侵害行為人的生命、身體或自
由。

二、沒有自救能力的人之前曾對行為人施以刑法第227條第3
項、第228條第2項、第231條第1項、第286條的犯罪行為
或人口販運防制法第32條、第33條的犯罪行為（意圖營利
而使行為人從事勞動與報酬顯不相當工作罪）。

三、沒有自救能力的人之前曾基於故意而為前二款以外的犯罪
行為，侵害行為人的生命、身體、自由，且經法院判決處
以超過六月有期徒刑確定。

四、沒有自救能力的人之前曾無正當理由而未對行為人履行扶
養義務，持續期間超過二年，且情節重大。

關於無自救力之人的定義，請參閱本書第293條的說明。

第295條（遺棄直系血親尊親屬罪）
對於直系血親尊親屬犯第二百九十四條之罪者，加重其刑至二分之一。

解說

所謂直系血親尊親屬，指己身所從出之血親，例如：自己的祖父、祖母、外祖父、外祖母、父、母等。

行為人依民法第1114條規定，對於直系血親尊親屬本有扶助、養育、保護的義務，如果積極地遺棄之，或消極地不為其生存所必要的扶助、養育或保護，法定刑加重至第294條第1項犯罪的二分之一。

行為人如果因犯第294條第1項之罪，致使其直系血親尊親屬死亡或受重傷，法定刑加重至第294條第2項犯罪的二分之一。

第二節 侵害身體健康法益之犯罪

侵害個人法益犯罪的第二小類，為侵害身體健康法益之犯罪，其內容涵蓋刑法分則第二十三章的傷害罪。

但為方便讀者依刑法條文編排順序閱讀，傷害罪部分已移至本章第一節侵害生命法益之犯罪中進行說明，故此處不予重述。

第三節　侵害自由法益之犯罪

　　侵害個人法益犯罪的第三小類，為侵害自由法益之犯罪，其內容涵蓋刑法分則第十六章的妨害性自主罪及第二十六章的妨害自由罪。

　　妨害性自主罪及妨害自由罪均會危害到個人的自由意志，所以基於法益保護原則，為了保護個人的自由法益，政府（立法院）可以制定法律，處罰這些行為。

　　另為方便讀者能依照刑法條文的編排順序閱讀本書，第十六章妨害性自主罪部分已先行於侵害社會法益犯罪之侵害善良風俗之犯罪中予以說明，故此處不再重述。

妨害自由罪

　　妨害自由罪所侵害的法益為個人自由，包括人身自由、行動自由及生活安寧自由。

第296條（使人為奴隸罪）
使人為奴隸或使人居於類似奴隸之不自由地位者，處一年以上七年以下有期徒刑。
前項之未遂犯罰之。

解說

本條第1項所謂奴隸，指置於行為人實力支配之下，聽從行為人使喚，而失去人性尊嚴的人。

行為人如果使他人成為奴隸或是居於類似奴隸的不自由地位，法定刑為一年以上七年以下有期徒刑。

本條第2項規定，本條第1項犯罪的未遂犯，亦須處罰。

關於未遂犯的定義，請參閱本書第25條的說明。

第296條之1（買賣人口罪）

買賣、質押人口者，處五年以上有期徒刑，得併科五十萬元以下罰金。

意圖使人為性交或猥褻之行為而犯前項之罪者，處七年以上有期徒刑，得併科五十萬元以下罰金。

以強暴、脅迫、恐嚇、監控、藥劑、催眠術或其他違反本人意願之方法犯前二項之罪者，加重其刑至二分之一。

媒介、收受、藏匿前三項被買賣、質押之人或使之隱避者，處一年以上七年以下有期徒刑，得併科三十萬元以下罰金。

公務員包庇他人犯前四項之罪者，依各該項之規定加重其刑至二分之一。

第一項至第三項之未遂犯罰之。

解說

本條第1項所謂買賣，指行為人（買方）與他行為人（賣方）就被害人的價金達成意思一致，而將被害人移置他行為人實力支配下的行為。所謂質押，指行為人為向他行為人借款，而以被害人為質，將被害人移置於他行為人實力支配下的行

為。

　　行為人如果買賣、質押人口，法定刑為五年以上有期徒刑，得併科50萬元以下罰金。

　　本條第2項規定，行為人如果在主觀上意圖使被害人為性交或猥褻行為，而在客觀上買賣、質押被害人，法定刑為七年以上有期徒刑，得併科50萬元以下罰金。

　　本條第3項規定，行為人如果以強暴、脅迫、恐嚇、監控、藥劑、催眠術或其他違反本人意願的方法犯本條第1項、第2項之罪，法定刑加重至各項犯罪法定刑的二分之一。

　　本條第4項規定，行為人如果媒介、收受、藏匿第1項至第3項被買賣、質押的被害人或使其隱避，法定刑為一年以上七年以下有期徒刑，得併科30萬元以下罰金。

　　本條第5項規定，行為人如果是公務員，而包庇他人犯本條第1項至第4項之罪，法定刑加重至各項犯罪法定刑的二分之一。

　　本條第6項規定，本條第1項至第3項犯罪的未遂犯，均須處罰。

　　關於併科的定義，請參閱本書第191條的說明。關於性交的定義，請參閱本書第10條的說明。關於猥褻、包庇的定義，請參閱本書第231條的說明。關於強暴、脅迫、恐嚇、藥劑、催眠術、其他違反本人意願之方法、媒介、收受、藏匿、使之隱避的定義，請參閱本書第231條之1的說明。關於未遂犯的定義，請參閱本書第25條的說明。

第297條（意圖營利以詐術使人出國罪）
意圖營利，以詐術使人出中華民國領域外者，處三年以上十年以下有期徒刑，得併科三十萬元以下罰金。
前項之未遂犯罰之。

解說

　　本條第1項規定，行為人如果主觀上意圖取得財產利益，而在客觀上行使詐術使被害人出我國領域之外，法定刑為三年以上十年以下有期徒刑，得併科30萬元以下罰金。

　　本條第2項規定，本條第1項犯罪的未遂犯，亦須處罰。

　　關於併科的定義，請參閱本書第191條的說明。關於未遂犯的定義，請參閱本書第25條的說明。

第298條（略誘婦女罪）
意圖使婦女與自己或他人結婚而略誘之者，處五年以下有期徒刑。
意圖營利、或意圖使婦女為猥褻之行為或性交而略誘之者，處一年以上七年以下有期徒刑，得併科三萬元以下罰金。
前二項之未遂犯罰之。

解說

　　本條第1項所謂略誘，指透過強暴、脅迫、詐術等方法，直接違反被誘人的意思，而將被誘人置於自己實力支配之下。

　　行為人如果主觀上意圖使女性與自己或第三人結婚，而在

客觀上施以略誘，法定刑為五年以下有期徒刑。

　　本條第2項規定，行為人如果主觀上意圖取得財產利益或是意圖使女性為性交或猥褻行為，而在客觀上施以略誘，法定刑為一年以上七年以下有期徒刑，得併科3萬元以下罰金。

　　本條第3項規定，本條第1項、第2項犯罪的未遂犯，均須處罰。

　　關於性交的定義，請參閱本書第10條的說明。關於猥褻的定義，請參閱本書第231條的說明。關於併科的定義，請參閱本書第191條的說明。關於未遂犯的定義，請參閱本書第25條的說明。

第299條（移送被略誘人出國罪）
移送前條被略誘人出中華民國領域外者，處五年以上有期徒刑。
前項之未遂犯罰之。

解說

　　本條第1項規定，行為人如果移送第298條的被略誘人出我國領域之外，法定刑為五年以上有期徒刑。

　　本條第2項規定，本條第1項犯罪的未遂犯，亦須處罰。

　　關於未遂犯的定義，請參閱本書第25條的說明。

第300條（藏匿被略誘婦女罪）
意圖營利，或意圖使被略誘人為猥褻之行為或性交，而收

受、藏匿被略誘人或使之隱避者，處六月以上五年以下有期
徒刑，得併科一萬五千元以下罰金。
前項之未遂犯罰之。

解說

　　本條第1項規定，行為人如果主觀上意圖取得財產利益或
意圖使被略誘人為猥褻或性交行為，而在客觀上收受、藏匿被
略誘人或使其隱避，法定刑為六月以上五年以下有期徒刑，得
併科1萬5,000元以下罰金。

　　本條第2項規定，本條第1項犯罪的未遂犯，亦須處罰。

　　關於略誘的定義，請參閱本書第298條的說明。關於性交
的定義，請參閱本書第10條的說明。關於猥褻的定義，請參
閱本書第231條的說明。關於收受、藏匿、使之隱避的定義，
請參閱本書第231條之1的說明。關於併科的定義，請參閱本書
第191條的說明。關於未遂犯的定義，請參閱本書第25條的說
明。

第301條（減輕之特例）

犯第二百九十八條至第三百條之罪，於裁判宣告前，送回被
誘人或指明所在地因而尋獲者，得減輕其刑。

解說

　　所謂裁判宣告前，指法院最終審裁判宣告以前。

　　行為人如果犯第298條略誘婦女罪、第299條移送被略誘人
出國罪或第300條藏匿被略誘婦女罪，而在該案件的最終審裁

定或判決宣告以前，送回被略誘人或指明其所在地，並因此尋
獲被略誘人，「得」減輕其刑。

第302條（剝奪他人行動自由罪）
私行拘禁或以其他非法方法，剝奪人之行動自由者，處五年
以下有期徒刑、拘役或九千元以下罰金。
因而致人於死者，處無期徒刑或七年以上有期徒刑，致重傷
者，處三年以上十年以下有期徒刑。
第一項之未遂犯罰之。

解說

　　本條第1項所謂私行拘禁，指違反被害人的意思，將其拘
捕監禁。所謂剝奪人之行動自由，指使被害人無法或難以自由
行動。

　　行為人如果私行拘禁或以其他非法方法，剝奪被害人的行
動自由，法定刑為五年以下有期徒刑、拘役或9,000元以下罰
金。

　　本條第2項規定，行為人如果因犯第1項之罪，導致被害人
死亡，法定刑為無期徒刑或七年以上有期徒刑；如果導致被害
人受重傷，法定刑為三年以上十年以下有期徒刑。

　　本條第3項規定，本條第1項犯罪的未遂犯，亦須處罰。

　　關於拘役的定義，請參閱本書第33條的說明。關於死亡的
定義，請參閱本書第271條的說明。關於重傷的定義，請參閱
本書第10條的說明。關於未遂犯的定義，請參閱本書第25條的
說明。

第302條之1（加重剝奪他人行動自由罪）

犯前條第一項之罪而有下列情形之一者，處一年以上七年以下有期徒刑，得併科一百萬元以下罰金：

一、三人以上共同犯之。

二、攜帶兇器犯之。

三、對精神、身體障礙或其他心智缺陷之人犯之。

四、對被害人施以凌虐。

五、剝奪被害人行動自由七日以上。

因而致人於死者，處無期徒刑或十年以上有期徒刑；致重傷者，處五年以上十二年以下有期徒刑。

第一項第一款至第四款之未遂犯罰之。

解說

　　近來發生詐騙集團為取得他人的金融帳戶以實行詐欺、洗錢犯罪，而囚禁、凌虐被害人，甚至造成被害人死亡、重傷等嚴重侵害人權的犯罪，故本條第1項規定，行為人如果犯第302條之罪而有下列情形之一，法定刑加重為一年以上七年以下有期徒刑，得併科100萬元以下罰金：一、三人以上共同犯之；二、攜帶兇器犯之；三、對精神、身體障礙或其他心智缺陷之人犯之；四、對被害人施以凌虐；五、剝奪被害人行動自由七日以上。

　　本條第2項規定，行為人如果因犯第1條之罪，導致被害人死亡，法定刑加重為無期徒刑或十年以上有期徒刑；如果導致被害人受重傷，法定刑加重為五年以上十二年以下有期徒刑。

　　本條第3項規定，本條第1項第1款至第4款的未遂犯，亦須處罰。

　　關於未遂犯的定義，請參閱本書第25條的說明。

第303條（剝奪直系血親尊親屬行動自由罪）
對於直系血親尊親屬犯前二條第一項或第二項之罪者，加重
其刑至二分之一。

解說

　　行為人如果對於自己的直系血親尊親屬犯第302條第1項、
第2項之罪、第302條之1第1項、第2項之罪，法定刑均加重至
各項犯罪法定刑的二分之一。

　　關於直系血親尊親屬的定義，請參閱本書第295條的說
明。

第304條（強制罪）
以強暴、脅迫使人行無義務之事或妨害人行使權利者，處三
年以下有期徒刑、拘役或九千元以下罰金。
前項之未遂犯罰之。

解說

　　本條第1項規定，行為人如果以強暴、脅迫手段，使被害
人行法律上無義務之事，或妨害被害人行使合法的權利，例
如：債權人在未取得執行名義的情況下，直接至債務人家中，
強行搬走財產、債權人因債務人還不出錢，而強行取走其汽車
鑰匙，使其無法開車等，法定刑均為三年以下有期徒刑、拘役
或9,000元以下罰金。

　　本條第2項規定，本條第1項犯罪的未遂犯，亦須處罰。

　　關於強暴、脅迫的定義，請參閱本書第135條的說明。關

於拘役的定義，請參閱本書第33條的說明。關於未遂犯的定義，請參閱本書第25條的說明。

第305條（恐嚇危害安全罪）
以加害生命、身體、自由、名譽、財產之事，恐嚇他人致生危害於安全者，處二年以下有期徒刑、拘役或九千元以下罰金。

解說

所謂致生危害於安全，指使被害人心生畏懼而有不安全感，並不須發生客觀上的危害。

行為人如果以加害被害人的生命、身體、自由、名譽、財產之事，恐嚇被害人，使其心生恐懼而有不安全感，法定刑為二年以下有期徒刑、拘役或9,000元以下罰金。

關於恐嚇的定義，請參閱本書第221條的說明。關於拘役的定義，請參閱本書第33條的說明。

第306條（侵入住居罪）
無故侵入他人住宅、建築物或附連圍繞之土地或船艦者，處一年以下有期徒刑、拘役或九千元以下罰金。
無故隱匿其內，或受退去之要求而仍留滯者，亦同。

解說

本條第1項所謂無故，指無正當理由。所謂侵入，指違反

居住人或管理人的意思而進入。

行為人如果無故侵入他人住宅、建築物或附連圍繞的土地或船艦，法定刑為一年以下有期徒刑、拘役或9,000元以下罰金。

本條第2項所謂隱匿，指進入他人住宅後，隱伏藏匿於其內，使居住人或管理人難以發現。

行為人如果無故隱匿於他人住宅、建築物或附連圍繞的土地或船艦內，或受居住人或管理人退去的要求而仍留滯其內，法定刑亦為一年以下有期徒刑、拘役或9,000元以下罰金。

關於拘役的定義，請參閱本書第33條的說明。

第307條（違法搜索罪）
不依法令搜索他人身體、住宅、建築物、舟、車或航空機者，處二年以下有期徒刑、拘役或九千元以下罰金。

解說

所謂法令，指刑事訴訟法、軍事審判法、少年事件處理法等。所謂搜索，指基於發現犯罪嫌疑人及其犯罪證據之目的，而對於一定的人、物、處所實施的強制處分。搜索是侵害被搜索人隱私自由、人身自由及住居自由的行為，所以必須依法令始得為之。

行為人如果不依法令逕行搜索被害人的身體、住宅、建築物、舟、車或航空機，法定刑為二年以下有期徒刑、拘役或9,000元以下罰金。

關於拘役的定義，請參閱本書第33條的說明。

第308條（告訴乃論）

第二百九十八條及第三百零六條之罪，須告訴乃論。

第二百九十八條第一項之罪，其告訴以不違反被略誘人之意思為限。

解說

本條第1項規定，第298條略誘婦女罪、第306條侵入住居罪，均為告訴乃論之罪。

本條第2項規定，第298條略誘婦女罪中被略誘人的直系血親、三親等內的旁系血親、二親等內的姻親或家長、家屬均得提出告訴（刑事訴訟法第234條），但是其告訴必須不違反被略誘人的意思始得提出。

關於直系血親、旁系血親的定義及親等的計算方式，請參閱本書第230條的說明。關於姻親的定義，請參閱本書第162條的說明。關於告訴乃論的定義，請參閱本書第236條的說明。

第四節　侵害名譽及信用之犯罪

侵害個人法益犯罪的第四小類，為侵害名譽及信用之犯罪，其內容涵蓋刑法分則第二十七章的妨害名譽及信用罪。

妨害名譽及信用罪會危害到個人的名譽（即社會上之評價）及信用（經濟上之評價），所以基於法益保護原則，為了保護個人的名譽、信用法益，政府（立法院）可以制定法律，處罰這些行為。

妨害名譽及信用罪

第309條（公然侮辱罪）
公然侮辱人者，處拘役或九千元以下罰金。
以強暴犯前項之罪者，處一年以下有期徒刑、拘役或一萬五千元以下罰金。

解說

本條第1項所謂公然，指不特定人（不一定是誰）或多數人得共見共聞的狀態。所謂侮辱，指對他人為抽象的負面評價，其內容未針對具體特定事實，且客觀上不可能發生，不會使他人誤信為真，例如：罵人三字經、畜生等。

行為人如果公然侮辱他人，法定刑為拘役或9,000元以下罰金。

本條第2項規定，行為人如果以強暴的手段公然侮辱他人，例如：當街打他人巴掌、當眾強壓他人下跪、當街潑糞於他人身上等，法定刑為一年以下有期徒刑、拘役或1萬5,000元以下罰金。

關於強暴的定義，請參閱本書第221條的說明。關於拘役的定義，請參閱本書第33條的說明。

第310條（誹謗罪）
意圖散布於眾，而指摘或傳述足以毀損他人名譽之事者，為誹謗罪，處一年以下有期徒刑、拘役或一萬五千元以下罰

金。

散布文字、圖畫犯前項之罪者，處二年以下有期徒刑、拘役或三萬元以下罰金。

對於所誹謗之事，能證明其為真實者，不罰。但涉於私德而與公共利益無關者，不在此限。

解說

本條第1項所謂散布於眾，指分散傳布於不特定人（不一定是誰）或多數人。所謂指摘，指將原本不為人知的某種事實予以揭發。所謂傳述，指就已揭發的事實予以宣傳轉述。所謂足以毀損他人名譽之事，指有害於他人名譽的具體事實，且該事實在客觀上有可能發生，足以使人誤信為真，例如：某人貪污、某人嫖妓、某人考試作弊等。

行為人如果在主觀上意圖散布於眾，而在客觀上指摘或傳述足以毀損他人名譽的具體事實，成立誹謗罪，法定刑為一年以下有期徒刑、拘役或1萬5,000元以下罰金。

本條第2項規定，行為人如果主觀上意圖散布於眾，而在客觀上以散布文字、圖畫的方式，指摘或傳述足以毀損他人名譽的具體事實，法定刑加重至二年以下有期徒刑、拘役或3萬元以下罰金。

本條第3項所謂私德，指私人德行或私生活。所謂公共利益，指與社會上不特定人或多數人有關的利益。

行為人對於所誹謗的具體事實，如果能夠證明其為真實，不須處罰。但該事實如果僅涉及被害人的私德，而與公共利益無關，仍須處罰。

另依大法官解釋第509號解釋文，行為人如果不能證明自

己所誹謗的具體事實為真實，但依所提證據資料，足以認為行為人有相當理由確信自己所述為真實時，仍不須處罰，此即所謂「真實惡意」原則。例如：新聞從業人員在經過相當採訪查證後，對外報導某政府官員有收受賄款，但事後經司法調查，確認該政府官員確無收賄情事，此時依「真實惡意」原則，由於新聞從業人員有相當理由確信自己所報導的內容為真實，所以不會成立誹謗罪。

關於拘役的定義，請參閱本書第33條的說明。

第311條（免責條件）
以善意發表言論，而有左列情形之一者，不罰：
一、因自衛、自辯或保護合法之利益者。
二、公務員因職務而報告者。
三、對於可受公評之事，而為適當之評論者。
四、對於中央及地方之會議或法院或公眾集會之記事，而為
**　　適當之載述者。**

解說

　　所謂善意，指非專以毀損他人名譽、信用為唯一目的。第1款所謂自衛、自辯或保護合法的利益，指自我防衛、自我辯解或保護自己在法律上得享受的利益，例如：黑道大哥威脅小弟必須搶劫銀行，否則就殺光他全家老小，小弟迫於無奈只好行搶，後來卻被警察逮捕，到法院時，小弟辯解說自己是被黑道大哥以暴力脅迫才會犯案，並非出於自願，這樣的自辯之詞雖然會毀損黑道大哥的名譽，但是仍不會成立誹謗罪。第2款

所謂公務員因職務而報告，例如：行政院長至立法院備質時，報告臺北市大停水是因為某官員失職所致，院長的報告內容雖會毀損該官員的名譽，但也不會成立誹謗罪。第3款所謂對於可受公評之事，而為適當之評論，指對於政治事件、演藝人員緋聞、重大社會新聞、政治人物婚外情等得受公眾評論的事項，而為非情緒性及非人身攻擊性的言論。第4款所謂對於中央及地方之會議或法院或公眾集會之記事，而為適當之載述，例如：記者為了報導新聞需要，而載述立法院公報中行政院長備詢時曾提到某官員的具體失職情事，該載述雖會毀損該官員名譽，亦不會成立誹謗罪。

行為人如果基於善意發表言論，且具有本條四款情形之一，不會成立誹謗罪。

關於公務員的定義，請參閱本書第10條的說明。

第312條（侮辱誹謗死人罪）
對於已死之人公然侮辱者，處拘役或九千元以下罰金。
對於已死之人犯誹謗罪者，處一年以下有期徒刑、拘役或三萬元以下罰金。

解說

本條第1項規定，行為人如果公然侮辱一個已經死亡的人，法定刑為拘役或9,000元以下罰金。

本條第2項規定，行為人如果誹謗一個已經死亡的人，法定刑為一年以下有期徒刑、拘役或3萬元以下罰金。

關於公然、侮辱的定義，請參閱本書第309條的說明。關

於誹謗罪的成立要件，請參閱本書第310條、第311條的說明。
關於拘役的定義，請參閱本書第33條的說明。

第313條（妨害信用罪）
散布流言或以詐術損害他人之信用者，處二年以下有期徒
刑、拘役或科或併科二十萬元以下罰金。
以廣播電視、電子通訊、網際網路或其他傳播工具犯前項之
罪者，得加重其刑至二分之一。

解說

所謂散布，指分散傳布而使不特定人或多數人知悉。所謂
流言，指一般的謠言，其內容須全部或一部虛偽不實。所謂詐
術，指將不正確的訊息傳達給他人，使其陷於錯誤的行為。所
謂損害他人之信用，指有使他人的經濟生活遭致不利益社會評
價的危險，但不須確已發生損害。

行為人如果散布流言或以詐術損害他人的經濟信用，法定
刑為二年以下有期徒刑、拘役或科或併科20萬元以下罰金。

以廣播電視、電子通訊、網際網路或其他傳播工具等傳播
方式，同時或長期對社會多數公眾發送訊息傳送損害他人信用
的不實資訊，對該他人信用的損害更為嚴重。故本條第2項規
定，行為人如果以廣播電視、電子通訊、網際網路或其他傳播
工具犯第1項之罪，得加重其刑至二分之一。

關於併科的定義，請參閱本書第191條的說明。關於拘役
的定義，請參閱本書第33條的說明。

第314條（告訴乃論）
本章之罪，須告訴乃論。

解說

本章各條犯罪，均為告訴乃論之罪。

關於告訴乃論的定義，請參閱本書第236條的說明。

第五節　侵害秘密之犯罪

侵害個人法益犯罪的第五小類，為侵害秘密之犯罪，其內容涵蓋刑法分則第二十八章的妨害秘密罪及第二十八章之一的妨害性隱私及不實性影像罪。

妨害秘密罪會危害到個人隱私、生活中的私密領域及工商企業經濟活動中的工商機密，所以基於法益保護原則，為了保護個人的秘密法益，政府（立法院）可以制定法律，處罰妨害秘密的行為。

妨害秘密罪

第315條（妨害書信秘密罪）
無故開拆或隱匿他人之封緘信函、文書或圖畫者，處拘役或九千元以下罰金。無故以開拆以外之方法，窺視其內容者，亦同。

解說

　　本條前段所謂無故，指無正當理由。所謂開拆，指開啟拆閱或使封緘失效，使信函處於可被知悉其內容的狀態。所謂隱匿，指藏匿而使其不易被他人發現。

　　行為人如果無故開拆或隱匿他人的封緘信函、文書或圖畫，法定刑為拘役或9,000元以下罰金。

　　本條後段所謂開拆以外之方法，指未損壞封緘或不變更封緘的原狀，而以其他方法使封緘失其效力，進而得以知悉信函的內容。例如：利用燈光透視信函的內容。

　　行為人如果無故以開拆以外的方法，窺視信函、文書或圖畫的內容，法定刑亦為拘役或9,000元以下罰金。

　　關於拘役的定義，請參閱本書第33條的說明。

第315條之1（窺視竊聽竊錄罪）

有下列行為之一者，處三年以下有期徒刑、拘役或三十萬元以下罰金：
一、無故利用工具或設備窺視、竊聽他人非公開之活動、言論、談話或身體隱私部位者。
二、無故以錄音、照相、錄影或電磁紀錄竊錄他人非公開之活動、言論、談話或身體隱私部位者。

解說

　　本條第1款所謂無故，指無正當理由。所謂工具或設備，例如：單面不透視玻璃、望遠鏡等。所謂窺視，指未經被害人同意而察看。所謂竊聽，指未經被害人同意而聽聞。所謂非公

開，指被害人只願意讓特定少數人知悉或是根本不願意讓任何人知悉，且一旦被公開會使被害人心理感到痛苦或不安。所謂活動，指被害人的各種動作。

行為人如果無故利用工具或設備窺視、竊聽他人非公開的活動、言論、談話或身體隱私部位，法定刑為三年以下有期徒刑、拘役或30萬元以下罰金。

本條第2款所謂竊錄，指未經被害人同意而錄取聲音或影像。

行為人如果無故以錄音、照相、錄影或電磁紀錄竊錄他人非公開的活動、言論、談話或身體隱私部位，法定刑亦為三年以下有期徒刑、拘役或30萬元以下罰金。

關於拘役的定義，請參閱本書第33條的說明。關於電磁紀錄的定義，請參閱本書第10條的說明。

第315條之2（便利窺視竊聽竊錄罪、意圖散布而竊錄罪、散布竊錄內容罪）

意圖營利供給場所、工具或設備，便利他人為前條之行為者，處五年以下有期徒刑、拘役或科或併科五十萬元以下罰金。

意圖散布、播送、販賣而有前條第二款之行為者，亦同。

製造、散布、播送或販賣前二項或前條第二款竊錄之內容者，依第一項之規定處斷。

前三項之未遂犯罰之。

解說

本條第1項所謂便利,指對於他人提供協助。

行為人如果主觀上意圖取得財產利益,而在客觀上提供場所、工具或設備,便利他人在無正當理由的情況下,窺視、竊聽被害人的非公開活動、言論、談話或身體隱私部位,法定刑為五年以下有期徒刑、拘役或科或併科50萬元以下罰金。

本條第2項所謂散布,指對不特定人或多數人為無償的交付。所謂播送,指以有線電、無線電等,對不特定人或多數人傳達聲音或影像。所謂販賣,指對不特定人或多數人為有償的交付。

行為人如果主觀上意圖散布、播送或販賣因竊錄取得的聲音、影像,而以錄音、照相、錄影或電磁紀錄竊錄他人非公開的活動、言論、談話或身體隱私部位,法定刑亦為五年以下有期徒刑、拘役或科或併科50萬元以下罰金。

本條第3項所謂製造,指加工於原料以製成產品。

行為人如果製造、散布、播送或販賣竊錄的影像、聲音等內容,法定刑亦為五年以下有期徒刑、拘役或科或併科50萬元以下罰金。

本條第4項規定,本條第1項至第3項犯罪的未遂犯,亦須處罰。

關於併科的定義,請參閱本書第191條的說明。關於拘役的定義,請參閱本書第33條的說明。關於未遂犯的定義,請參閱本書第25條的說明。

第315條之3（竊錄產品沒收）
前二條竊錄內容之附著物及物品，不問屬於犯人與否，沒收
之。

解說

第315條之1、第315條之2竊錄內容的附著物及物品，例
如：偷拍光碟片、光碟盒等，不論是否屬於犯人所有，一律沒
收之。

關於沒收的定義，請參閱本書第34條的說明。

第316條（洩漏業務上知悉他人秘密罪）
醫師、藥師、藥商、助產士、心理師、宗教師、律師、辯護
人、公證人、會計師或其業務上佐理人，或曾任此等職務之
人，無故洩漏因業務知悉或持有之他人秘密者，處一年以下
有期徒刑、拘役或五萬元以下罰金。

解說

所謂無故，指無正當理由。所謂洩漏，指未經同意而將秘
密告知原不知情的他人。所謂秘密，指被害人不欲讓他人知悉
的事項。

醫師、藥師、藥商、助產士、心理師、宗教師、律師、辯
護人、公證人、會計師或其業務上的佐理人，或曾經擔任此等
職務的人，無故洩漏因其業務知悉或持有的他人秘密，法定刑
為一年以下有期徒刑、拘役或5萬元以下罰金。

關於拘役的定義，請參閱本書第33條的說明。

第317條（洩漏業務上知悉工商秘密罪）
依法令或契約有守因業務知悉或持有工商秘密之義務，而無故洩漏之者，處一年以下有期徒刑、拘役或三萬元以下罰金。

解說

　　所謂工商秘密，指工業上或商業上應行秘密的事項，例如：工業製造秘密、專利品的製作方法、商業投資計畫、公司資產狀況等。

　　行為人如果依法令或契約，有保守因業務知悉或持有工商秘密的義務，而無正當理由洩漏於不知情的他人，法定刑為一年以下有期徒刑、拘役或3萬元以下罰金。

　　關於拘役的定義，請參閱本書第33條的說明。

第318條（洩漏職務上工商秘密罪）
公務員或曾任公務員之人，無故洩漏因職務知悉或持有他人之工商秘密者，處二年以下有期徒刑、拘役或六萬元以下罰金。

解說

　　行為人如果是公務員或曾經擔任公務員，而無正當理由洩漏因職務知悉或持有的他人工商秘密於不知情的第三人，法定

刑為二年以下有期徒刑、拘役或6萬元以下罰金。

　　關於公務員的定義，請參閱本書第10條的說明。關於洩漏的定義，請參閱本書第316條的說明。關於工商秘密的定義，請參閱本書第317條的說明。關於拘役的定義，請參閱本書第33條的說明。

第318條之1（洩漏利用電腦知悉持有秘密罪）
無故洩漏因利用電腦或其他相關設備知悉或持有他人之秘密者，處二年以下有期徒刑、拘役或一萬五千元以下罰金。

解說

　　行為人如果無正當理由，而洩漏因利用電腦或其他相關設備所知悉或持有的他人秘密於不知情的第三人，例如：借用他人電腦，開啟其電子檔，而得知他人秘密，再洩漏於第三人，其法定刑為二年以下有期徒刑、拘役或1萬5,000元以下罰金。

　　關於洩漏、秘密的定義，請參閱本書第316條的說明。關於拘役的定義，請參閱本書第33條的說明。

第318條之2（加重刑罪事由）
利用電腦或其相關設備犯第三百十六條至第三百十八條之罪者，加重其刑至二分之一。

解說

　　行為人如果利用電腦或其相關設備犯第316條洩漏業務上

知悉他人秘密罪、第317條洩漏業務上知悉工商秘密罪或第318條洩漏職務上工商秘密罪，法定刑加重至各罪法定刑的二分之一。

第319條（告訴乃論）
第三百十五條、第三百十五條之一及第三百十六條至第三百十八條之二之罪，須告訴乃論。

解說

第315條的妨害書信秘密罪、第315條之1的窺視竊聽竊錄罪、第316條的洩漏業務上知悉他人秘密罪、第317條的洩漏業務上知悉工商秘密罪、第318條的洩漏職務上工商秘密罪、第318條之1的洩漏利用電腦知悉持有秘密罪及第318條之2的犯罪，均為告訴乃論之罪。

關於告訴乃論的定義，請參閱本書第236條的說明。

妨害性隱私及不實性影像罪

第319條之1（竊錄性影像罪）
未經他人同意，無故以照相、錄影、電磁紀錄或其他科技方法攝錄其性影像者，處三年以下有期徒刑。
意圖營利供給場所、工具或設備，便利他人為前項之行為者，處五年以下有期徒刑，得併科五十萬元以下罰金。

意圖營利、散布、播送、公然陳列或以他法供人觀覽，而犯
第一項之罪者，依前項規定處斷。
前三項之未遂犯罰之。

解說

為強化隱私權保障，維護個人生活私密領域最核心的性隱
私，本條第1項規定，行為人如果未經他人同意，無正當理由
而以照相、錄影、電磁紀錄或其他科技方法攝錄他人性影像，
法定刑為三年以下有期徒刑。

參考本法第315條之2第1項，本條第2項規定，行為人如果
意圖取得財產利益，而提供場所、工具或設備，便利他人犯本
條第1項之罪，法定刑為五年以下有期徒刑，得併科50萬元以
下罰金。

參考本法第315條之2第2項，本條第3項規定，行為人如果
意圖取得財產利益或意圖散布、播送、公然陳列或以他法供人
觀覽，而犯本條第1項之罪，法定刑亦為五年以下有期徒刑，
得併科50萬元以下罰金。

本條第4項規定，本條第1項至第3項犯罪的未遂犯，均須
處罰。

關於電磁紀錄、性影像的定義，請參閱本書第10條的說
明。關於未遂犯的定義，請參閱本書第25條的說明。

第319條之2（強制攝錄性影像罪）

以強暴、脅迫、恐嚇或其他違反本人意願之方法，以照相、
錄影、電磁紀錄或其他科技方法攝錄其性影像，或使其本人

攝錄者，處五年以下有期徒刑，得併科五十萬元以下罰金。

意圖營利供給場所、工具或設備，便利他人為前項之行為者，處六月以上五年以下有期徒刑，得併科五十萬元以下罰金。

意圖營利、散布、播送、公然陳列或以他法供人觀覽，而犯第一項之罪者，依前項規定處斷。

前三項之未遂犯罰之。

解說

　　本條第1項規定，行為人如果以強暴、脅迫、恐嚇或其他違反本人意願之方法，以照相、錄影、電磁紀錄或其他科技方法攝錄其性影像，或使其本人攝錄，因行為手段之惡性更重，故法定刑加重為五年以下有期徒刑，得併科50萬元以下罰金。

　　參考前條第2項，本條第2項規定，行為人如果意圖取得財產利益，而提供場所、工具或設備，便利他人犯本條第1項之罪，法定刑為六月以上五年以下有期徒刑，得併科50萬元以下罰金。

　　參考前條第3項，本條第3項規定，行為人如果意圖取得財產利益或意圖散布、播送、公然陳列或以他法供人觀覽，而犯本條第1項之罪，法定刑亦為六月以上五年以下有期徒刑，得併科50萬元以下罰金。

　　本條第4項規定，本條第1項至第3項犯罪的未遂犯，均須處罰。

　　關於電磁紀錄、性影像的定義，請參閱本書第10條的說明。關於未遂犯的定義，請參閱本書第25條的說明。

第319條之3（散布性影像罪）

未經他人同意，無故重製、散布、播送、交付、公然陳列，或以他法供人觀覽其性影像者，處五年以下有期徒刑，得併科五十萬元以下罰金。

犯前項之罪，其性影像係第三百十九條之一第一項至第三項攝錄之內容者，處六月以上五年以下有期徒刑，得併科五十萬元以下罰金。

犯第一項之罪，其性影像係前條第一項至第三項攝錄之內容者，處一年以上七年以下有期徒刑，得併科七十萬元以下罰金。

意圖營利而犯前三項之罪者，依各該項之規定，加重其刑至二分之一。販賣前三項性影像者，亦同。

前四項之未遂犯罰之。

解說

　　性隱私為私人生活最核心之領域，故本條第1項規定，無論是否為他人同意攝錄，行為人如果未經他人同意，無故重製、散布、播送、交付、公然陳列，或以他法供人觀覽該他人之性影像，因對於該他人將造成難堪與恐懼等身心創傷，故法定刑為五年以下有期徒刑，得併科50萬元以下罰金。

　　本條第2項規定，行為人如果犯第1項之罪，且性影像屬於本法第319條之1竊錄之內容，因主觀惡性更重，故法定刑加重為六月以上五年以下有期徒刑，得併科50萬元以下罰金。

　　本條第3項規定，行為人如果犯第1項之罪，且性影像屬於本法第319條之2以強暴、脅迫等違反本人意願之手段攝錄所

得，因主觀惡性更重，故法定刑再加重為一年以上七年以下有期徒刑，得併科70萬元以下罰金。

本條第4項規定，行為人如果意圖取得財產利益而犯本條第1項至第3項之罪或販賣本條第1項至第3項之性影像，因對於個人隱私權及生活私密領域之侵害更為嚴重，故法定刑加重至各罪法定刑的二分之一。

本條第5項規定，本條第1項至第4項犯罪的未遂犯，均須處罰。

關於性影像的定義，請參閱本書第10條的說明。關於未遂犯的定義，請參閱本書第25條的說明。

第319條之4（製作不實性影像罪）

意圖散布、播送、交付、公然陳列，或以他法供人觀覽，以電腦合成或其他科技方法製作關於他人不實之性影像，足以生損害於他人者，處五年以下有期徒刑、拘役或科或併科五十萬元以下罰金。

散布、播送、交付、公然陳列，或以他法供人觀覽前項性影像，足以生損害於他人者，亦同。

意圖營利而犯前二項之罪者，處七年以下有期徒刑，得併科七十萬元以下罰金。販賣前二項性影像者，亦同。

解說

因網路資訊科技及人工智慧技術之運用快速發展，以電腦合成或其他科技方法而製作關於他人不實之性影像，可能真假難辨，易於流傳，並對被害人造成難堪與恐懼等身心創傷，為

保護個人之隱私權及人格權，本條第1項規定，行為人如果意圖散布、播送、交付、公然陳列，或以他法供人觀覽，而以電腦合成或其他科技方法製作關於他人不實的性影像（例如：以深度偽造技術，將被害人之臉部移接於他人之性影像），足以生損害於他人，法定刑為五年以下有期徒刑、拘役或科或併科50萬元以下罰金。

本條第2項規定，行為人如果散布、播送、交付、公然陳列，或以他法供人觀覽本條第1項之性影像，足以生損害於他人，法定刑亦為五年以下有期徒刑、拘役或科或併科50萬元以下罰金。

本條第3項規定，行為人如果意圖取得財產利益，而犯本條第1項、第2項之罪，或販賣本條第1項、第2項之性影像，因惡性更重，故法定刑均加重為七年以下有期徒刑，得併科70萬元以下罰金。

第319條之5（沒收之規定）
第三百十九條之一至前條性影像之附著物及物品，不問屬於犯罪行為人與否，沒收之。

解說

為避免被害人受到二次傷害，故本條規定，將第319條之1至第319條之4性影像之附著物及物品，均納入沒收範圍。

第319條之6（告訴乃論之規定）
第三百十九條之一第一項及其未遂犯、第三百十九條之三第
一項及其未遂犯之罪，須告訴乃論。

解說

　　為尊重第319條之1第1項、第319條之3第1項被害人進行訴
訟程序的意願，本條規定，前揭犯罪及未遂犯均為告訴乃論之
罪。

第六節　侵害財產利益之犯罪

　　侵害個人法益犯罪的第六小類，為侵害個別財產利益之
犯罪，其內容涵蓋刑法分則第二十九章竊盜罪、第三十章搶奪
強盜及海盜罪、第三十一章侵占罪、第三十三章恐嚇擄人勒贖
罪、第三十五章毀棄損壞罪及第三十六章妨害電腦使用罪。
　　本類型犯罪會危害到個人的個別財產利益，所以基於法益
保護原則，為了保護個人的個別財產法益，政府（立法院）可
以制定法律，處罰這些行為。
　　本類型犯罪是否成立，須考慮特定財產的所有權或持有權
是否被侵害，而不考慮被害人的整體財產是否減少，換言之，
就算被害人的整體財產沒有減少，仍會成立本類型犯罪。
　　侵害個人法益犯罪的第七小類，為侵害整體財產利益之
犯罪，其內容涵蓋刑法分則第三十二章詐欺背信重利罪及第

三十四章贓物罪。

　　本類型犯罪會危害到個人的整體財產利益，所以基於法益保護原則，為了保護個人的整體財產法益，政府可以制定法規，處罰這些行為。

　　本類型犯罪是否成立，除須考慮特定財產的所有權或持有權是否被侵害外，尚須考慮被害人的整體財產是否減少，換言之，如果被害人的整體財產沒有減少，就不會成立本類型犯罪。

竊盜罪

　　竊盜罪所侵害的法益為個人的個別財產利益。

第320條（普通竊盜罪、竊占罪）
意圖為自己或第三人不法之所有，而竊取他人之動產者，為竊盜罪，處五年以下有期徒刑、拘役或五十萬元以下罰金。
意圖為自己或第三人不法之利益，而竊占他人之不動產者，依前項之規定處斷。
前二項之未遂犯罰之。

解說

　　本條第1項所謂意圖為自己或第三人不法之所有，指行為人在主觀上具有不法意圖及所有意圖。所謂不法意圖，指行為人主觀上知道自己或第三人在法律上並無請求該物的權利；所

謂所有意圖，指行為人主觀上欲排除被害人對於該物的所有，並將該物據為自己或第三人所有。所謂竊取，指未經被害人同意而破壞其對動產的持有支配關係，並建立新的持有支配關係。所謂動產，指土地及其定著物以外的財產。

行為人如果主觀上意圖為自己或第三人的不法所有，而在客觀上竊取他人的動產，成立竊盜罪，法定刑為五年以下有期徒刑、拘役或50萬元以下罰金。

本條第2項所謂竊占，指未經被害人同意而破壞其對不動產的占有支配關係，並建立新的占有支配關係。所謂不動產，指土地及其定著物，例如：停車位、房屋、工廠等。

行為人如果主觀上意圖為自己或第三人的不法利益，而在客觀上竊占他人的不動產，成立竊占罪，法定刑亦為五年以下有期徒刑、拘役或50萬元以下罰金。

本條第3項規定，本條第1項、第2項犯罪的未遂犯，均須處罰。

關於拘役的定義，請參閱本書第33條的說明。關於未遂犯的定義，請參閱本書第25條的說明。

第321條（加重竊盜罪）

犯前條第一項、第二項之罪而有下列情形之一者，處六月以上五年以下有期徒刑，得併科五十萬元以下罰金：

一、侵入住宅或有人居住之建築物、船艦或隱匿其內而犯之。

二、毀越門窗、牆垣或其他安全設備而犯之。

三、攜帶兇器而犯之。

四、結夥三人以上而犯之。

五、乘火災、水災或其他災害之際而犯之。

六、在車站、港埠、航空站或其他供水、陸、空公眾運輸之
　　舟、車、航空機內而犯之。

前項之未遂犯罰之。

解說

　　本條第1項第1款所謂侵入，指未經同意而進入。所謂住宅，指他人日常居住的場所。所謂建築物，指上有屋頂，周有門壁，足以遮避風雨，供人出入而定著於土地上的工作物，如：倉庫、學校、店鋪等。所謂隱匿，指藏匿而不易被人發現的行為。

　　本條第1項第2款所謂毀越，指毀損或踰越。所謂其他安全設備，指一切防盜的設備。

　　本條第1項第3款所謂兇器，指依其原本的使用方式及性質，本即具有危險性的器物，例如：小刀、剪刀等；反之，例如：皮帶、鋼筆等，尚須透過人力加以特別使用才會具有危險性，則非兇器。

　　本條第1項第5款所謂其他災害，指火災、水災外，可能危及不特定人或多數人安全的天然或人為災害。

　　本條第1項第6款所謂車站，指供各種車類停靠，而為旅客上下、行走必經的處所。所謂港埠，指供船舶停泊，而為旅客上下、行走必經的處所。如果是在車站或港埠的餐廳偷竊，由於並非旅客上下、行走必經的處所，所以不屬本款的車站、港埠。

　　所謂其他供水、陸、空公眾運輸之舟、車、航空機，指

供不特定人或多數人運載輸送之用的交通工具，如：輪船、公車、民航機等。

行為人如果犯竊盜罪而同時具有本條第1項各款所列事由之一，法定刑為六月以上五年以下有期徒刑，得併科新臺幣50萬元以下罰金。

本條第2項規定，本條第1項犯罪的未遂犯，亦須處罰。

關於未遂犯的定義，請參閱本書第25條的說明。

第322條（刪除）

第323條（準動產）
電能、熱能及其他能量，關於本章之罪，以動產論。

解說

電能、熱能及其他能量，於本章各項犯罪中，視為動產。例如：行為人「偷電」的行為，會被視為竊取動產，而成立竊盜罪。

第324條（親屬相盜罪）
於直系血親、配偶或同財共居親屬之間，犯本章之罪者，得免除其刑。
前項親屬或其他五親等內血親或三親等內姻親之間，犯本章之罪者，須告訴乃論。

解說

本條第1項所謂同財共居親屬，指財物互通且同居一處的親屬。

直系血親、配偶、同財共居親屬之間，如果相互犯本章的犯罪，「得」免除其刑。

本條第2項規定，直系血親、配偶、同財共居親屬、五親等內血親、三親等內姻親之間，如果相互犯本章的犯罪，均屬於告訴乃論之罪。

關於直系血親、親等的定義及計算方式，請參閱本書第230條的說明。關於姻親的定義，請參閱本書第162條的說明。關於告訴乃論的定義，請參閱本書第236條的說明。

搶奪強盜及海盜罪

搶奪強盜及海盜罪所侵害的法益為個人的個別財產利益。

第325條（普通搶奪罪）

意圖為自己或第三人不法之所有，而搶奪他人之動產者，處六月以上五年以下有期徒刑。

因而致人於死者，處無期徒刑或七年以上有期徒刑，致重傷者，處三年以上十年以下有期徒刑。

第一項之未遂犯罰之。

解說

　　本條第1項所謂搶奪，指乘人不備而公然掠取他人的動產，例如：行為人騎乘機車，乘路人不備，而奪取其側背的皮包、行為人到手機店假裝要選看手機，於老闆交付手機後，突然拿起手機掉頭就跑。

　　行為人如果主觀上意圖為自己或第三人的不法所有，而在客觀上搶奪他人的動產，法定刑為六月以上五年以下有期徒刑。

　　本條第2項規定，行為人如果因第1項行為，導致被害人死亡，法定刑為無期徒刑或七年以上有期徒刑；如果導致被害人受重傷，法定刑為三年以上十年以下有期徒刑。

　　本條第3項規定，本條第1項犯罪的未遂犯，亦須處罰。

　　關於意圖為自己或第三人不法之所有的定義，請參閱本書第320條的說明。關於死亡的定義，請參閱本書第271條的說明。關於重傷的定義，請參閱本書第10條的說明。關於未遂犯的定義，請參閱本書第25條的說明。

第326條（加重搶奪罪）
犯前條第一項之罪，而有第三百二十一條第一項各款情形之一者，處一年以上七年以下有期徒刑。
前項之未遂犯罰之。

解說

　　本條第1項規定，行為人如果犯第325條第1項的搶奪罪，而同時有第321條第1項各款所列加重事由之一，法定刑為一年

以上七年以下有期徒刑。

　　本條第2項規定，本條第1項犯罪的未遂犯，亦須處罰。

　　關於未遂犯的定義，請參閱本書第25條的說明。

第327條（刪除）

第328條（普通強盜罪）
意圖為自己或第三人不法之所有，以強暴、脅迫、藥劑、催眠術或他法，至使不能抗拒，而取他人之物或使其交付者，為強盜罪，處五年以上有期徒刑。
以前項方法得財產上不法之利益或使第三人得之者，亦同。
犯強盜罪因而致人於死者，處死刑、無期徒刑或十年以上有期徒刑；致重傷者，處無期徒刑或七年以上有期徒刑。
第一項及第二項之未遂犯罰之。
預備犯強盜罪者，處一年以下有期徒刑、拘役或九千元以下罰金。

解說

　　本條第1項所謂他法，指與強暴、脅迫、藥劑、催眠術等方法性質接近，違反本人意願的強制方法。所謂至使不能抗拒，指行為人的強制手段達到使被害人不能抗拒的程度。所謂取他人之物，指以強制手段直接取得他人的物品。所謂使其交付，指以強制手段使被害人為交付該物品的動作。

　　行為人如果主觀上意圖為自己或第三人不法的所有，而在客觀上以強暴、脅迫、藥劑、催眠術或他法，至使被害人不能抗拒，而直接取得他人的物品或使被害人交付該物品，成立強盜罪，法定刑為五年以上有期徒刑。

　　本條第2項所謂財產上不法之利益，指物以外的不法財產利益，例如：強迫被害人提供免費服務或免除債務等。

　　行為人如果主觀上意圖為自己或第三人不法的利益，而在客觀上以強暴、脅迫、藥劑、催眠術或他法，至使被害人不能抗拒，而自己取得或使第三人取得財產上的不法利益，法定刑亦為五年以上有期徒刑。

　　本條第3項規定，行為人如果因犯本條第1項、第2項強盜罪，導致被害人死亡，法定刑為死刑、無期徒刑或十年以上有期徒刑；如果導致被害人受重傷，法定刑為無期徒刑或七年以上有期徒刑。

　　本條第4項及第5項規定，本條第1項、第2項強盜罪的未遂犯及預備犯，均須處罰，其中預備犯的法定刑為一年以下有期徒刑、拘役或9,000元以下罰金。

　　關於意圖為自己或第三人不法之所有的定義，請參閱本書第320條的說明。關於強暴、脅迫、藥劑、催眠術、其他違反本人意願之方法的定義，請參閱本書第231條之1的說明。關於死亡的定義，請參閱本書第271條的說明。關於重傷的定義，請參閱本書第10條的說明。關於未遂犯、預備犯的定義，請參閱本書第25條的說明。關於拘役的定義，請參閱本書第33條的說明。

第329條（準強盜罪）
竊盜或搶奪，因防護贓物、脫免逮捕或湮滅罪證，而當場施以強暴脅迫者，以強盜論。

解說

所謂當場，指實施竊盜或搶奪行為當時的場所。

犯竊盜罪或搶奪罪的行為人，如果主觀上為了防護贓物、脫免逮捕或湮滅罪證，而在客觀上當場對他人施以強暴或脅迫，成立準強盜罪，法定刑與強盜罪同，為五年以上有期徒刑。

關於強暴、脅迫的定義，請參閱本書第135條的說明。

第330條（加重強盜罪）
犯強盜罪而有第三百二十一條第一項各款情形之一者，處七年以上有期徒刑。
前項之未遂犯罰之。

解說

本條第1項規定，行為人如果觸犯強盜罪，同時具有第321條第1項各款所定加重事由之一，法定刑為七年以上有期徒刑。

本條第2項規定，本條第1項犯罪的未遂犯，亦須處罰。

關於未遂犯的定義，請參閱本書第25條的說明。

第331條（刪除）

第332條（強盜罪結合犯）

犯強盜罪而故意殺人者，處死刑或無期徒刑。

犯強盜罪而有下列行為之一者，處死刑、無期徒刑或十年以上有期徒刑：

一、放火者。

二、強制性交者。

三、擄人勒贖者。

四、使人受重傷者。

解說

　　本條第1項規定，行為人如果觸犯強盜罪，且於強盜行為當時的場所，故意殺人，法定刑為死刑或無期徒刑。

　　本條第2項規定，行為人如果觸犯強盜罪，且於強盜行為當時的場所，放火、強制性交、擄人勒贖或使人受重傷，法定刑為死刑、無期徒刑或十年以上有期徒刑。

　　關於殺人的定義，請參閱本書第271條的說明。關於放火的定義，請參閱本書第173條的說明。關於強制性交的定義，請參閱本書第221條的說明。關於擄人勒贖的定義，請參閱本書第347條的說明。關於使人受重傷的定義，請參閱本書第278條的說明。

第333條（海盜罪、準海盜罪）

未受交戰國之允准或不屬於各國之海軍，而駕駛船艦，意圖施強暴、脅迫於他船或他船之人或物者，為海盜罪，處死刑、無期徒刑或七年以上有期徒刑。

船員或乘客意圖掠奪財物，施強暴、脅迫於其他船員或乘客，而駕駛或指揮船艦者，以海盜論。

因而致人於死者，處死刑、無期徒刑或十二年以上有期徒刑；致重傷者，處死刑、無期徒刑或十年以上有期徒刑。

解說

　　本條第1項所謂船艦，指具有相當武裝實力，能行駛於海洋，與海軍船艦有類似設備的船艦。

　　行為人如果不屬於各國海軍，也未受交戰國家的允許，而在主觀上意圖施強暴、脅迫於其他船艦或其他船艦上的人或物，並在客觀上有駕駛船艦的行為，成立海盜罪，法定刑為死刑、無期徒刑或七年以上有期徒刑。

　　本條第2項規定，船員（包括船長及工作人員）或乘客如果主觀上意圖掠奪他人財物，而在客觀上施強暴、脅迫於其他船員或乘客，並駕駛或指揮船艦，視為成立海盜罪。

　　本條第3項規定，行為人如果因本條第1項、第2項行為，致使他人死亡，法定刑為死刑、無期徒刑或十二年以上有期徒刑；如果致使他人受重傷，法定刑為死刑、無期徒刑或十年以上有期徒刑。

　　關於強暴、脅迫的定義，請參閱本書第135條的說明。關於死亡的定義，請參閱本書第271條的說明。關於重傷的定義，請參閱本書第10條的說明。

第334條（海盜罪結合犯）

犯海盜罪而故意殺人者，處死刑或無期徒刑。

犯海盜罪而有下列行為之一，處死刑、無期徒刑或十二年以上有期徒刑：

一、放火者。

二、強制性交者。

三、擄人勒贖者。

四、使人受重傷者。

解說

　　本條第1項規定，行為人如果觸犯海盜罪，且於為海盜行為當時的場所，故意殺人，法定刑為死刑或無期徒刑。

　　本條第2項規定，行為人如果觸犯強盜罪，且於為海盜行為當時的場所，放火、強制性交、擄人勒贖或使人受重傷，法定刑為死刑、無期徒刑或十二年以上有期徒刑。

　　關於殺人的定義，請參閱本書第271條的說明。關於放火的定義，請參閱本書第173條的說明。關於強制性交的定義，請參閱本書第221條的說明。關於擄人勒贖的定義，請參閱本書第347條的說明。關於使人受重傷的定義，請參閱本書第278條的說明。

第334條之1（準用）

第三百二十三條之規定，於本章之罪準用之。

解說

　　電能、熱能及其他能量，於本章各項犯罪中，視為動產。

侵占罪

　　侵占罪所侵害的法益為個人的個別財產利益。

第335條（普通侵占罪）
意圖為自己或第三人不法之所有，而侵占自己持有他人之物者，處五年以下有期徒刑、拘役或科或併科三萬元以下罰金。
前項之未遂犯罰之。

解說

　　本條第1項所謂侵占，指易持有為所有的行為，亦即行為人改以物的所有權人自居的行為，例如：行為人為他人保管手機，竟以自己的名義轉賣給第三人，並取得價金，此出賣手機的行為，即屬侵占。所謂自己持有他人之物，指該物的所有權屬於他人，而現為行為人自己所持有。

　　行為人如果主觀上意圖為自己或第三人的不法所有，而在客觀上侵占自己持有的他人之物，法定刑為五年以下有期徒刑、拘役或科或併科3萬元以下罰金。

　　本條第2項規定，本條第1項犯罪的未遂犯，亦須處罰。

　　關於意圖為自己或第三人不法之所有的定義，請參閱本書第320條的說明。關於併科的定義，請參閱本書第191條的說

明。關於拘役的定義，請參閱本書第33條的說明。關於未遂犯的定義，請參閱本書第25條的說明。

第336條（公務公益侵占罪、業務侵占罪）

對於公務上或因公益所持有之物，犯前條第一項之罪者，處一年以上七年以下有期徒刑，得併科十五萬元以下罰金。
對於業務上所持有之物，犯前條第一項之罪者，處六月以上五年以下有期徒刑，得併科九萬元以下罰金。
前二項之未遂犯罰之。

解說

本條第1項所謂公務，指公務員的職務。所謂公益，指公共利益，亦即不特定人或多數人的利益。

行為人如果主觀上意圖為自己或第三人的不法所有，而在客觀上侵占自己因執行公務或因公益而持有的他人之物，例如：救災團體的工作人員將自己持有的捐助糧食據為己有，法定刑為一年以上七年以下有期徒刑，得併科15萬元以下罰金。

本條第2項所謂業務，指基於社會分工的利益，而反覆為同種類行為，例如：醫生為病人看診、律師為當事人進行訴訟、土地代書為買賣雙方辦理過戶登記等。

行為人如果主觀上意圖為自己或第三人的不法所有，而在客觀上侵占自己因執行業務而持有的他人之物，例如：土地代書將買方交付給自己的契稅款項據為己有、律師將當事人交付給自己的擔保金據為己有等，法定刑為六月以上五年以下有期徒刑，得併科9萬元以下罰金。

　　本條第3項規定，本條第1項、第2項犯罪的未遂犯，均須處罰。

　　關於意圖為自己或第三人不法之所有的定義，請參閱本書第320條的說明。關於侵占的定義，請參閱本書第335條的說明。關於併科的定義，請參閱本書第191條的說明。關於未遂犯的定義，請參閱本書第25條的說明。

第337條（侵占脫離物罪）

意圖為自己或第三人不法之所有，而侵占遺失物、漂流物或其他離本人所持有之物者，處一萬五千元以下罰金。

解說

　　所謂遺失物，指非基於所有權人的意思，偶然脫離其持有的物品。所謂漂流物，指隨水漂流，而脫離所有權人持有的物品。所謂其他離本人所持有之物，例如：被風吹走的衣褲。

　　行為人如果主觀上意圖為自己或第三人的不法所有，而在客觀上侵占遺失物、漂流物或其他離所有權人持有的物品，例如：撿到手機或錢包而據為己有，法定刑為1萬5,000元以下罰金。

　　關於意圖為自己或第三人不法之所有的定義，請參閱本書第320條的說明。關於侵占的定義，請參閱本書第335條的說明。

第338條（侵占電氣與親屬間犯侵占罪者準用竊盜罪之規定）

第三百二十三條及第三百二十四條之規定，於本章之罪準用之。

解說

電能、熱能及其他能量，於本章各犯罪中，視為動產。

直系血親、配偶、同財共居親屬之間，如果相互犯本章之罪，「得」免除其刑。直系血親、配偶、同財共居親屬、五親等內血親、三親等內姻親之間，如果相互犯本章之罪，均屬於告訴乃論之罪。

關於直系血親、親等的定義及計算方式，請參閱本書第230條的說明。關於同財共居親屬的定義，請參閱本書第324條的說明。關於姻親的定義，請參閱本書第162條的說明。關於告訴乃論的定義，請參閱本書第236條的說明。

詐欺背信及重利罪

詐欺背信及重利罪所侵害的法益為個人的整體財產利益。

第339條（普通詐欺罪）

意圖為自己或第三人不法之所有，以詐術使人將本人或第三人之物交付者，處五年以下有期徒刑、拘役或科或併科五十萬元以下罰金。

以前項方法得財產上不法之利益或使第三人得之者，亦同。
前二項之未遂犯罰之。

解說

　　本條第1項所謂詐術，指將不正確的訊息傳達給他人，使其陷於錯誤的行為。

　　行為人如果主觀上意圖為自己或第三人不法的所有，而在客觀上以詐術使他人陷於錯誤，因而將該他人或第三人的財物交付，並造成該他人或第三人受有財產損害，例如：行為人以電話通知被害人中獎，但須先匯款至某帳戶後，始可取得獎品，被害人誤信為真而為匯款，致自身受有財產損害，其法定刑為五年以下有期徒刑、拘役或科或併科50萬元以下罰金。

　　本條第2項所謂財產上不法之利益，指物以外的不法財產利益，例如：免除債務、降低借款利息等。

　　行為人如果主觀上意圖為自己或第三人的不法利益，而在客觀上以詐術使他人陷於錯誤，因而將該他人或第三人的財產為處分（例如：被害人免除行為人的債務），並造成該他人或第三人受有財產損害，法定刑亦為五年以下有期徒刑、拘役或科或併科50萬元以下罰金。

　　須注意的是，本條第1項、第2項犯罪均須造成被害人生財產損害，才會成立犯罪。所謂財產損害，指被害人的財產在法律層面及經濟層面均遭受損害，例如：嫖客欺騙援交妹說，事成之後會給她5,000元，但是完事後卻拔腿就跑，由於「性交易」雖具有一定的經濟價值（經濟層面有損害），但是並非合法的行為（法律層面無損害），因此不能認為援交妹受有財產損害，嫖客白嫖也不會成立詐欺罪。

本條第3項規定，本條第1項、第2項犯罪的未遂犯，均須處罰。

關於意圖為自己或第三人不法之所有的定義，請參閱本書第320條的說明。關於併科的定義，請參閱本書第191條的說明。關於拘役的定義，請參閱本書第33條的說明。關於未遂犯的定義，請參閱本書第25條的說明。

第339條之1（收費設備詐欺罪）

意圖為自己或第三人不法之所有，以不正方法由收費設備取得他人之物者，處一年以下有期徒刑、拘役或十萬元以下罰金。

以前項方法得財產上不法之利益或使第三人得之者，亦同。

前二項之未遂犯罰之。

解說

本條第1項所謂不正方法，指在正常使用收費設備的範圍內，類似於詐欺的不正當方法，例如：投入偽幣以取得飲料，相對於此，如果是以暴力行為破壞販賣機以取得飲料，則不屬於本條所謂的不正方法，應另成立毀損罪及竊盜罪。所謂收費設備，指藉由機械或電子控制系統預設一定的對價，而由機械提供一定物品或勞務的設備，例如：飲料販賣機、自動售票機、自動按摩椅、公用電話、電動玩具機等。

行為人如果在主觀上意圖為自己或第三人不法的所有，而在客觀上以不正方法由收費設備取得他人的物品，法定刑為一年以下有期徒刑、拘役或10萬元以下罰金。

　　本條第2項所謂財產上不法之利益，指物以外的不法財產利益，例如：免費享受按摩服務、免費撥打電話、免費打電動等。

　　行為人如果在主觀上意圖為自己或第三人不法的利益，而在客觀上以不正方法由收費設備取得財產上不法利益或使第三人取得，法定刑亦為一年以下有期徒刑、拘役或10萬元以下罰金。

　　本條第3項規定，本條第1項、第2項犯罪的未遂犯，均須處罰。

　　關於意圖為自己或第三人不法之所有的定義，請參閱本書第320條的說明。關於拘役的定義，請參閱本書第33條的說明。關於未遂犯的定義，請參閱本書第25條的說明。

第339條之2（自動付款設備詐欺罪）

意圖為自己或第三人不法之所有，以不正方法由自動付款設備取得他人之物者，處三年以下有期徒刑、拘役或三十萬元以下罰金。

以前項方法得財產上不法之利益或使第三人得之者，亦同。

前二項之未遂犯罰之。

解說

　　本條第1項所謂不正方法，指在正常使用自動付款設備的範圍內，類似於詐欺的不正當方法，例如：以偽造金融卡至自動提款機（ATM）提領現金。又如：網路駭客在台灣一銀ATM植入程式，透過執行檔令ATM於特定時間自動吐鈔8,400

萬元。所謂自動付款設備，指由電子控制系統預設一定功能，而由機械提供現金、匯款、轉帳等功能的設備。

行為人如果在主觀上意圖為自己或第三人不法的所有，而在客觀上以不正方法由自動付款設備取得他人的財物，法定刑為三年以下有期徒刑、拘役或30萬元以下罰金。

本條第2項所謂財產上不法之利益，指物以外的不法財產利益。

行為人如果在主觀上意圖為自己或第三人不法的利益，而在客觀上以不正方法由自動付款設備取得財產上的不法利益或使第三人取得，例如：行為人以不正方法轉帳繳款，而減少自己的債務、利息或手續費，其法定刑亦為三年以下有期徒刑、拘役或30萬元以下罰金。

本條第3項規定，本條第1項、第2項犯罪的未遂犯，均須處罰。

關於意圖為自己或第三人不法之所有的定義，請參閱本書第320條的說明。關於拘役的定義，請參閱本書第33條的說明。關於未遂犯的定義，請參閱本書第25條的說明。

第339條之3（電腦詐欺罪）

意圖為自己或第三人不法之所有，以不正方法將虛偽資料或不正指令輸入電腦或其相關設備，製作財產權之得喪、變更紀錄，而取得他人財產者，處七年以下有期徒刑，得併科七十萬元以下罰金。

以前項方法得財產上不法之利益或使第三人得之者，亦同。

前二項未遂犯罰之。

解說

　　本條第1項所謂不正方法，指在正常使用電腦或其相關設備的範圍內，類似於詐欺的不正方法。所謂虛偽資料，指內容與真實不符的資料。所謂不正指令，指原本不應給予的指令，例如：本應輸入「儲存」指令，卻輸入「刪除」指令。所謂製作財產權之得喪、變更紀錄，指製作物權或債權得喪變更的事實或原因的紀錄，例如：製作交易紀錄、領款紀錄等。

　　行為人如果在主觀上意圖為自己或第三人不法的所有，而在客觀上以不正方法將虛偽資料或不正指令輸入電腦或其相關設備，製作財產權的得喪、變更紀錄，而取得他人財產，法定刑為七年以下有期徒刑，得併科70萬元以下罰金。

　　本條第2項所謂財產上不法之利益，指物以外的不法財產利益。

　　行為人如果在主觀上意圖為自己或第三人不法之利益，而在客觀上以不正方法將虛偽資料或不正指令輸入電腦或其相關設備，製作財產權之得喪、變更紀錄，而取得財產上不法利益或使第三人取得，例如：行為人於銀行電腦中輸入自己刷卡交易金額紀錄，以使銀行調高刷卡額度，取得更高的信用卡使用利益，其法定刑亦為七年以下有期徒刑，得併科70萬元以下罰金。

　　本條第3項規定，本條第1項、第2項犯罪的未遂犯，均須處罰。

　　關於意圖為自己或第三人不法之所有的定義，請參閱本書第320條的說明。關於未遂犯的定義，請參閱本書第25條的說明。

第339條之4（加重詐欺罪）

犯第三百三十九條詐欺罪而有下列情形之一者，處一年以上七年以下有期徒刑，得併科一百萬元以下罰金：

一、冒用政府機關或公務員名義犯之。

二、三人以上共同犯之。

三、以廣播電視、電子通訊、網際網路或其他媒體等傳播工具，對公眾散布而犯之。

四、以電腦合成或其他科技方法製作關於他人不實影像、聲音或電磁紀錄之方法犯之。

前項之未遂犯罰之。

解說

　　本條第1項規定，行為人如果犯第339條普通詐欺罪，同時有下列情形之一，法定刑為一年以上七年以下有期徒刑，得併科100萬元以下罰金：

一、以冒用政府機關或公務員名義的方式犯罪，例如：謊稱自己是檢察官，詐騙被害人必須匯款，否則要強制拘提。

二、結夥三人以上共同犯罪，例如：金光黨或詐騙集團。

三、以廣播電視、電子通訊、網際網路或其他媒體等傳播工具，對公眾散布而犯之。

四、以電腦合成或其他科技方法製作關於他人不實影像、聲音或電磁紀錄之方法犯之。詐騙集團如果以本項第3款、第4款方法施以詐欺行為，易使被害人陷於錯誤，且可能造成廣大民眾受騙，侵害法益程度及影響層面均較普通詐欺行為嚴重，故亦有加重處罰必要。

　　本條第2項規定，本條第1項加重詐欺罪的未遂犯亦須處罰。

　　關於未遂犯的定義，請參閱本書第25條的說明。

第340條（刪除）

第341條（準詐欺罪）
意圖為自己或第三人不法之所有，乘未滿十八歲人之知慮淺薄，或乘人精神障礙、心智缺陷而致其辨識能力顯有不足或其他相類之情形，使之將本人或第三人之物交付者，處五年以下有期徒刑、拘役或科或併科五十萬元以下罰金。
以前項方法得財產上不法之利益，或使第三人得之者，亦同。
前二項之未遂犯罰之。

解說

　　本條第1項所謂知慮淺薄，指知識或思慮都比一般人欠缺。

　　行為人如果在主觀上意圖為自己或第三人不法的所有，而在客觀上乘未滿18歲人的知慮淺薄，或乘他人精神障礙、心智缺陷而致其辨識能力顯有不足或其他相類情形，使其將本人或第三人的財物交付，法定刑為五年以下有期徒刑、拘役或科或併科50萬元以下罰金。

　　本條第2項所謂財產上不法之利益，指物以外的不法財產

利益。

行為人如果在主觀上意圖為自己或第三人不法的利益，而在客觀上乘未滿18歲的人知慮淺薄，或乘他人精神障礙、心智缺陷而致其辨識能力顯有不足或其他相類情形，使其將本人或第三人的財產為處分（例如：免除債務、降低借款利息、簽定契約等），而取得財產上不法利益或使第三人取得，法定刑亦為五年以下有期徒刑、拘役或科或併科50萬元以下罰金。

本條第3項規定，本條第1項、第2項犯罪的未遂犯，均須處罰。

關於意圖為自己或第三人不法之所有的定義，請參閱本書第320條的說明。關於併科的定義，請參閱本書第191條的說明。關於拘役的定義，請參閱本書第33條的說明。關於未遂犯的定義，請參閱本書第25條的說明。

第342條（背信罪）
為他人處理事務，意圖為自己或第三人不法之利益，或損害本人之利益，而為違背其任務之行為，致生損害於本人之財產或其他利益者，處五年以下有期徒刑、拘役或科或併科五十萬元以下罰金。
前項之未遂犯罰之。

解說

本條第1項所謂為他人處理事務，指為他人的利益計算而代為處理其法律上及事實上的事務。所謂致生損害於本人之財產或其他利益，指本人整體的財產或利益減少。

行為人如果為他人處理事務，主觀上卻意圖為自己或第三人不法的利益，或損害本人的利益，而為違背其任務的行為，致生損害於本人的財產或其他利益，例如：職棒球員打「放水」球，致損害所屬球團的戰績利益、律師故意不為必要的辯護，致當事人遭受法院不利裁判等，法定刑均為五年以下有期徒刑、拘役或科或併科50萬元以下罰金。

本條第2項規定，本條第1項犯罪的未遂犯，亦須處罰。

關於併科的定義，請參閱本書第191條的說明。關於拘役的定義，請參閱本書第33條的說明。關於未遂犯的定義，請參閱本書第25條的說明。

第343條（電氣與親屬間犯詐欺罪與背信罪之準用）
第三百二十三條及第三百二十四條之規定，於第三百三十九條至前條之罪準用之。

解說

電能、熱能及其他能量，於第339條至前條犯罪中，視為動產。

直系血親、配偶、同財共居親屬之間，如果相互犯第339條至前條之罪，「得」免除其刑。直系血親、配偶、同財共居親屬、五親等內血親、三親等內姻親之間，如果相互犯第339條至前條之罪，均屬於告訴乃論之罪。

關於直系血親、親等的定義及計算方式，請參閱本書第230條的說明。關於同財共居親屬的定義，請參閱本書第324條的說明。關於姻親的定義，請參閱本書第162條的說明。關於告訴乃論的定義，請參閱本書第236條的說明。

第344條（重利罪）
乘他人急迫、輕率、無經驗或難以求助之處境，貸以金錢或
其他物品，而取得與原本顯不相當之重利者，處三年以下有
期徒刑、拘役或科或併科三十萬元以下罰金。
前項重利，包括手續費、保管費、違約金及其他與借貸相關
之費用。

解說

　　所謂乘，指利用。所謂與原本顯不相當之重利，指至少須
超過年息36%，並依當地經濟狀況、交易習慣，足認為利息相
較於原本顯然過高。且利息是否達到重利程度，計算時並應將
手續費、保管費、違約金及其他與借貸相關之一切費用計算在
內，以免犯罪行為人巧立名目，脫免罪責。

　　行為人如果利用他人急迫、輕率、無經驗或難以求助之處
境，而貸以金錢或其他物品，並取得與原本顯不相當的重利，
例如：地下錢莊放款給急需現金周轉的人，而於次月取得本金
二分之一的利息，其法定刑為三年以下有期徒刑、拘役或科或
併科30萬元以下罰金。

　　關於併科的定義，請參閱本書第191條的說明。關於拘役
的定義，請參閱本書第33條的說明。

第344條之1（加重重利罪）
以強暴、脅迫、恐嚇、侵入住宅、傷害、毀損、監控或其他
足以使人心生畏懼之方法取得前條第一項之重利者，處六月

以上五年以下有期徒刑，得併科五十萬元以下罰金。
前項之未遂犯罰之。

解說

　　本條第1項規定，行為人如果以強暴、脅迫、恐嚇、侵入住宅、傷害、毀損、監控或其他足以使人心生畏懼之方法取得第344條第1項普通重利罪之重利，法定刑加重至六月以上五年以下有期徒刑，得併科50萬元以下罰金。

　　本條第2項規定，本條第1項加重重利罪的未遂犯，亦須處罰。

　　關於強暴、脅迫的定義，請參閱第135條的解說。關於恐嚇的定義，請參閱第221條的解說。關於侵入的定義，請參閱第306條的解說。關於傷害的定義，請參閱第277條的解說。關於毀損的定義，請參閱第352條的解說。關於未遂犯的定義，請參閱本書第25條的說明。

第345條（刪除）

恐嚇及擄人勒贖罪

　　恐嚇及擄人勒贖罪所侵害的法益為個人的個別財產利益及意思決定自由。

第346條（恐嚇取財得利罪）

意圖為自己或第三人不法之所有，以恐嚇使人將本人或第三人之物交付者，處六月以上五年以下有期徒刑，得併科三萬元以下罰金。

以前項方法得財產上不法之利益，或使第三人得之者，亦同。

前二項之未遂犯罰之。

解說

　　本條第1項所謂恐嚇，指施以無形的強制力，亦即以將來施以惡害的通知，使被害人心生恐懼的行為。

　　行為人如果主觀上意圖為自己或第三人不法的所有，而在客觀上以恐嚇手段，使被害人將其本人或第三人的財物交付給行為人，例如：行為人打電話告知被害人，如果不匯款到某銀行帳戶，就要殺光被害人全家，致被害人因心生恐懼而匯款，其法定刑為六月以上五年以下有期徒刑，得併科3萬元以下罰金。

　　本條第2項所謂財產上不法之利益，指物以外的不法財產利益，例如：免除債務、降低借款利息等。

　　行為人如果主觀上意圖為自己或第三人不法的利益，而在客觀上以恐嚇手段，使自己或第三人取得財產上的不法利益，法定刑亦為六月以上五年以下有期徒刑，得併科3萬元以下罰金。

　　本條第3項規定，本條第1項、第2項犯罪的未遂犯，均須處罰。

　　關於意圖為自己或第三人不法之所有的定義，請參閱本書第320條的說明。關於併科的定義，請參閱本書第191條的說明。關於未遂犯的定義，請參閱本書第25條的說明。

第347條（擄人勒贖罪）
意圖勒贖而擄人者，處無期徒刑或七年以上有期徒刑。
因而致人於死者，處死刑、無期徒刑或十二年以上有期徒刑；致重傷者，處無期徒刑或十年以上有期徒刑。
第一項之未遂犯罰之。
預備犯第一項之罪者，處二年以下有期徒刑。
犯第一項之罪，未經取贖而釋放被害人者，減輕其刑；取贖後而釋放被害人者，得減輕其刑。

解說

　　本條第1項所謂勒贖，指勒令他人提供金錢或財物，以贖取被害人的生命或人身自由。所謂擄人，指違反被害人意思，將其置於行為人實力支配之下，使其喪失人身自由。

　　行為人如果主觀上意圖勒贖，而在客觀上有擄人的行為，法定刑為無期徒刑或七年以上有期徒刑。

　　本條第2項規定，行為人如果因犯第1項之罪，導致被害人死亡，法定刑為無期徒刑或十二年以上有期徒刑；如果導致被害人受重傷，法定刑為無期徒刑或十年以上有期徒刑。

　　本條第3項及第4項規定，本條第1項犯罪的未遂犯、預備犯，均須處罰，其中預備犯的法定刑為二年以下有期徒刑。

　　本條第5項規定，行為人如果犯本條第1項之罪，但未取得

贖款即主動釋放被害人,「必」減輕其刑;如果取得贖款後才
釋放被害人,「得」減輕其刑。

關於死亡的定義,請參閱本書第271條的說明。關於重傷
的定義,請參閱本書第10條的說明。關於未遂犯、預備犯的定
義,請參閱本書第25條的說明。

第348條（擄人勒贖罪結合犯）

犯前條第一項之罪而故意殺人者,處死刑或無期徒刑。

犯前條第一項之罪而有下列行為之一者,處死刑、無期徒刑
或十二年以上有期徒刑:

一、強制性交者。

二、使人受重傷者。

解說

本條第1項規定,行為人如果犯第347條第1項擄人勒贖
罪,且於犯罪行為當時的場所,故意殺人,法定刑為死刑或無
期徒刑。

本條第2項規定,行為人如果犯第347條第1項擄人勒贖
罪,且於犯罪行為當時的場所,強制性交或使他人受重傷,法
定刑為死刑、無期徒刑或十二年以上有期徒刑。

關於殺人的定義,請參閱本書第271條的說明。關於強制
性交的定義,請參閱本書第221條的說明。關於使人受重傷的
定義,請參閱本書第278條的說明。

第348條之1（以意圖勒贖而擄人論）
擄人後意圖勒贖者，以意圖勒贖而擄人論。

解說

行為人如果於擄人後，始出現勒贖的意圖，視為成立擄人勒贖罪。

關於擄人、勒贖的定義，請參閱本書第347條的說明。

贓物罪

贓物罪所侵害的法益為個人的整體財產利益及對受損財物的返還請求權。

第349條（普通贓物罪）
收受、搬運、寄藏、故買贓物或媒介者，處五年以下有期徒刑、拘役或科或併科五十萬元以下罰金。
因贓物變得之財物，以贓物論。

解說

所謂收受，指自他人手中取得持有贓物的行為。所謂贓物，指因一切財產犯罪所取得的財物，例如：偷竊取得的電視機、強盜取得的錢包、詐欺取得的鈔票等。

所謂搬運，指為他人搬移運送。所謂寄藏，指受寄並隱藏。所謂故買，指以有償行為取得贓物的持有，例如：以買

賣、互易而取得贓物。所謂媒介，指居間介紹買賣贓物。

行為人如果收受、搬運、寄藏、故買贓物或媒介，法定刑為五年以下有期徒刑、拘役或科或併科50萬元以下罰金。

本條第2項規定因贓物變得的財物，以贓物論，例如：偷得鑽石，轉賣成現金，該現金仍視為贓物；但如果再使用該現金購買汽車，該汽車則不視為贓物，以避免贓物範圍無限制地擴大，影響交易安全及經濟發展。

關於併科的定義，請參閱本書第191條的說明。關於拘役的定義，請參閱本書第33條的說明。

第350條（刪除）

第351條（親屬贓物罪）
於直系血親、配偶或同財共居親屬之間，犯本章之罪者，得免除其刑。

解說

直系血親、配偶、同財共居親屬之間，如果相互犯本章之罪，「得」免除其刑。

關於直系血親、親等的定義及計算方式，請參閱本書第230條的說明。關於同財共居親屬的定義，請參閱本書第324條的說明。

毀棄損壞罪

毀棄損壞罪所侵害的法益為個人的個別財產利益。

第352條（毀損文書罪）
毀棄、損壞他人文書或致令不堪用，足以生損害於公眾或他人者，處三年以下有期徒刑、拘役或三萬元以下罰金。

解說

所謂毀棄，指銷毀及廢棄。銷毀指使文書永久喪失存在的行為，例如：將文書燒成灰燼。廢棄指使他人對文書永久喪失持有的行為，例如：將文書丟入大海。所謂損壞，指使文書的外形發生重大變化，並減低其可用性，例如：劃破文書。所謂致令不堪用，指使文書喪失原定效用的一切行為，例如：將文書泡在水中，使字跡模糊難以辨識。所謂足以生損害於公眾或他人，指有造成公眾損害或個人損害的可能性。

行為人如果毀棄、損壞他人文書或致令其不堪使用，而有造成公眾損害或個人損害的可能性，法定刑為三年以下有期徒刑、拘役或3萬元以下罰金。

關於文書的定義，請參閱本書第220條的說明。關於拘役的定義，請參閱本書第33條的說明。

第353條（毀損建築物、礦坑、船艦罪）
毀壞他人建築物、礦坑、船艦或致令不堪用者，處六月以上

五年以下有期徒刑。

因而致人於死者，處無期徒刑或七年以上有期徒刑，致重傷者，處三年以上十年以下有期徒刑。

第一項之未遂犯罰之。

解說

　　本條第1項所謂毀壞，指毀棄及損壞。所謂毀棄，指銷毀及廢棄。銷毀指使物永久喪失存在的行為。廢棄指使他人對物永久喪失持有的行為。所謂損壞，指使物的外形發生重大變化，並減低其可用性。所謂致令不堪用，指使物喪失原定效用的一切行為。所謂足以生損害於公眾或他人，指有造成公眾損害或個人損害的可能性。

　　行為人如果毀棄或損壞他人的建築物、礦坑、船艦或致令其不堪使用，法定刑為六月以上五年以下有期徒刑。

　　本條第2項規定，行為人如果犯本條第1項之罪，導致他人死亡，法定刑為無期徒刑或七年以上有期徒刑；如果導致他人受重傷，法定刑為三年以上十年以下有期徒刑。

　　本條第3項規定，本條第1項犯罪的未遂犯，亦須處罰。

　　關於建築物，請參閱本書第173條的說明。關於死亡的定義，請參閱本書第271條的說明。關於重傷的定義，請參閱本書第10條的說明。關於未遂犯的定義，請參閱本書第25條的說明。

第354條（毀損器物罪）

毀棄、損壞前二條以外之他人之物或致令不堪用，足以生損

害於公眾或他人者，處二年以下有期徒刑、拘役或一萬五千元以下罰金。

解說

行為人如果毀棄、損壞第352條、第353條以外的他人物品或致令其不堪使用，足以生損害於公眾或他人，例如：毀損他人的手機、皮包、眼鏡、衣物、汽車、機車等，法定刑為二年以下有期徒刑、拘役或1萬5,000元以下罰金。

關於毀棄、損壞、致令不堪用、足以生損害於公眾或他人的定義，請參閱本書第353條的說明。關於拘役的定義，請參閱本書第33條的說明。

第355條（詐術使人損害財產罪）
意圖損害他人，以詐術使本人或第三人為財產上之處分，致生財產上之損害者，處三年以下有期徒刑、拘役或一萬五千元以下罰金。

解說

所謂詐術，指將不正確的訊息傳達給他人，使其陷於錯誤的行為。所謂財產上之處分，例如：設定抵押權、將物品毀壞等。

行為人如果主觀上意圖損害他人，而以詐術使該他人或第三人為財產上的處分，致該他人發生財產上的損害，法定刑為三年以下有期徒刑、拘役或1萬5,000元以下罰金。

關於拘役的定義，請參閱本書第33條的說明。

第356條（損害債權罪）
債務人於將受強制執行之際，意圖損害債權人之債權，而毀壞、處分或隱匿其財產者，處二年以下有期徒刑、拘役或一萬五千元以下罰金。

解說

　　所謂於將受強制執行之際，指債權人取得強制執行名義之時起，至強制執行程序終結時止。所謂損害債權人之債權，指使債權人的債權無法獲得全部或一部的清償。所謂毀壞，指毀棄及損壞。所謂處分，此專指法律上的處分行為，例如：設定抵押權、設定質權、出賣等，而不包括事實上的處分行為（即毀壞）。所謂隱匿，指藏匿而使其不易被他人發現。

　　行為人如果是債務人，而於債權人取得強制執行名義之時起，至強制執行程序終結時止，在主觀上意圖使債權人的債權無法獲得全部或一部的清償，並在客觀上毀壞、處分或隱匿債務人自己的財產，法定刑為二年以下有期徒刑、拘役或1萬5,000元以下罰金。

　　關於拘役的定義，請參閱本書第33條的說明。

第357條（告訴乃論）
第三百五十二條、第三百五十四條至第三百五十六條之罪，須告訴乃論。

解說

第352條的毀損文書罪、第354條的毀損器物罪、第355條的間接毀損罪及第356條損害債權罪，均為告訴乃論之罪。

關於告訴乃論的定義，請參閱本書第236條的說明。

妨害電腦使用罪

妨害電腦使用罪所侵害的法益為個人對電腦及電磁紀錄的個別財產利益。

第358條（無故入侵電腦罪）
無故輸入他人帳號密碼、破解使用電腦之保護措施或利用電腦系統之漏洞，而入侵他人之電腦或其相關設備者，處三年以下有期徒刑、拘役或科或併科三十萬元以下罰金。

解說

行為人如果無正當理由而輸入他人帳號密碼、破解使用電腦的保護措施或利用電腦系統的漏洞，入侵他人的電腦或其相關設備，例如：行為人輸入被害人的網站密碼，觀看被害人上傳的私密照片、行為人突破被害人電腦的防火牆，入侵被害人的電腦等，法定刑為三年以下有期徒刑、拘役或科或併科30萬元以下罰金。

關於併科的定義，請參閱本書第191條的說明。關於拘役的定義，請參閱本書第33條的說明。

第359條（無故取得刪除變更電磁紀錄罪）
無故取得、刪除或變更他人電腦或其相關設備之電磁紀錄，
致生損害於公眾或他人者，處五年以下有期徒刑、拘役或科
或併科六十萬元以下罰金。

解說

　　所謂致生損害於公眾或他人，指在客觀上已造成公眾損害
或個人損害。

　　行為人如果無正當理由而取得、刪除或變更他人電腦或
其相關設備的電磁紀錄，並造成公眾損害或個人損害，例如：
行為人於被害人電腦植入木馬程式或破解保護密碼而取得電子
檔、行為人散布電腦病毒而刪除被害人電子檔等，法定刑均為
五年以下有期徒刑、拘役或科或併科60萬元以下罰金。

　　關於電磁紀錄的定義，請參閱本書第10條的說明。關於併
科的定義，請參閱本書第191條的說明。關於拘役的定義，請
參閱本書第33條的說明。

第360條（無故干擾電腦罪）
無故以電腦程式或其他電磁方式干擾他人電腦或其相關設
備，致生損害於公眾或他人者，處三年以下有期徒刑、拘役
或科或併科三十萬元以下罰金。

解說

　　所謂電腦程式，例如：病毒程式、木馬程式等。所謂其他

電磁方式，例如：有線電或無線電的電波干擾。所謂干擾，指對電腦或其相關設備具有重大影響的干擾行為。

　　行為人如果無正當理由而以電腦程式或其他電磁方式，干擾他人電腦或其相關設備，進而造成公眾損害或個人損害，法定刑為三年以下有期徒刑、拘役或科或併科30萬元以下罰金。

　　關於致生損害於公眾或他人的定義，請參閱本書第359條的說明。關於併科的定義，請參閱本書第191條的說明。關於拘役的定義，請參閱本書第33條的說明。

第361條（對公務機關犯前三條罪之加重規定）
對於公務機關之電腦或其相關設備犯前三條之罪者，加重其刑至二分之一。

解說

　　行為人如果對於公務機關的電腦或其相關設備，犯第358條的無故入侵電腦罪、第359條的無故取得刪除變更電磁紀錄罪或第360條的無故干擾電腦罪，法定刑依各犯罪的規定，加重其刑至二分之一。

第362條（製作專供本章犯罪用之電腦程式罪）
製作專供犯本章之罪之電腦程式，而供自己或他人犯本章之罪，致生損害於公眾或他人者，處五年以下有期徒刑、拘役或科或併科六十萬元以下罰金。

解說

　　行為人如果製作專門用來從事本章犯罪的電腦程式，例如：某某電腦病毒、某某木馬程式等，並進而供自己或他人犯本章之罪，造成公眾損害或個人損害，法定刑為五年以下有期徒刑、拘役或科或併科60萬元以下罰金。

　　關於併科的定義，請參閱本書第191條的說明。關於拘役的定義，請參閱本書第33條的說明。

第363條（告訴乃論）
第三百五十八條至第三百六十條之罪，須告訴乃論。

解說

　　第358條的無故入侵電腦罪、第359條的無故取得刪除變更電磁紀錄罪及第360條的無故干擾電腦罪，均為告訴乃論之罪。

　　關於告訴乃論的定義，請參閱本書第236條的說明。

中華民國刑法施行法
（民國112年2月8日公布）

第 1 條　本法稱舊刑法者，謂中華民國十七年九月一日施行之刑法；稱刑律者，謂中華民國元年三月十日頒行之暫行新刑律；稱其他法令者，謂刑法施行前與法律有同一效力之刑事法令。

第 1-1 條　中華民國九十四年一月七日刑法修正施行後，刑法分則編所定罰金之貨幣單位為新臺幣。

　　　　　九十四年一月七日刑法修正時，刑法分則編未修正之條文定有罰金者，自九十四年一月七日刑法修正施行後，就其所定數額提高為三十倍。但七十二年六月二十六日至九十四年一月七日新增或修正之條文，就其所定數額提高為三倍。

第 2 條　依刑法第二條第一項但書，適用舊刑法、刑律或其他法令時，其褫奪公權所褫奪之資格，應依刑法第三十六條之規定。

第 3 條　依舊刑法易科監禁者，其監禁期限，自刑法施行之日起，不得逾六個月。

　　　　其在刑法施行後，易科監禁期限內納罰金者，以所納之數，仍依裁判所定之標準扣除監禁日期。

第 3-1 條　刑法第四十一條之規定，中華民國九十年一月四日刑法修

正施行前已裁判確定之處罰，未執行或執行未完畢者，亦適用之。

未諭知得易科罰金之處罰者，亦同。

於九十四年一月七日刑法修正施行前犯併合處罰數罪中之一罪，且該數罪均符合第四十一條第一項得易科罰金之規定者，適用九十年一月四日修正之刑法第四十一條第二項規定。

第 3-2 條 刑法第四十一條及第四十二條之一之規定，於中華民國九十八年九月一日刑法修正施行前已裁判確定之處罰，未執行或執行未完畢者，亦適用之。

第 3-3 條 刑法第四十一條及第四十二條之一之規定，於中華民國九十八年十二月十五日刑法修正施行前已裁判確定之處罰，未執行或執行未完畢者，亦適用之。

第 4 條 刑法施行前，累犯舊刑法第六十六條第一項所定不同一之罪或不同款之罪一次者，其加重本刑，不得逾三分之一。

依刑法第四十八條更定其刑者，準用前項之規定。

第 5 條 刑法施行前，未滿十八歲人或滿八十歲人犯罪，經裁判確定處死刑或無期徒刑者，應報由司法行政最高官署，呈請司法院提請國民政府減刑。但有刑法第六十三條第二項情形者，不在此限。

第 6 條 刑法施行前，受緩刑之宣告或假釋出獄者，刑法施行後，於其緩刑期內得付保護管束，假釋中，付保護管束。

第 6-1 條 於中華民國九十四年一月七日刑法修正施行前，受緩刑之宣告，九十四年一月七日修正刑法施行後，仍在緩刑期內者，適用九十四年一月七日修正施行之刑法第七十五條、第七十五條之一及第七十六條規定。

於中華民國九十八年五月十九日刑法修正施行前，受緩刑之宣告，九十八年五月十九日修正刑法施行後，仍在緩

　　　　　刑期內者，適用九十八年五月十九日修正施行之刑法第
　　　　　七十五條及第七十五條之一規定。

第 7 條　刑法施行前，宣告緩刑或准許假釋者，在刑法施行後撤銷
　　　　　時，應依刑法之規定。

第 7-1條　於中華民國八十六年刑法第七十七條修正施行前犯罪者，
　　　　　其假釋適用八十三年一月二十八日修正公布之刑法第
　　　　　七十七條規定。但其行為終了或犯罪結果之發生在八十六
　　　　　年刑法第七十七條修正施行後者，不在此限。
　　　　　因撤銷假釋執行殘餘刑期，其撤銷之原因事實發生在
　　　　　八十六年刑法第七十九條之一修正施行前者，依修正前之
　　　　　刑法第七十九條之一規定合併計算其殘餘刑期與他刑應執
　　　　　行之期間。但其原因事實行為終了或犯罪結果之發生在
　　　　　八十六年刑法第七十七條修正施行後者，不在此限。

第 7-2條　於中華民國八十六年十一月二十六日刑法修正公布後，
　　　　　九十四年一月七日刑法修正施行前犯罪者，其假釋適用
　　　　　八十六年十一月二十六日修正公布之刑法第七十七條規
　　　　　定。但其行為終了或犯罪結果之發生在九十四年一月七日
　　　　　刑法修正施行後者，其假釋適用九十四年一月七日修正施
　　　　　行之刑法第七十七條規定。
　　　　　因撤銷假釋執行殘餘刑期，其撤銷之原因事實發生在
　　　　　八十六年十一月二十六日刑法修正公布後，九十四年一月
　　　　　七日刑法修正施行前者，依八十六年十一月二十六日修正
　　　　　公布之刑法第七十九條之一規定合併計算其殘餘刑期與他
　　　　　刑應執行之期間。但其原因事實行為終了或犯罪結果之發
　　　　　生在九十四年一月七日刑法修正施行後者，依九十四年一
　　　　　月七日修正施行之刑法第七十九條之一規定合併計算其殘
　　　　　餘刑期與他刑應執行之期間。

第 8 條　刑法施行前，行刑權之時效停止原因繼續存在者，適用刑

法第八十五條第三項之規定，其期間自刑法施行之日起算。

第 8-1 條　於中華民國九十四年一月七日刑法修正施行前，其追訴權或行刑權時效已進行而未完成者，比較修正前後之條文，適用最有利於行為人之規定。於一百零八年十二月六日刑法修正施行前，其追訴權或行刑權時效已進行而未完成者，亦同。

第 8-2 條　於中華民國一百零八年五月十日修正之刑法第八十條第一項第一款但書施行前，其追訴權時效已進行而未完成者，適用修正後之規定，不適用前條之規定。

第 9 條　刑法第二百三十九條之規定，於刑法施行前，非配偶而以永久共同生活為目的有同居之關係者，不適用之。

第 9-1 條　刑法第二百三十一條之規定，於中華民國八十八年三月三十日刑法修正施行前依法令規定經營性交易場所者，不適用之。

第 9-2 條　刑法第二百二十一條、第二百二十四條之罪，於中華民國八十九年十二月三十一日前仍適用八十八年三月三十日修正施行前之刑法第二百三十六條告訴乃論之規定。

第 9-3 條　於中華民國九十四年一月七日刑法修正施行前，受強制治療之宣告，九十四年一月七日修正刑法施行後，仍在執行期間內者，適用八十八年四月二十一日修正公布之刑法第九十一條之一規定。

第 9-4 條　中華民國一百十二年一月七日修正之刑法第九十一條之一，自一百十二年七月一日施行。

於中華民國一百十二年七月一日刑法修正施行前，受強制治療之宣告者，於一百十二年七月一日修正刑法施行後，應繼續執行。

前項情形，由原執行檢察署之檢察官於中華民國一百十二

年七月一日修正刑法施行後六月內，向該案犯罪事實最後裁判之法院，依修正後刑法第九十一條之一第二項規定，聲請裁定強制治療之期間。

前項聲請，如法院裁定時，其強制治療已執行累計逾五年者，視為依修正後刑法第九十一條之一第二項後段規定為第一次許可延長之聲請；已執行累計逾八年者，視為第二次許可延長之聲請。

有下列情形之一者，由該案犯罪事實最後裁判之法院，依刑法第九十一條之一第二項及第三項規定裁定之，並適用前項規定：

一、於中華民國一百十二年七月一日刑法修正施行前，受法院停止治療執行之裁定，於一百十二年七月一日修正刑法施行後，經聲請繼續施以強制治療。

二、第二項或第三項之情形，法院於中華民國一百十二年七月一日修正刑法施行後為停止治療執行之裁定，經聲請繼續施以強制治療。

第 10 條　本法自刑法施行之日施行。

刑法修正條文及本法修正條文，除另定施行日期者外，自公布日施行。

第10-1條　中華民國九十四年一月七日修正公布之刑法，自九十五年七月一日施行。

第10-2條　中華民國九十七年十二月三十日修正之刑法第四十一條，自九十八年九月一日施行。

中華民國九十八年五月十九日修正之刑法第四十二條之一、第四十四條、第七十四條、第七十五條、第七十五條之一，自九十八年九月一日施行。

第10-3條　中華民國一百零四年十二月十七日及一百零五年五月二十七日修正之刑法，自一百零五年七月一日施行。

一百零五年七月一日前施行之其他法律關於沒收、追徵、
追繳、抵償之規定，不再適用。

國家圖書館出版品預行編目資料

刑法／蘇銘翔著.--八版--.--臺北市：書
　泉出版社,2024.06
　面；　公分
ISBN 978-986-451-373-4（平裝）

1.CST：刑法

585　　　　　　　　　　113004418

3TE4　新白話六法系列008

刑　法

作　　　者 — 蘇銘翔（418.2）
發 行 人 — 楊榮川
總 經 理 — 楊士清
總 編 輯 — 楊秀麗
副總編輯 — 劉靜芬
責任編輯 — 黃郁婷
封面設計 — 封怡彤
出 版 者 — 書泉出版社
地　　　址：106台北市大安區和平東路二段339號4樓
電　　　話：(02)2705-5066　　傳　真：(02)2706-61
網　　　址：https://www.wunan.com.tw
電子郵件：shuchuan@shuchuan.com.tw
劃撥帳號：01303853
戶　　　名：書泉出版社

總 經 銷：貿騰發賣股份有限公司
電　　　話：(02)8227-5988　　傳　真：(02)8227-5989
網　　　址：http://www.namode.com

法律顧問　林勝安律師

出版日期　2008年12月初版一刷
　　　　　　2009年 9 月二版一刷
　　　　　　2010年 5 月三版一刷
　　　　　　2011年 8 月四版一刷
　　　　　　2014年 4 月五版一刷
　　　　　　2016年10月六版一刷
　　　　　　2022年 6 月七版一刷
　　　　　　2024年 6 月八版一刷
定　　　價　新臺幣520元

經典永恆・名著常在

五十週年的獻禮——經典名著文庫

五南，五十年了，半個世紀，人生旅程的一大半，走過來了。

思索著，邁向百年的未來歷程，能為知識界、文化學術界作些什麼？

在速食文化的生態下，有什麼值得讓人雋永品味的？

歷代經典・當今名著，經過時間的洗禮，千錘百鍊，流傳至今，光芒耀人；

不僅使我們能領悟前人的智慧，同時也增深加廣我們思考的深度與視野。

我們決心投入巨資，有計畫的系統梳選，成立「經典名著文庫」，

希望收入古今中外思想性的、充滿睿智與獨見的經典、名著。

這是一項理想性的、永續性的巨大出版工程。

不在意讀者的眾寡，只考慮它的學術價值，力求完整展現先哲思想的軌跡；

為知識界開啟一片智慧之窗，營造一座百花綻放的世界文明公園，

任君遨遊、取菁吸蜜、嘉惠學子！